國家社會科學基金重大招標項目
國家社會科學基金冷門絕學研究專項

湖北省公益学术著作
Hubei Special Funds 出版专项资金
for Academic and Public-interest
Publications

清代書院藝選刊

魯小俊 主編

經心書院集

[清] 左紹佐 選編　江俊偉 整理

長江出版傳媒　崇文書局

# 前　言

　　武昌經心書院，清同治八年（1869）創設，次年（1870）夏六月建成，初以經解、史論、詩賦、雜著課士，繼分外政、天文、格致、製造四科，後又改爲天文、輿地、兵法、算學四科，光緒二十九年（1903）并入兩湖書院。據馮德材《武昌新建經心書院記》言，經心書院之創，始於張之洞任湖北學政時，"慨然以作養人材、昌明經學爲己任，取宋儒胡安定湖州教法之意，以署右文昌宫作爲書院"，期望培養"專以研究經史，講求實學"的人才。書院初創，得到了時任湖廣總督李鴻章、湖北布政使何璟等人的支持；後續發展也得益於湖北地方官員尤其是歷任學政的捐贈。1870 年，書院由三道街文昌閣遷至火星堂；同治十二年（1873），時任湖北學政洪鈞捐廉添建齋舍；光緒十七年（1891），前學政趙尚輔捐廉移建於三道街，有學生齋舍四棟，每棟 20 間，院後山建有天文臺、圖書室。其辦學規模、選拔流程、考課獎勵、制度沿革等情形，見載於楊湖樵《經心書院述略》。

　　《經心書院集》凡四卷，題"光緒戊子（1888）冬仲湖北官書處刊"，書前有光緒十五年（1889）左紹佐敘。左紹佐（1846—1928），字季雲，號笏卿，別號竹笏生，湖北省德安府應山縣太平鄉左家河人。光緒六年（1880）庚辰科進士，同年五月授翰林院庶吉士。光緒九年（1883）四月，散館，著以部屬用，升任刑部郎中，後改給事中，軍機章京，監察御史，廣東南韶連兵備道兼管水利事。1914 年黎元洪薦入國史館，後即長寓北京。1928 年去世，享年 82 歲。著有《蘊真堂集》《延齡秘録》《竹笏齋詞鈔》《竹笏日記》等，編有《經心

1

書院集》，并於書前敘言自述早年在經心書院求學，後於"丁亥（1887）之冬，奉諱里居"期間受邀出任主講的經歷。

《經心書院集》録課藝 119 篇，分"經解""論著""詩賦"三類：卷一、卷二"經解"10 題，計 50 篇；卷三"論著"9 題，計 22 篇；卷四"詩賦"16 題，計 47 篇。作爲一部書院課藝總集，是書充分體現了經心書院有别於以八股文考課之"時文書院"的辦學主張，即左紹佐《經心書院集敘》強調的"以治經爲先，詞章亦必由經學出，乃爲有本"。一方面，"經解"類命題如"鄭君箋《詩》多以韓易毛説""禹河故道遷徙考""《白虎通》詩説考""千乘之國解"等不僅在卷次編排上居首，在入選命題及篇數上較之"論著""詩賦"二類也占有絶對優勢；另一方面，在標目爲"論著"類的卷三中也出現了不少與經史相關的考課命題，如"經學家法論""經義治事異同論"等。與此同時，是書也展現了濃厚的地域文化特色。例如"經解"類"大别考"、"論著"類"勸樹桑議"之類的命題，或考證荆楚人文地理，或關切地方民生所係；而在重視以擬仿之作實現文學訓練的"詩賦"課藝中，"擬宋玉《釣賦》""雲夢賦""宋玉《悲秋賦》""惟楚有材賦"等追慕楚地前賢、吟咏楚鄉名物的命題也顯得較爲突出。對於上述情況，魯小俊《晚清古學書院的教學風貌——以武昌經心和黄州經古書院課藝爲中心》等著述中有較爲詳盡的分析。

《經心書院集》所選課藝，涉及作者 44 人，其中選入 1 篇者有郭集琛等 23 人，2 篇者有陳嗣賢等 9 人，3 篇及以上者 12 人，分别爲：陳培庚 14 篇，張增齡 12 篇，周以存 8 篇，陳曾望 7 篇，楊介康、錢桂笙各 6 篇，王家鳳、黄覲恩各 5 篇，李心地、石超、姚虞各 4 篇，陳之茂 3 篇。課藝作爲一種考試方式，其命題、評價與編選結集，都藴含了獎勵先進、鞭策後進的意味，也是書院教學成果、辦學成效的直觀呈現。《經心書院集》的編撰初衷，亦大體如此，即左氏《經心書院集敘》所言："課試之作，不必有所感而生，有所積而後發也。

其於文字又難言也。然而量才評力，非此不能得其勤惰明蔽之迹。是又不可以已也。尋其勤惰明蔽之迹，因而致之，而奮發磨礱之事隨之以起，人材又往往出於其間。"那麼，僅就《經心書院集》所選44人而言，"人材"是否"出於其間"呢？據魯小俊《清代書院課藝總集敘録》，在已能考其生平的42人中，最終有17人考取舉人以上科名。以入選6篇以上的6人爲例，除張增齡（12篇）早卒外，其餘五人的科名情形如下：陳培庚，光緒十七年（1891）舉人，二十年（1894）進士；周以存，光緒二十年（1894）舉人；陳曾望，光緒十九年（1893）舉人；楊介康，光緒十五年（1889）舉人，十八年（1892）進士；錢桂笙，光緒二十年（1894）解元。雖然左氏敘云"此余一人所閱，又舊識門徒子姪輩，或引嫌不與，齋課又靡在一年内，楚材實不盡於此"，但僅就科舉考試的成績來説，這份答卷還是相當不錯的。當然，儘管史載經心書院選拔嚴格、考課嚴謹，但從這部課藝總集所呈現出的一些細節來看，無論是在哪個年代，哪種學校教育形式中，左氏敘言所嚮往的"量才評力""尋其勤惰明蔽之迹"皆非易事。一個有趣的例子，是卷三"論著"類"科舉論"命題所選蕭樹聲（字建侯，江夏人，附生）課藝。這篇被評定爲"特等第四名"的習作，除篇首"烏乎，科舉所以取士也，而果可以取士乎哉！唐虞三代之用人尚已"、篇尾"唐虞三代之盛也，奚必沾沾科舉云爾哉"二三句以外，全文主體部分皆出自王夫之（1619—1692）所撰《黄書·慎選第四》篇。自"三代以降"句始，至"然後抑浮藻"句終，僅以"科舉"替換"科目"二字，再略去或改易王氏原文的個別語氣詞、銜接句。此雖個案，但對今人瞭解晚清書院考課的諸般情形也不無裨益。

書院課藝總集，多以刊本存世，《經心書院集》亦不例外，其見藏於國家圖書館、湖北省圖書館者，皆爲題作"光緒戊子冬仲湖北官書處刊"的光緒十四年（1888）刻本。此次以通行標點、繁體字整理，即以湖北省圖書館藏刻本（索書號：集三/150）爲底本。除以古籍校勘符號整理個别版刻訛誤之外，盡量呈現著作原貌。謹就目録、用字的整理説明如下：

一、《經心書院集》原書目録分卷列題，再將作者姓名依序隸於各題之下，正文則於每篇前詳細標示課藝命題、月份、等次、作者姓名。119 篇課藝中，被評定爲"超等"者109 篇，"特等"者10 篇。考其目録與正文不符者，或遺漏作者，如卷一"經解"之《尚書·舜典》存逸考"題下漏排陳培庚姓名，卷四"詩賦"之"謁曾文正公祠"題下漏排朱希文姓名；或遺漏命題，如卷三"論著"漏排黃覲恩"賈讓《治河策》書後"、陳培庚"義利辨"命題，誤將二人姓名隸於别題之下。凡此，皆據正文徑改。

二、是集諸卷文體不一，作者用字習慣各異。對於異體字的處理，大致遵循以下原則：對論證類文字中用作説解對象的異體字、俗體字，均未擅改；對敘述類文字中的異體字，尤其是較冷僻的異體字、不規範的俗體字，一般徑改爲通行繁體字。對清人諱改字，如將"弘治"寫作"宏治"，將"玄王"寫作"元王"等，徑改回，不出注；凡以缺字避諱者，如以"□"替代"玄""曆""旻""寧""奕""淳""恬"等，則保留原貌，未改回。

整理稿在校勘過程中得到湖北省圖書館古籍與地方文獻部劉水清、周嚴、阮娅菲、王蓓等老師的支持與幫助，在此謹致謝忱。

# 目　録

## 卷二　經解

## 卷三　論著

## 卷四　詩賦

# 經心書院集

光緒戊子冬仲湖北官書處刊

# 經心書院集敘

學術難言也，文字之於爲學又難言也。課試之作，不必有所感而生，有所積而後發也。其於文字又難言也。然而量才評力，非此不能得其勤惰明蔽之迹。是又不可以已也。尋其勤惰明蔽之迹，因而致之，而奮發磨礲之事隨之以起，人材又往往出於其間。作興之機，將於是乎在。曩者粤之學海堂、浙之詁經精舍，皆有《一集》《二集》《三集》行世，風氣所趨，雖未必犁然有當於人人之心，要亦極一時作者之選。

經心書院創立已二十三年，余自庚午迄於癸酉，肄業其中者四閱寒暑。丁亥之冬，奉諱里居，制軍壽山裕公、中丞樂山奎公招余承乏講席。余誠欲與鄉邦才俊共覘吾黨之盛，亦藉以補余前此荒廢失時之咎，欣然適館，非敢抗顔而爲師也。

書院課藝，前山長先師寶應劉先生曾刻一帙，未成卷，以費絀而止。余乃請於制軍、中丞，因書局手民，每課登選數藝，隨時刊印，以資振厲。其各官課，係李觀察篁西校閱，約以各爲訂定，較若畫一。懼一人嗜好，不足盡文字之變也。

經心書院，顧名思義，宜以治經爲先，詞章亦必由經學出，乃爲有本。諸生精研穎異者不少，其間體例，時有得失，未能盡爲是正。院中書籍，間有未備，考一事或不能竟其端委。初時蓄意良奢，要俟數年歸於醇茂耳。

既余服闋，都中知舊時以書見責。本無山澤之姿，豈復以林泉自詭？拂拭塵衣，遂復北上。古人云：文字之契，通於性命，此間之樂,亦何能一日忘也,乃裒其一年所得,釐爲四卷,命曰《經心書院集》。此余一人所閱,又舊識門徒子姪輩,或引嫌不與,齋課又厪在一年内,楚材實不盡於此。將有續出者,可以觀焉。

　　光緒十五年上春人日,應山左紹佐。

# 卷一　經解

## 鄭君箋《詩》多以韓易毛説

### （二月分齋課超等第一名）

陳培庚

范書稱鄭君先受《韓詩》於張恭祖，後乃治毛氏，故《詩》箋多用韓説，亦有以韓易毛者。尋其要略，有文異而義同，有文同而義異，有文義俱異，大氐彼此鉤考，折衷一是。如《三禮注》兼用古今文例也。

其文異義同者，《毛詩·小雅·鴛鴦》"摧之秣之"，韓"摧"作"莝"，箋從韓義，云："摧，今'莝'字也。"據阮氏校勘本，宋本"摧"作"挫"，誤。《大雅·召□》"不云自頻"，韓作"自濱"，據馮柳東《三家詩異文疏證補遺》本，臧玉林、陳碩甫皆不以此爲《韓詩》。箋從韓。《魯頌·泮水》"狄彼東南"，韓"狄"作"鬄"，箋從韓，作"剔"，此改字者也。

其文同義異者，《鄘風·相鼠》"人而無止"，毛："無所止息也。"韓："止，節也。無止無禮，節也。"箋從韓義，云："止，容止也。"《小雅·小□》"國雖靡止"，毛："靡止，小也。"箋亦云："止，禮也。""十月之交，抑此皇父"，箋："'抑'之言'噫'。"《釋文》引《韓詩》："抑，意也。"陳碩甫云："意，疑'噫'之壞字。"以鄭從韓也。《大雅·皇矣》"崇墉言言"，毛："言言，高大也。"箋："言言，猶孽孽，將壞兒。""崇墉仡仡"，毛："仡仡，猶言言也。"《釋文》引《韓詩》："仡仡，搖也。"詁："猶言言，則將壞。"亦韓義，此改詁者也。

其文義俱異者。毛：《鄘風·君子偕老》"邦之媛也"。傳："美

女爲媛。"韓作"援",箋:"邦人所依倚以爲援助也。"《陳風·衡門》
"可以樂飢",傳:"可以樂道忘飢。"《韓詩》"樂"作"療",箋作"癆",
云:"泌水洋洋,飢者可飲以癆飢。"《彼澤之陂》"有蒲與蕑",傳:
"蕑,蘭也。"《韓詩·溱洧》以"蕑"爲"蓮",箋:"'蕑'當作'蓮'。"凡
皆依韓爲説,此文義俱改者也。

今案:文異義同者,"摧""莝"、"頻""濱"、"狄""剔",古今字也。
"摧",傳云:"挫也。"《正義》本作"莝",《釋文》作"剉"。"挫"即"剉"。"剉",古
"莝"字。"摧""挫"音義皆相近,故"摧"亦爲"莝"。"頻",《説文》作
"顰",云:"水厓也。""濱",《集韻》:"水際也。"《説文》無"濱"字。張揖《字詁》云:
"'頻',今'濱',則'頻''濱'一也。"《説文》:"'遜',古文作'遏'。"《詩·抑》篇"用遏
蠻方",箋改字作"剔",則鄭氏"剔爲遏"也。"遏"之今文爲"遜","狄""遜"一字,故
"狄"亦爲"剔"也。箋易"摧"爲"莝"者,《説文》:"莝,斬芻也。"申毛義
之"爲斬芻"也。易"頻"爲"濱"者,以"水顰"字人所不習,漢時多作
"濱",故改作"濱",從人所習。易"狄"爲"剔"者,韓"狄"作"鬄"。
"剔"者,"鬄"之今文。《儀禮》"四鬄去蹄"注,今文"鬄"爲"剔","鬄"乃"髢"之
借字,"剔"又"髢"之省俗。説詳胡墨莊《儀禮古今文疏義》。《漢書·司馬遷
傳》:"鬄毛髮,嬰金鐵受辱。"《文選》作"剔毛髮","鬄""剔"一字,皆
"狄"之別字也。《釋文》:"狄,遠也。"恐非毛義。"摧""莝"、"頻""濱",毛
用古文,鄭從韓,易以今文也。"狄""鬄""剔",韓用今文,鄭又易以
韓之今文也。

文同義異者,《相鼠》序:"刺無禮也。"故曰"無禮",曰"無儀",
曰"無止"。"無止",韓所謂"無禮節"也。毛謂"無所止息",則詞不
類,故易之。《小□》詩亦曰"止禮者",鄭以下文"靡膴"爲"無法無
禮",與"無法"對文也。"抑"者,毛無傳,蓋謂詞也。箋云:"噫此皇
父"則如"咨爾殷商,噫嘻成王"之比,於義或然。"言言""仡仡",如
毛義,則"臨衝"本所不用,不應言之。今《詩》"言衝",則是用此攻
城,是將壞之義《正義》説,故從韓矣。

文義俱異者，"媛"之與"援"，"樂"之與"療"。於義求之，皆韓説爲長。"蕑"之爲"蓮"，《正義》曰："以上下皆言蒲荷，此章亦當言荷，不宜別據他草。"今考"蕑"在山韻，與"卷""惓"不叶，"蓮"與"卷""惓"同部。而韓適以"蕑"爲"蓮"，文義俱叶，故立易之也。

陳恭甫謂鄭學博大網羅，衆家擇善而從，故箋毛亦閒宗韓義。昔人王子雍、趙伯循之徒，反以此病其改字，亦未知鄭無無本之學也。又鄭君注《禮》在治《毛詩》之先，《禮》注引《詩》皆三家義。晚箋《毛詩》，有《禮》注從三家，箋仍宗毛者，如《樂記》注引《皇矣》"莫其德音"用《韓詩》，箋仍依毛作"貊"。"莫""貊"古字通。《左傳》："德正應和曰莫。"箋作："德正應和曰貊。"此類甚多，蓋時之先後，非歧頭別出也。

# 鄭君箋《詩》多以韓易毛説

## （二月分齋課超等第二名）

楊介康

司農先通《韓詩》，受於東郡張恭祖，見《鄭志·答炅模》《六藝論》及《後漢書》本傳。臧在東謂鄭本習《魯詩》，而以范史爲非。然考《北堂書鈔》引《續漢書》亦云受韓，則范掾本諸司馬彪也。《禮記·經解》注亦引《韓詩内傳》。其箋《詩》所易傳誼，兼用三家，而韓説爲多，賈洺州、孔沖遠、王伯厚諸人謂鄭惟據韓，非也。大恉以音義通叚爲主。陳恭甫謂鄭君明於聲音、文字、訓詁、通借之源是矣。茲爲櫛比義類，斠詮訓故，旁蒐兼綜而總爲之説。

有以詁訓之字易之者，如《君子偕老》"邦之媛也"，以"媛"爲"援"；"十月之交，抑此皇父"，以"抑"爲"意"之類是也。案："媛"，韓作"援"，云"取也"，見《釋文》。《爾雅》釋訓"美女"爲"媛"，郭注曰："所以結好援。"《詩疏》引孫注："君子之援助。"然《說文》:"媛，美女也。人所欲援也。"馮柳東《三家詩異文疏證》謂"媛"本有"援"義，"取"當是"助"之誤是也。陳恭甫《左海文集》、郝蘭皋《爾雅義疏》竝同。又案《釋文》:"抑，徐邈，音'噫'。"《韓詩》云:"'意'也。"惠定宇《九經古義》云:"意，即'噫'也。"又云:"'抑'本與'意'通。"蔡邕《石經論語》云:"'意與之與'，古文'意'作'抑'。"據此則"意""抑"二文音義本通也。

有以叚借之字易之者，如《衡門》"可以樂飢"，以"樂"爲"療"，《泮水》"狄彼東南"，以"狄"爲"剔"抑，箋同之類是也。案:"樂"，韓作"療"。見《外傳》。《釋文》引《說文》云:"療，治也。""療"或"療"字也。然則"療"爲正體字，"療"爲或體字，疑"樂"即"療"之省叚字，但毛訓"樂"道其詁互異耳。馮柳東謂古本皆作"療"，《外傳》作"療"，"療"與"療"同字。陳恭甫亦云:"'療'與'療'同得其義矣"。又案:"狄"，韓作"鬄"，云"除也"。見《釋文》。"鬄"者，"剔"之本字。"剔"者，"鬄"之聲借字。"狄"者，"逷"之省字。"逷"者，"剔"之叚音也。惠定宇云"'逷'，古文'逷'"。见《說文》。《義雲章》又作"愁"，訓爲"剔"，又云:"'逷'訓'遠'。"見《爾雅》。或從"狄"，省文也。馮柳東引《皇矣》釋文，"剔"或作"鬄"。《莊子·馬蹄》篇"剔之"，崔本作鬄，以爲"剔"與"鬄"同者，得之。鄭君《士喪禮》注訓"鬄"爲"解"。竝云今文"鬄"作"剔"。惠定宇謂韓從古文，是也。陳長發《毛詩稽古篇》既云"此文改之，無妨文義"，又以爲不如王申毛爲"遠"義，所見殆偏。

有以音近之字易之者，如《谷風》"無以下體"以"體"爲"禮"，《車攻》"東有甫草"以"甫"爲"圃"從《釋文》，今本鄭箋作"甫"之類是也。案:"體"，韓作"禮"，見《外傳》。今本《外傳》作"體"。鄭君此箋與《禮·坊記》注異，蓋注《禮》在前，箋《詩》在後，彼疏所謂"注記時未見毛傳，不知是夫婦之詩"也。"禮""體"古字通。馮柳東引《釋名》《韓詩外傳》謂“禮”本有“體”訓，又引《廣雅·釋言》“‘禮’‘體’也”，謂本《韓詩》，今從之也。又案：“甫”，韓作“圃”，《齊風·甫田》，同見《揚子》。竝見《文選·東都賦》注後。《後漢·班固傳》注：“薛君釋‘圃’為‘博’。”與毛義同。《馬融傳》注以“圃”為“囿”。陳恭甫、馮柳東均辨其誤矣。錢辛楣引杜預注皆“囿”名，以為古本未譌。實則“圃”“囿”亦訓詁字也。馮柳東引《左傳》釋文“‘甫’，本亦作‘圃’”而云：“‘甫’‘圃’通文。”陳長發亦云：“‘甫’‘圃’古通用。”鄭本《韓詩》，阮芸臺《校勘記》謂《水經注》、王逸《楚辭注》引作“圃”，乃《韓詩》，斯為近之。

有以音轉之字易之者，如《思齊》“古之人無斁”以“斁”為“擇”，《有瞽》“應田縣鼓”以“田”為“敕”之類是也。案：“斁”，韓作“擇”，見《呂氏讀詩記》。《釋文》：“毛音‘亦’，‘猒’也。”鄭作“擇”。古人作字，義即存乎其聲，凡從“睪”之字，音義俱近。如《書·顧命》“王不懌”，馬融本作“不釋”。《釋文》。《莊子·齊物論》“南面而不釋然”，《説文》云“釋，解也”，《史記》多作“醳”之類皆然。《校勘記》云：“考此經字自當作‘斁’。箋以‘斁’為‘擇’之叚借。”是矣。至引臧玉林説，謂董氏所云竊取鄭箋，殊不盡然。馮柳東以為此箋與“條枚”箋當是韓説，其言亮矣。又案：鄭以“田”為聲轉字，誤改作“敕”。陳石父《毛詩傳疏》以為本三家《詩》。馮柳東《三家詩異文疏證補遺》本《周禮》注《詩》異字異義及臧在東説，以為此句當入《韓詩》，今因之。考鄭君《周禮》《禮記》注、郭景純《爾雅·釋樂》注並引《詩》作“敕”。《説文·申部》云：“敕，擊小鼓，引樂聲也，從申柬聲。”案：凡字多左形右聲，今本《説文》“申”在“柬”右，疑後人傳寫誤之。《毛詩》“敕”作“田”者，孔疏云：“‘敕’字以‘柬’為聲，聲既轉，去‘柬’惟有‘申’在。申字又去其上下，故變作‘田’也。”然則古本古誼俱作“敕”，不作“田”。陳長發所謂改之有補文義者也。

毛而舉之，縷而析之，其可通者，則古今雅俗之文，展轉通借之義也。其不盡同者，則方言之殊，師法之異焉耳。淺人乃謂其妄改經字，不亦慎乎？至於鄭君它注，亦多宗韓，故以不列於《詩》，置弗録云。

# 鄭君箋《詩》多以韓易毛説

## （二月分齋課超等第三名）

錢桂笙

三家《詩》多今文，故不特説與毛異，即文字亦往往不合。鄭君先從張恭祖受《韓詩》，注《禮》時，特多用韓。及後從馬融受《毛詩》，欲爲古文立門户，故箋《詩》申毛，《六藝論》所謂"宗毛爲主義，若隱略則更表明"者也。然三家之長，亦間采取。如《唐風》"素衣朱襮"以"繡黼"爲"綃黼"；《十月之交》爲屬王詩，《大雅》"侵阮徂共"爲三國名，皆從魯説，而於韓尤多。蓋鄭學廣博，雖兼通三家，韓尤其所素習者耳。今試證之。

《君子偕老》"邦之媛也"，箋以"援"易"媛"。《衡門》"可以樂飢"，箋以"癥"易"樂"。《韓詩》作"療飢"，"療""癥"字同。《十月之交》"抑此皇父"，箋以"噫"易"抑"。《韓詩》作"意"，通借字。《思齊》"古之人無斁"，箋易"斁"为"擇"。《有瞽》"應田縣鼓"，箋易"田"爲"朄"。《泮水》"狄彼東南"，箋易"狄"爲"剔"。《韓詩》作"鬄"，與"剔"通用。其文字之易毛從韓者無論也。説立詳惠氏《九經古義》及馮氏《三家詩異文疏證》。馮疏又載"東有圃草""延于條枚"二文，謂《韓詩》"甫"作"圃"，"施"作"延"。箋訓"甫草"爲鄭甫田之草，"施"爲延蔓，皆用韓説。考薛君《韓詩章句》謂圃草爲博大之茂草，與毛傳義同。"圃""甫"通段字，韓或借"圃"爲"甫"。鄭云"甫田"雖易毛，未必從《韓詩》。凡"施于中谷""施于松柏"，"施"皆有延蔓意。此云延蔓雖同韓，不必其易毛也。又《吉日》"其祁孔有"，毛傳："祁，大也。"箋云："'祁'當作'麎'。"《爾雅》樊舍人注引《詩》"其麢孔有"，馬氏《玉函山房》："韓詩。"故謂鄭從韓，亦非是。樊注本《魯詩》，詳見臧氏《拜經日記》，此鄭用《魯詩》也。若《子衿》篇"子□不嗣音"，《韓詩》作"詒音"，云："寄也，曾不寄問也。"箋云："曾不傳聲問我。"是用韓義，而較傳訓"'嗣'爲'習'"者勝矣。《鴛鴦》篇"摧之秣之"，韓云："秣，委去聲也。"箋云："無事則委之以莝。"是用韓義而較傳訓"'秣'爲'粟'"者勝矣。《緜之》篇云"度之薨薨"，韓云："度，填也。"箋云："捊聚壤土。盛之以虆，而投諸版中。"斯即韓所謂"填"者，而毛訓"度"爲"居"，則義異矣。《武之》篇云"耆定爾功"，韓讀"耆"，巨移反。箋云："老也。"斯亦讀巨移反。而毛訓"耆"爲"致"，則音異矣。

凡斯之類，見諸《釋文》《正義》者甚夥，由是推之，箋所偁"當作某""讀爲某""讀如某"之類，全書百餘文，其大半宜出於韓，餘亦皆齊、魯之舊文，漢經師之古義而已。夫鄭箋雖遵暢毛旨，而意有未安，未嘗不易一說以求是。雖易一說，未嘗不有所據而不苟。此學之所以度越諸儒也。自齊、魯亡於魏晉，《韓詩》至北宋亦亡。學者無由考鄭說之所自，遂疑其以臆見改經，相與詆其恉，議其絝塞而多失。亦何弗達之甚哉！

# 鄭君箋《詩》多以韓易毛説

## （二月分齋課超等第四名）

張增齡

漢世經術崇尚家法，自鄭康成出，而囊括眾説、擇善而從，號通儒焉。其注《禮記・緇衣》引《都人士》首章云："此詩毛氏有之，三家則亡。"惠松崖所校宋本注疏及相臺本、嘉靖本均作"三家"，今本有譌作"二家"

者。説者謂康成於《詩》蓋參稽四家矣。然齊、魯二家淪佚已久，考核綦難。《韓詩》雖至北宋而亦亡，實多散見於他書，《外傳》又迄今完好。康成習韓之迹，固在在可徵也。且《後漢書·康成傳》固謂其"從東郡張恭祖受《韓詩》"，王伯厚《困學紀聞》亦謂康成先通《韓詩》，故注《三禮》與箋《詩》異。

今按：康成注《禮》信用《韓詩》矣。如《周禮·射人》注引"宜犴宜獄"，《儀禮·士虞禮》注引"飲餞于泥"，此用劉昌宗本，今本悉依《毛詩》改作"禰"。俱與陸德明《經典釋文》所引《韓詩》合。雖鄭注作"犴"作"泥"，《釋文》作"狂"作"坺"，而《説文》則謂"犴"或從"犬"，《爾雅釋文》又謂"泥"亦作"坺"。"犴"之與"狂"，"泥"之與"坺"，異而同者也。若《禮記·經解》注更明引《韓詩内傳》矣。凡此，皆注《禮》用《韓詩》之塙證也。

第其箋《詩》，亦多有以韓易毛者。如《卷耳》篇"我姑酌彼兕觥"，毛云："兕觥，角爵也。"疏引《異義》："《韓詩》説云：'觥亦五升，所以罰不敬。'"此韓與毛異也。箋云："觥，罰爵也。"是以韓易毛矣。《相鼠》篇"人而無止"，毛云："止所止息也。"《釋文》載《韓詩》云："止，節，無禮節也。"此韓與毛異也。箋云："無止，則雖居尊無禮節也。"是以韓易毛矣。《皇矣》篇"無然畔援"，毛云："無是畔道，無是援取。"《釋文》載《韓詩》云："畔援，拔扈也。"此用葉石林鈔本，他本作"武强"，然亦與鄭箋"拔扈"義近。此韓與毛異也。箋云："畔援，猶拔扈也。"《釋文》："'拔'或作'跋'。"是以韓易毛矣。然此猶意義之不同也。更有於箋中顯易其字者。如《君子偕老》篇"邦之媛也"，《釋文》載《韓詩》"媛"作"援"，箋云："媛者，邦人所依倚以爲援助也。"此用相臺本，《考文》古本、他本"援"亦誤作"媛"。是不特非毛傳"美女"之義，直欲易"媛"爲"援"字矣。《衡門》篇"可以樂飢"，《韓詩外傳》"樂"作"療"。箋云："泌水之流，洋洋然飢者，見之可飲以療飢。"此用宋小字及相臺本。《考文》古本同《正義》本，"療"俱作"療"。《説文》云：''療'或從'寮'，'療''療'

一字.”是不特非毛傳“樂道”之義，直欲易“樂”爲“療”字矣。《車攻》篇“東有甫草”，《後漢書·班固傳》注引《韓詩》“甫”作“圃”。《文選·東京賦》注引同。箋云：“甫草，甫田之草也。鄭有圃田。”此用明監本及汲古閣本，他本俱譌作“甫田”。是不特非毛傳“甫大”之義，直欲易“甫”爲“圃”字矣。《思齊》篇“古之人無斁”，《呂氏讀詩記》引董氏曰“《韓詩》‘斁’作‘擇’”。陳長發、臧玉林、阮文達俱謂此條竊取鄭箋，不足信。但王伯厚《詩考》、宋守端《韓詩内傳徵》、馮柳東《三家詩異文疏證》皆沿呂氏，今亦從之。箋云：“品無擇言，身無擇行。”是不特非毛傳“斁厭”之義，直欲易“斁”爲“擇”字矣。然亦有徑易其字者，如《泮水》篇“狄彼東南”，《釋文》載《韓詩》“狄”作“鬄”，箋云：“‘狄’當作‘剔’。”按《儀禮·士喪禮》注云：“今文‘鬄’爲‘剔’。”《漢書·司馬遷傳》云：“鬄毛髮，嬰金鐵受辱。”《文選》作“剔毛髮”，是箋云“當作剔”者，即以韓之“鬄”易毛之“狄”也。又如《澤陂》篇“有蒲與菡”，箋云：“‘菡’當作‘蓮’。”説者莫敢定爲何家之本。今按《溱洧》篇“方秉蕑兮”，《釋文》載《韓詩》云：“菡，蓮也。”則《太平御覽》及《爾雅·釋草》疏所引“有蒲與蓮”自是《韓詩》無疑。是箋云“當作蓮”者，亦以韓之“蓮”易毛之“菡”也。又如《有瞽》篇“應田縣鼓”，箋云：“‘田’當作‘朄’。”臧在東先生謂此亦本《韓詩》。今按《周禮·大師》注及《禮記·明堂位》注俱引《詩》“應朄縣鼓”，以康成注《禮》用《韓詩》之説準之，則臧先生之言不爲無見。況郭璞之注《爾雅》，引《詩》“遵彼汝濆”，與《後漢書·周磐傳》注所引《韓詩》合；引《詩》“實命不同”，與《韓詩外傳》及《釋文》所載《韓詩》俱合，而《釋樂》注引《詩》“應朄縣鼓”，則謂爲《韓詩》愈可徵信。是箋云“當作朄”者，亦以韓之“朄”易毛之“田”也。

　　箋之以韓易毛者如此，其他以韓申毛、以韓補毛者，尚不能更僕數，又況韓之《内傳》既亡，鄭用韓而今不可考者，更不知凡幾乎。抑又聞之匡衡習《齊詩》者也。《漢書》列傳載其疏文引《詩》“君子好仇",是毛作"逑",齊作"仇"也,而箋則云:"怨耦曰仇。"箋又讀"他人是愉"之"愉"爲"偷",讀"素衣朱繡"之"繡"爲"綃",解"艷妻"爲厲王后,解"阮徂共"爲三國名,俱與《魯詩》合。則參稽四家之證,特用韓較夥耳。竊嘗謂鄭君生平學術,箋《詩》宗毛而往往易毛,與其受學於馬融而往往以融説爲非,皆足見其博大昌明,非後世章句小儒支離附會所可同年而語者。

# 鄭君箋《詩》多以韓易毛説

## (二月分齋課超等第五名)

陳曾望

夫《詩》者,群書之鈐鍵而小學之津梁也。後世不通小學,故後世益不見《詩》。康成,小學之精者也。於何知之?於其箋《詩》知之,於其箋《毛詩》而以韓易毛知之。《衡門》篇"可以樂飢",毛傳作"樂",韓傳作"療",《文選·王元長策秀才文》注引鄭箋作"癮"。《説文》:"癮,治也,或作'療'。"此其以韓易毛者一。《十月之交》篇"抑此皇父",毛傳作"抑","抑""懿"音近義同,叚借字也。韓傳作"意",鄭箋:"'抑'之言'噫'。"此其以韓易毛者一。《思齊》篇"古之人無斁",毛傳作"斁",音亦"厭"也。韓傳作"擇",鄭箋不言字誤,則此經本有作"擇"者,"擇""斁"亦叚借也。此其以韓易毛者一。《泮水》篇"狄彼東南",毛傳:"狄,遠也。"與《書》"遏矣,西土之遏"同訓。韓傳作"鬄",訓"除"。鄭箋作"剔",訓"治"。此其以韓易毛者一。約舉數事,餘可類推。

後世不明作箋之旨而或謂韓優於毛,或謂毛優於韓,二千年來喙爭不息,無定論。吾以爲韓出毛之前,則寫定近古;毛承韓之

12

後，則義訓益精。互有得失，互有短長。孰短孰長，孰得孰失，不習之久，安能辨之審？不辨之審，安能擇之精？又或謂康成初從東郡張恭祖學《韓詩》，以韓易毛，崇師授也。如斯説，則康成箋《韓詩》可也，何必箋《毛詩》。然康成箋《詩》，實不盡同毛義，而其間有所易，有所不易。惟其易而不易者見，惟其不易而易者又見。"周以降，書體六七變，寫官主之，寫官誤"，則勇易。漢置群師群弟子利禄之門爭，以異文起其家，是妄易也，則勇易其所易。若夫七十子之三四傳，經師皆口授，不著竹帛，異字博矣，不能擇一以定，則不易。《三百篇》叚借之字最夥，其本字什八可求，什二不可求。必求本字以改叚借字，則天子考文之責也，則不易。寫官誤矣，疑之且思而得之，但群書無佐證，則又不易撥其大要，則以義解字，以字解經，兩言而已矣。毛與韓時代不遠，文已歧出，鄭在韓、毛四百年後，而欲定四百年上之語言文字，不至如秦越人之相語，則豈非小學之功也哉？《韓詩》先在京師立學官，經通人審定爲完書。而毛僅僻在河間，平帝末年始出，又遭新禍，雖立學官，固有未暇寫定者，而其義乃最精好，此康成所以作箋，所以以韓易毛之本旨歟。

## 鄭君箋《詩》多以韓易毛説

### （二月分齋課超等第六名）

周以存

古之説經皆有所本，固非若後之望文生義、嚮壁虛造比也。鄭君箋《詩》有與毛傳異者，大率多用古訓。魏太常王肅以爲與毛義違，攻之不遺餘力。厥後王基駁王而申鄭。孫毓爲《詩》評，評毛、鄭、王肅三家同異，朋於王。陳統又難孫，而述鄭。紛紛攻訐，皆未能得其要領。唐宋諸儒若賈公彥、孔穎達、王應麟雖謂鄭君注《禮》用《韓詩》，且有言其與箋《詩》異者。近儒臧氏玉林《經義雜記》謂鄭箋"某讀爲某某""讀若某"本三家《詩》，或據他經傳改易。至惠氏定宇《九經古義》則謂鄭箋宗毛亦閒有從韓、魯説者，錢氏竹汀、陳氏恭甫之説亦同。而臧氏《拜經》乃謂鄭箋《禮》注多用《魯詩》，斥范史本傳通韓之説，恭甫寄書駁之，是矣。案《後漢書·康成傳》云："從東郡張恭祖受《韓詩》。"《北堂書鈔》引《續漢書》亦云："受《韓詩》。"則諸家之所言用齊用魯者大率臆斷，或因其説與他經傳所引齊、魯《詩》合，遂指爲用齊、魯《詩》，安知鄭所用韓説不多與齊、魯同耶？且鄭受《韓詩》，一見於《後漢書》，再見於《續漢書》，似此確有明徵，自當以用《韓詩》爲允。今謹就馮氏柳東《三家詩異文疏證》、馬氏竹吾《韓詩考》、陳氏碩甫《毛詩傳疏》、魏氏默深《詩古微》中取其與毛異與鄭同者，分爲句字、章義二類，以爲證焉。

其句字之用韓者，如《北門》"王事敦我"，毛傳："敦厚。"鄭箋："敦猶投擿也。"《釋文》："《韓詩》云：'敦，迫。'"案："迫"與"投擿"義相近。《相鼠》"人而無止"，毛傳："止，所止息也。"鄭箋："止，容。"《釋文》："《韓詩》：'止，節，無儀節也。'"案："無節"即"無容"之謂。《君子偕老》"邦之媛也"，毛傳："美女爲媛。"鄭箋："媛者，邦人所依倚以爲媛助也。"《釋文》："《韓詩》作'援'，援取也。"案："取"與"助"義相近。《鶉之奔奔》，毛傳："鶉則奔奔，鵲則彊彊。"然鄭箋："奔奔、彊彊，言其居有常匹，飛則相隨之貌。"《釋文》："《韓詩》云：'奔奔、彊彊，乘匹之貌。'"案鄭云："常匹相隨。"即韓"乘匹"之義。《清人》"二矛重喬"，毛傳："重喬，累荷也。"鄭箋："喬矛矜近，上及室題，所以縣毛羽。"《釋文》："喬，鄭居橋反，雉名。《韓詩》作'鷸'。"案：鄭云"縣毛羽"，即縣鷸之毛羽，故其名爲"喬"。《子衿》"子□不嗣音”，毛傳：“嗣，習也。”鄭箋：“嗣，續也。女曾不傳聲問我。”《釋文》：“《韓詩》作‘詒’。詒，寄也，曾不寄問也。”案：《正義》申鄭云“言汝何曾不嗣續音聲，傳問於我”，即韓“寄問”之謂。《衡門》“可以樂飢”，毛傳：“樂飢，可以樂道忘飢。”鄭箋：“飢者見之，可飲以療飢。”案：《韓詩外傳》作“療”，“療”與“療”同字。此《詩》，《釋文》云：“案《説文》云：‘療，治也。’‘療’或‘療’字也。”蓋以“療”爲“療”之或體字。故相臺本於注“可飲以療飢”之“療”作“療”。《澤陂》“有蒲與菡”，毛傳：“菡，蘭也。”鄭箋：“‘菡’當作‘蓮’。”案：鄭據《韓詩》改作“蓮”。《釋文》於《溱洧》之“菡”，引《韓詩》云“蓮也”。則此處之“菡”，韓當亦作“蓮”。《節南山》“蹙蹙靡所騁”，毛傳：“騁，極也。”箋云：“蹙蹙然雖欲馳騁，無所之也。”《薛君章句》：“騁，馳也。”見王伯厚《詩考》。案：鄭即用此説。《鴛鴦》“摧之秣之”，毛傳：“摧，莝也。”鄭箋：“‘摧’，今‘莝’字也。古者明王所乘之馬繫於廄，無事則委之以莝，有事乃予之穀。”《釋文》引《韓詩》云：“委也。”案：即鄭委之以“莝”之義。《角弓》“見晛曰消”，毛傳：“晛，日氣也。”鄭箋：“至日所出，其氣始見。”《釋文》：“《韓詩》作‘曣’，云：‘曣見，日出也。’”案：鄭“日出其氣始見”即韓“見日出”之謂。《緜》“度之薨薨”，毛傳：“度，居也。”鄭箋：“度，猶投也。”《釋文》：“《韓詩》云：‘填也。’”義並相近。據陳氏碩甫説。《皇矣》“無然畔援”，毛傳：“無是畔道，無是援取。”鄭箋：“畔援，猶拔扈也。”《釋文》：“《韓詩》云：‘畔援，武强也。’”案：“武强”即“拔扈”之義。《韓奕》“有倬其道”，毛傳：“有倬然之道者也。”鄭箋：“今有倬然著明復禹之功者。”《釋文》：“倬，明貌。《韓》詩作‘晫’，音義皆同。”案：鄭以“倬”爲“著明”，疑鄭用《韓詩》之“晫”。《有瞽》“應田縣鼓”，毛傳：“田，大鼓也。”鄭箋：“‘田’當作‘柬’。”案：鄭注《周禮·春官太師》引《詩》作“應柬縣鼓”，郭注《爾雅》引《詩》亦同，當是《韓詩》。陳氏碩甫以此爲三家《詩》，馬氏竹吾、魏氏默深皆列入《韓詩》中。今從馬、魏，作《韓詩》。《泮水》“狄彼東南”，鄭箋：“‘狄’當作‘剔’。”案：

《儀禮》“四鬎去蹄”注云：“今文‘鬎’作‘剔’。”《釋文》：“《韓詩》云：‘鬎，除也。’”鄭之“剔”即韓之“鬎”，此句字之以韓易毛者也。

其章義之用韓者，如《蝃蝀》，《毛序》謂“止奔”，《正義》以爲“能止當時之淫奔”，《韓詩序》曰：“刺奔女也。”見王《詩考》引《後漢書》注。箋於“不知命也”下云：“淫奔之女，大無貞絜之信，又不知昏姻當待父母之命，惡之也。”然則“惡之”云者，即“刺之”之義也。《山有扶蘇》，毛以二章皆言用臣不得其宜，鄭以上章言用之失序，下章言養之失所。《易林》《徐幹中論》引《韓詩》此說，並同鄭箋不任用賢者反任小人之誼。據魏氏默深《詩古微》説。《東門之墠》，《毛序》謂“男女有不待禮而相奔”，《藝文類聚》及《御覽》並引《韓詩》言“東門之外，栗樹之下，有善人可與成室家”，即鄭箋“此女望男來迎己之辭”。《伐木》，《毛序》謂“燕朋友故舊”，箋言“昔日未居位，在農之時，與友生於山巖伐木，爲勤苦之事”，即用《韓詩序》“勞者歌其事”之説。見王《詩考》引《文選》注。《十月之交》《雨無正》《小□·小宛》，《毛序》皆爲幽王詩，鄭以爲屬王詩，謂“作《詁訓傳》時移其篇第”。案《正義》謂：“鄭言爲毛公所移，四篇容可在此。今《韓詩》亦在此者。詩體本是歌誦，口相傳授，遭秦滅學之後，眾儒不知其次，齊、韓之徒以《詩經》而爲章句，與毛異耳。或見毛次於此，故同之焉。”案：《正義》雖以《韓詩》篇次同於毛而意頗不然之，然則鄭之改“幽”爲“屬”者，殆用齊、韓説也。《瞻彼洛矣》，《毛序》：“以刺幽王，思古明王能爵命諸侯，賞善罰惡。”《白虎通》引《韓詩內傳》“諸侯世子，初受爵命”之詩，箋説蓋本此意。《旱麓》，《毛序》謂“周之先祖，世傳后稷、公劉之業；大王、王季申以百福千祿焉。”鄭譜列於文王之詩，案：即《薛君章句》“文王盛德”之説。《閔予小子》，毛以爲成王將涖政而朝於廟之詩，箋用韓義謂：“除武王之喪，將始即政，朝於廟。”據《詩古微》説。此章義之以韓易毛者也。

然則鄭之與毛異者，蓋用韓説爲多。他如“朱襮”爲“朱綃”，

"侵阮阻共"爲三國名，皆齊、魯説。疑韓説中亦作是解耳。《六蓺論》謂鄭注《詩》宗毛爲主，毛義若隱略，則更表明；如有不同，即下己意。然則下己意者，其即以韓易毛之謂乎！

# 禹河故道遷徙考

## （三月分齋課超等第一名）

陳培庚

河自孟津以上皆禹時故道，大伾以下時有遷徙。言禹河者，説亦各異。今案：故道在宿胥口上者，當以大伾降水所在爲斷；在宿胥口下者，當以周定王以前書説爲斷。後人聚訟之言，不足據也。

大伾，鄭康成以爲在修武、武德之間，張揖、酈元、顏師古以爲在成皋，臣瓚、孔穎達以爲在黎陽。鄭君説"云山一成曰伾"，本《爾雅·釋山》文。一成之山甚卑。今河南汜水縣大伾山高僅尋丈，成皋故城在山上，其北岸即修武、武陟漢爲武德也。又云"地喉也，沇出伾際矣"，此必經師相傳古義。經云："導沇水，東流爲濟，入于河，溢爲滎。"《水經》云：濟水"當鞏縣北，南入于河，與河合流，又東過成皋縣北，又東過滎陽縣北，又東至礫溪南，東出過滎澤北"，注云："《晉·地道志》曰：'濟，自大伾入河，與河水鬭，南溢爲滎澤。'"與鄭云"濟沇滎波，出入自大伾者，合則大伾，宜在成皋"、張揖諸説是也。黎陽山既不一成，而説亦晚出，恐近傅會矣。

降水，班固以爲在信都，鄭君以爲即淇水。鄭引《地説》云："大河東北流過降水千里，至大陸爲地腹。"信都出大陸，不容此數，故讀"降"爲下江反，聲轉爲"共"。故共水即降水。《地理志》曰："淇水出共，東至黎陽，入河。"《溝洫志》曰："遮害亭西十八里，至淇水口。”此古淇水入河之口，即禹河北過降水之處，過此則宿胥口。禹河從此折而北流，北過降水，蓋紀北流之始。此又鄭説之宜從者也。

《史記》：“禹以爲河所從來者高，水湍悍，難以行平地，廼厮二渠以引其河。孟康云：“二渠其出貝邱西南，南折者則河之經流也，其一則漯川也。”案：禹“厮二渠”猶後世之開引河，不得以經流當之。近人魏默深以二渠爲今大小清河，大清河爲古漯水，小清河爲古濟水。濟之通河在今河南汜水縣。《水經》：“河水東過成皋縣北，濟水從北來注之。”注：“河水東經懷縣”，今河南陟縣南，濟水故道之所入是也。漯之通河在今山東朝城縣，《地理志》“漯水出東郡東武陽”是也。《水經》：“河水過高唐縣東，注河水於縣，漯水注之。”高唐，今山東禹城縣。此晉時河道，禹河不至禹城也，二瀆受河，一在大伾，一在降水之東。故《史記》敘在大伾下，降水上。然則大伾之不在黎陽，降水之非即枯澤，益可見矣。北載之高地，過降水，至於大陸。”王横云：“禹之行河水，本隨西山下東北去。”杜佑曰：“西山，太行恒山也。”《地理志》“河内郡”：“山陽，東太行在西北”“野王，太行在西北”；“常山郡”：“上曲陽，恒山在西北。”山陽，今河南修武縣；野王，今懷慶府治河内縣；上曲陽，今直隸曲陽縣。二山連延，歷河南懷慶、衛輝、彰德，直隸大名、順德、正定諸府，東北接碣石。禹導河行其山，足所謂“載之高地”，而今修武及淇縣，皆故大陸。《吕氏春秋·有始覽》《淮南·地形訓》皆以大陸、鉅鹿爲二地。《吕覽》云：“晉之大陸。”注：“魏獻子所田。”又云：“趙之鉅鹿。”注：“廣阿澤也。”《春秋左氏》定元年《傳》：“魏獻子田于大陸，還，卒于甯。”杜注云：“疑此田在汲郡吴荒蕪之地。”甯，今修武縣。吴澤在北，此修武有大陸也。《水經注》引《晉·地道記》云：“紂都在《禹貢》冀州大陸之野。”紂都，今淇縣東北朝歌城也，此淇縣有大陸也。近居太行之麓，蓋即引河北行之始。

自此以下，則自宿胥口北行。《水經注·河水》：“自淇口東至遮害亭，又有宿胥故瀆，舊河水北入處也。”《淇水注》：“瀆，受河於遮害亭東黎山西。”黎山即臣瓚所謂大伾在今河南濬縣東南，遮害亭在濬縣西北，宿胥故瀆出其中間。《史記·衛世家》：“封康叔爲衛君，居河淇間故商墟。"即古朝歌城,在濬縣西南,淇縣東北。淇水逕其西,河水逕其東,是宿胥口即禹河之證。自此北經彰德府治安陽縣,河亶甲之相都也。《書》序:"河亶甲居相,後爲河所圮。"此安陽有禹河也。宿胥故瀆又北經臨漳縣東。臨漳,漢鄴縣。殷墟在南。《楚語》:武丁"自河徂亳"。韋昭云:"從河內徙都亳也。"河內即鄴南殷墟,亦經河圮。此臨漳有禹河也。《地理志》:"魏郡鄴,故大河在東。"蓋西漢時故道猶有存者。宿胥故瀆又北經順德府東。《史記·殷本紀》:"祖乙遷于邢。"其後盤庚又自邢遷于亳。邢,杜佑曰:"即邢州。"爲今順德府。亦爲河徙圮。此順德有禹河也。

凡此,皆《書》説在周定王前可考者也。大陸澤在順德府鉅鹿縣境,禹河自宿胥口至此約五六百里,以古尺度計之,將及千里。故班、鄭皆以此爲大陸。孫炎曰:"大陸,鉅鹿北廣河澤,河所經。"蓋此澤本禹河之所匯,故亦名廣河。酈元又以爲自甯迄於鉅鹿,出於東北,皆爲大陸。則以其皆緣西山之麓,故得通稱。而《禹貢》大陸,仍當從班、鄭也。

順德以東九河故道。案許商云:"徒駭在成平,胡蘇在東光,鬲津在鬲縣。"成平,今直隸交河縣。東光,今甯津縣。鬲縣,今山東陵縣。交河最北,陵最南,九河故道皆包絡其中。蓋今河間府滄、景、德、隸等州,皆有禹迹,分流至天津府鹽山縣漢章武縣,合爲逆河,入于海。其分播之始。《水經注》云:"大河故瀆東北逕元城縣西北沙邱堰。堰,漳水也。播爲九河自此始。"酈元以王莽河爲禹河,故其言云然。然沙邱堰去鉅鹿尚百餘里,安得自此遂播爲九?程大昌曰:"自大陸以北,河播列爲九。"亦不能實指其處。國朝胡氏渭以漳水爲徒駭,謂《水經》所敍自平恩嶺東邱縣以下皆徒駭故道,即禹河故道。河播爲九,當即在此。周定王時,河徙自東光、南皮、浮陽,絕八枝,而北合徒駭。漢人指此爲逆河,此九河之所同。指爲禹河則是,指爲禹河之逆河則非矣。逆河即渤海與碣石並淪於海,今不可得而指也。

古今言禹河者，惟胡氏致爲詳審，今謹略採其説以爲篇，惟不從其大伾在黎陽、降水爲漳水者。王横所言，西山胡氏不取。杜佑而以爲黎陽西山。案《道山》言："太行，恒山，至於碣石。"臣瓚曰："河入海，舊在碣石道，河行太行恒山之足以達碣石入海，道適相竝。"胡氏以宿胥故瀆爲白溝，即淇水，水經淇水，又東，北逕同山東。《明一統志》："同山在濬縣西南四十五里。"《新志》云："其麓綿亘四十餘里，有龍脊岡，岡之西有山相輔而行，西屬太行，曰達西岡。"蓋山脈相連，常百千里。臨河諸山，大氐皆與太行恒山相屬，不必近在咫尺也。故别從杜氏。

至河道之遷徙，胡氏云："自禹告成之後，下迄元、明，凡五大變，而暫決復塞者不與焉。一、周定王五年河徙宿胥口，東行漯川，至長壽津與漯别行，而東北合漳水，至章武入海，《水經》所稱大河故瀆者也。二、王莽始建國三年，河決魏郡，泛清河、平原、濟南，至千乘入海，後漢王景修之，遂爲大河之經流，《水經》所稱河水者也。三、宋仁宗時商胡決口，河分爲二派，北流合永濟渠，至乾甯軍入海，東流合馬頰河，至無棣縣入海，二流迭爲開閉，《宋史・河渠志》所載是也。四、金章宗明昌五年宋光宗紹熙五年河決陽武故隄，灌封邱而東，注梁山濼，分爲二派：一由北清河即大清河入海，一由南清河即泗水入淮是也。五、元世祖至元中，河徙出陽武縣南，新鄉之流絶。二十六年會通河成，北派漸微。及明弘治中，築斷黄陵岡支渠，遂以一淮受全河之水是也。"蓋河自大伾以上，禹迹至今未改；大伾以下，時有變易。自周迄明，略盡於胡氏之言矣。

# 禹河故道遷徙考

## （三月分齋課超等第二名）

陳嗣賢

粵稽神禹有作，上闢龍門，中分濟漯，下疏九河。河之勢由西而南，南折而東，東折而北。《書》曰："北播九河，同爲逆河，入于海。"其故道也。商之中葉，相、邢頻圮，至遷都以避之。逮周季年，齊吕閼九河之八以自廣。又有於滎陽下引河東南爲鴻溝者，河水力微，不足刷沙，濟水北流勢緩，故徙漯川至長壽津，又與漯别行，東北至東光縣西，又北與漳水合，則碣石逆河漸淤，故徙由章武入海。案：宿胥以北，即鄴東故大河。蓋禹河本由相鄴而北，過濟水，合衛漳，至碣石入海。周定王時，由宿胥而東。則相鄴在西漢時河已不行，故《漢書》云："故大河其宿胥口，徙流至長壽津，與漯别行。而東北合漳水。"《水經》所謂"大河故瀆"者，則周以後迄西漢所行也。蔡傳云："河徙砯礫。"固無所據。即胡氏《禹貢錐指》以漳水全屬禹河，亦未詳也。

漢武帝時，徙流二，皆在東郡、魏郡間，尚由章武入海。至成帝時，入平原千乘。則益徙而東，已不復入章武。故胡氏《禹貢錐指》以河出千乘，爲禹河再徙。但謂千乘之徙，自新莽三年始，則猶未當也。鴻嘉始建國，渤海、清河、信都、魏郡之溢，北流未絕。迨明帝永平修汴渠，而平原、千乘之道專流矣。晉河自河東、河内之南界東北，經汲郡、頓邱、陽平、平原、樂陵之東南入海。本杜預《左傳釋例》。蓋晉時河道也，河東、河内之南，即滎陽界。樂陵，今爲山東武定府之樂陵縣，即千乘郡界。蓋汴渠成後，東漢大河至此未嘗改道也。隋煬帝大業元年，開通濟渠，自西苑引穀、洛達於河，復自坂堵引河歷滎澤入汴。又開永濟渠，引沁水南達於河北，通涿郡，名曰御河。汴渠首滎陽，古滎陽今滎澤河陰二縣地。坂堵在今氾水縣東北二十里。沁水本從滎陽縣北武陟縣東入河，隋後濬之，用以濟運。通濟出汴之下，御河出汴之北。東漢河至此雖未徙流，然亦已小變矣。唐景福以前，決冀隸稍東自下益南。蓋唐有馬頰河，於清豐縣西南首受大河，東北流至安德縣。南合篤馬河，東北歷樂陵、無隸入海，猶汴渠、樂陵、千乘之舊跡。

至昭宗景福二年，改從臨黃、朝城、聊城南，而東逕無隸縣南六十里，東北逕馬谷小山東入海。此五代決溢，所以多在滑州、濮州、臨黃、陽穀、東阿以東也。夫自周世宗濬汴，通淮、泗、曹、濟，而宋橫隴、商胡、張澤濼諸決溢胎之矣。橫隴之決，自澶州逕陽穀、東阿而東，尋唐景福以後之道也。商胡之決，自澶州歷魏之東北，逕恩冀北至乾甯軍入海，尋隋永濟渠及古清河之道也。二股河又商胡之岐出，東流逕恩冀，東至樂陵入海，尋唐景福以前馬頰河之道也。自直河開而水勢增漲，乃大決於澶淵、曹州、封邱間，而北流斷絕。遂匯張澤濼分爲二派，一合北清河入海，一合南清河入淮。北流永濟渠，至乾甯軍入海者也。北清河則泗水。蓋自漢武時，決瓠子，東南注鉅野，通淮泗。後周世宗濬五大渠，過曹、濟，注梁山泊以通青鄆。及太平興國八年，決滑州，泛澶、濮、曹、濟而東南入淮。天禧三年，決滑州，注梁山泊，合清水入淮始。然則河之入淮，積勢已非一日。至元豐六年，自洪澤以上，開龜山裏河以達入淮。

而金章宗明昌五年，決自陽武，灌封邱以東，則徐、邳、清口之道闢矣。元至元二十三年，河徙陽武，奪渦入淮，新鄉之流既絕，而會淮入海，遂爲經流。至明洪武二十四年，決原武，經開封、項城、潁州、潁上抵壽州正陽鎮，全會於淮以入海。正統十三年，決滎陽，一出曹濮以東，尋後周曹濮之蹟也；一出陳留以南，尋元奪渦入淮之道也。弘治二年，決原武，一自封邱至曹濮，一自中牟下尉氏，一自蘭陽至宿州，仍尋正統十三年之決而小變之。白昂雖塞封邱金龍口，築陽武隄，引河達淮，濬汴入睢，而北流未斷。故弘治五年，復有張秋之決。及劉大夏築大行隄，張秋之決塞，而入淮之流始專。然河本北流，後世漸挽而南。張秋之道，仍不遽舍。故正德八年，決黃陵岡，決曹縣。二十六年，北徙至再，支派縷分。迨潘季馴六起治河，總以不失入淮故道爲要。我朝因之，自康熙以來，時而開中河，時而開下河，時而又開海口，南河之道豁如。咸豐初，河決蘭儀北岸銅瓦廂。全河之水，由決口北徙，與大清河合流入海，復東漢王景治河故道。

此古今河道遷徙之大較也。綜而觀之，由夏及殷及周，河之在北者也，至定王而南徙矣。自漢武導河北行，復禹舊跡，至唐世未常變。逮五季之衰，河乃自北而東矣。遷延至於宋世，河又自東而南矣。熙豐以後，時決而北。議者欲復禹蹟，仍未果。降至金、元、明，勢且日趨於南而不可挽矣。夫河利北不利南，由禹至周定王千七百年無河患。由漢至於唐，無患者亦幾千年，餘則屢決屢溢。患且不能更僕數，亦可見河道宜存禹蹟，而遷徙者未可視爲故常也。今幸北行垂數十年矣，尋故道而規復之，是在講求河務者。

# 禹河故道遷徙考

（三月分齋課超等第三名）

周以存

禹河故道，詳於《禹貢》及《史記·河渠書》《漢書·溝洫志》。《禹貢》不載二渠之處，《史》《漢》於“至于大伾”下言：“禹以爲河所從來者高，水湍悍，難以行平地，數爲敗，乃廝二渠以引其河。北載之高地，過降水，至大陸。”案：“禹廝二渠”，自黎陽宿胥口始，一北流經大伾山西者爲大河，一東流過大伾山南者爲漯川，是爲禹河之故道。

《溝洫志》載王橫云："禹之行河水，本隨西山下東北去。"案："隨西山下"即大伾山之西。與史、班"引河北載"之說同。《周譜》云："定王五年河徙。"則今所行，非禹之所穿也。此指自宿胥口至成平之河。案：禹河自周定王時，決宿胥口，東徙漯川，逕長壽津，與漯別行，東北至成平，復合於禹故河。《水經注》："大河故瀆，至東光縣故城西，而北與漳水合。"此河徙之始，而由大伾山西逕黎陽、內黃、列人以達於漳之流遂斷。自漢至今，未之能復。周所徙之河，至王莽始建國三年枯竭，改從千乘入海。《水經注》所謂"自涼城縣長壽津東逕鐵邱南，以至千乘利縣東，分二水，逕甲下邑入海"是也。後漢王景修汴渠因之。而由長壽津以達東光之流遂斷。《水經》所謂"黎陽縣南""河之故瀆出焉"，蓋指此也。厥後宋慶曆八年，河決商胡，而漢唐之河徙。金明昌五年，河決陽武故隄，灌封邱，東注梁山濼，分爲二派，北派由北清河入海，南派由南清河入淮，而宋之河遷。元至元中，河徙出陽武縣，南奪渦入淮，而新鄉之流斷。明弘治中，河決，衝張秋，劉大夏築太行隄以禦之，河一趨於南而入淮北，由胙城長垣趨海之道絕。《禹貢錐指》"例略"及附論歷代徙流，其說甚詳。蓋河愈徙則禹跡愈失，幸馬、班引"河北載之高地"及王橫"隨西山下東北去"之說可據，猶克考證經傳以徵其實。

案：禹河自龍門以至洛汭，從古未嘗遷徙。今河所經，皆其故道。其自大伾之東遷徙特甚，故道自汲縣宋李垂上《導河形勢書》，請自汲郡東推禹故道，出大伾、上陽、太行三山之間，復西河故瀆。東北流入黎陽縣界，《漢書·地理志》"黎陽"引晉灼云："黎山在其南，河水經其東。"《溝洫志》載："賈讓云：'從黎陽北盡魏界，故大隄去河遠者數十里，內亦數重。此皆前世所排也。'"然則黎陽爲禹河故道所經地也。至大伾山西南折而北爲宿胥口，《水經注》云："自淇水東，至遮害亭有宿胥口，北逕舊河水所入也。"又東過內黃，《水經注》云："內黃縣故城，右對黃澤。"即賈讓所見"內黃界中，有澤方數十里，環之有隄"者。胡氏渭謂："內黃故城在今縣西北，澤大方數十里，當接安陽縣界。疑此爲禹河之所經，河徙鐘爲黃澤。"逕鄴，《地理志》"魏郡"："鄴，故大河在東北入海。"

由列人達漳，《續漢書》云："河水從列人北流。"《通典》曰："漳水，橫流至肥鄉縣界入河。"肥鄉，本漢列人縣也。此《禹貢》所謂北過洚水者也。

《水經》所敘漳水自平恩以下，皆禹河之故道，自斥漳又東北逕平恩、曲周以至鉅鹿，其西畔爲大陸，《史記正義》云："大陸澤在邢州及趙州界。一名廣河澤，一名鉅鹿澤。"孫炎曰："河所經也。"及河南徙漳水，循河故道，而下至成平東北，復與大河合。《水經注》云："漳水自阜城縣北至成平縣南，又東北入清河，謂之合口。"蓋南皮、浮陽界中東漢以後之清河，即大河故瀆。其下九河，漢時僅存其三，而逆河久淪於海。薛氏謂舊在平州石城縣東。九河故迹，以《地理志》許商所云"九河之名，有徒駭、胡蘇、鬲津，今見在成平、東光、鬲界中。自鬲以北，至徒駭間，相去二百餘里"，今河雖數徙，不離此域之説推之。太史、馬頰、覆釜三河，當在成平之南、東光之北。簡、潔、鉤盤三河當在東光之南、鬲縣之北。如《地理志》渤海郡成平下云"虖池河民曰徒駭河"，東光下云"有胡蘇亭"，平原郡鬲下云"平當以爲鬲津"。《通典》云："馬頰、覆釜在平原郡界。"又云："安德縣有覆釜河。"《一統志》云："太史河在南皮縣北。"《史記正義》云："簡在貝州歷亭縣界。"與《地廣記》云："簡、潔在臨津。"《元和志》："棣州陽信縣，鉤般河經縣北四十里。"皆明證也。然則九河遷徙淪亡，不知始自何代。班固云："自茲距漢，北亡八枝。"大抵河自周定王時南徙，九河來源日少，或通或竭。至許商時亡其六，至班固時則存其一，今竝其一亦無存。且禹河入海處，雖經周時遷徙，尚循其舊。至莽時改由千乘入海，而碣石故迹亦湮。此禹河遷徙而故道可考之大略也。

25

# 禹河故道遷徙考

## （三月分齋課超等第十六名）

張增齡

《呂氏春秋·愛類》篇云："昔上古，龍門未開，呂梁未發，河出孟門，大溢逆流。"《山海經》注引《尸子》，與此略同，此說蓋本於《尸子》，后《淮南子》採之，字亦微異。是禹興而後河不泛濫也。古河故道，《書傳》無徵矣。今就《尚書·禹貢》篇、《史記·河渠書》考求禹河。《河渠書》論禹治河較詳於《禹貢》，蓋太史公有採於《漢書·張騫傳贊》中所稱之《禹本紀》者。大約今漳水所行，即禹九河之故道也。今大小清河，一濟一漯，此字當依《說文》作"濕"，經史"濕""漯"二字混用已久，惟《漢書·景武昭宣元成功臣表》有"濕陰侯"，《地理志》《霍去病傳》《王莽傳》俱作"漯陰"，斯古字之僅存者。即禹河醴《史記》作"厮"，此用《漢書·溝洫志》。《說文》無"厮"字，故以"醴"爲正。渠之故道也。此用魏默深先生説。

《周譜》云："定王五年河徙。"見《漢書·溝洫志》。《水經注》云："周定王五年河徙故瀆。"所徙之處雖不可得詳，蔡氏沈《書傳》"砅礫"二字係杜撰，辨見胡東樵先生《禹貢錐指》。而東樵先生謂："周定王五年河徙自宿胥口，東行漯川，至長壽津與漯別行，而東北合漳水，至章武入海。"亦無塙據。要漸遷而東者近是。《漢書·武帝紀》云："元光三年春，河水徙，從頓邱東南流入渤海。"《資治通鑑》刪去"入渤海"三字。蓋向經頓邱西北者，至是遷於東南矣。此用程氏大昌説，東樵先生謂"頓邱之決口，不勞而塞"無所據，且紀文明用"徙"字，自與尋常決溢有別。《地理志》魏郡館陶下注云："河水別出爲屯氏河，此河絕於成帝永光五年，鄭康成疑此爲禹河故道，與班説異。東北至章武入海。閻百詩先生云：此武帝元封二年壬申後，宣帝地節元年壬子以前事。蓋自宣防塞後復北決於館陶，故分爲此河，河自是入海之路迥非禹舊矣。《史記·河渠書》云："卒塞瓠子，築宮其上，名曰宣防。"而"道河北行二渠，復禹舊迹"，誤以西漢見行之河爲禹河也，辨見黃潛夫先生《日知録集釋》。《王莽傳》云："始建國三年，河決魏郡，泛清河、平原、濟南，至千乘入海。"成帝建始四年河決館陶，入平原、濟南、千乘，河平；三年，又決平原，入濟南、千乘。雖經塞治而水道猶存，故復大決於此。自是大伾以東故道盡湮矣。《後漢書·循吏·王景傳》云："遣景與王吳修渠，築隄自榮陽東至千乘海口千餘里。"事在明帝永平十二年。此則因王莽時河決之迹而偏用禹河漯渠之故道也。《水經注》云"二渠一則漯川，今所流也"是也。自是之後，幾及千年河無大變，其間惟舊流於渤海東南者遷流於渤海西北。《太平寰宇記》云"黃河在勃海縣西北六十里，景福二年後，河水移道"是也。

迨五代而河患又作矣。《薛史》晉開運元年六月丙辰，《資治通鑑》譌作"丙午"。"滑州河決，漂注曹、單、濮、鄆等州之境，環梁山合於汶濟"。歐陽史云："河決滑州，環梁山合於汶濟。"《資治通鑑》無"濟"字。説者曰：河於此乃自北而東也。此顧亭林先生説。迨宋而河事益紛紛矣。仁宗慶曆、皇祐之間，河決澶州、商胡，廣五百五十七步，分爲二派。合馬頰河至無棣縣入海者，是謂東流。合永濟渠至乾甯軍入海者，是謂北流。神宗熙甯之初，道東流而北流閉矣。元豐四年而河復北流，哲宗紹聖之初，北流又閉矣。元符二年而河竟北流，其時未及復。禹故道者，幾希耳。《宋史·河渠志》序云："自滑臺、大伾，嘗兩經汎溢，復禹蹟矣。一時姦臣建議，必欲回之，俾復故流，竭天下之力以塞之。"蓋傷之也。

迨金以後而河遂不可挽矣。金章宗明昌五年，即宋光宗紹熙五年也，因此時河道盡入金境，故用金年號。河決陽武故隄，灌封邱而東，又分爲二派，由北清河入海者是爲北派，由南清河入淮者是爲南派。元至元二十五年，會通河成，南派盛而北派漸微矣。明弘治五年，黃陵岡築，北派絶而南派專行矣。以一綫之清口受萬里之長河，禹迹至此蕩然無存矣。

此禹河故道遷徙之略也。他若決而旋塞，不可謂之遷徙，與夫遷徙而無關於禹河故道者，俱不著於篇。

# 繼善成性解

## （四月分齋課超等第一名）

張增齡

《周易》舊注，迄無完帙矣，其猶得考見梗概者，則李鼎祚《集解》之功，實出陸德明《釋文》上也。《繫辭》傳云："繼之者善也，成之者性也。"漢魏諸經師之說俱不存。其存者，惟《集解》中虞仲翔數語而已，然其藉此傳以明消息之義，孔穎達《左傳正義》云："伏羲作十言之教，曰：乾坤震巽坎離艮兌消息。"消息之說，由來尚矣。頗稱精當。恐前有說者，亦爲所竝包也。漢魏言《易》者俱明消息，今其遺文可考者三家，鄭氏康成、荀氏慈明、虞氏。荀較鄭爲密矣，然虞興而後，消息之旨乃大昌明於世。虞固世傳孟氏《易》，而又具見鄭、荀之書，得以考其是非故也。今謹依其說而疏證之，以僭補惠氏棟《周易述》。此書不盡用虞義，而用虞義者爲多。如此條則解"成之者性"句用虞義。張氏惠言《周易虞氏義》之未備，其說云："繼，統也。謂乾能統天生物，坤合乾性，養化成之，故繼之者善，成之者性也。"

按"繼，統也"者，《漢書·賈山傳》云："自以爲過堯舜統。"顏師古《集注》引如淳曰："統，繼也。統可以訓繼，則繼自可以訓統，此於六書爲轉注。"辨轉注者紛如聚訟，近如段氏玉裁、洪氏亮吉諸人則俱用此義。

"謂乾能統天生物"者，虞氏補《說卦》逸象，散見於各注者，多至三百餘條。朱震《漢上易集傳》云："秦漢之際，《易》亡《說卦》。孝宣帝時，河內女子發屋，得《說卦》古文。至後漢荀爽《集解》又得八卦逸象三十有一。"據此疑《說卦》本不完之書，故虞所補逸象尤多。於《益象傳》則云乾爲善，於《大有象

28

傳》則云乾爲揚善，於《坤·文言傳》又云乾爲積善。上文"謂初"絕句，惠氏《周易述》不引"謂"字，而讀"初乾爲積善"爲句，不詞。故知此傳之善，爲指乾而言也。《乾·彖傳》云："大哉乾元，萬物資始，乃統天，雲行雨施，品物流形。"《集解》引《九家易》云："乾者純陽，衆卦所生，天之象也。"此"乾能統天生物"之說也。

"坤合乾性，養化成之"者，《乾·彖傳》又云："乾道變化，各正性命。保合大和，乃利貞。"乾性陽，坤性陰，曰"乾道變化"，則乾與坤通而陰陽合德矣。《說文》云："惟初太極，徐鉉本作"始"，此從鍇本。道立於一，造分天地，化成萬物。"一者，元也。何劭公《公羊傳解詁》云："變一爲元，元者，氣也。"乾元資始，父道也。坤元資生，母道也。娠身者母，致養者坤。此用姚氏配中說。致養於坤元，而萬物化成矣。虞氏"既濟"注云："六爻得位，各正性命，保合大和，故利貞矣。""革"注云："以成既濟，乾道變化，各正性命，保合大和，乃利貞。"《恒·彖傳》注云："初二已正，四五復位，成既濟定，乾道變化，各正性命。"是虞以此傳所云爲《乾·彖傳》之本，而即以《乾·彖傳》所云爲"成既濟"之本也。《乾鑿度》云："物有始，有壯，有究，故三畫而成乾。乾坤相竝俱生。物有陰陽，因而重之。故六畫而成卦。"此言乾坤六位之正也。而初乾二坤、三乾四坤、五乾上坤，虞氏《繫辭》第八章注云："卦從下升。"其體適與既濟合。《易》始於太極，終於既濟。未濟六爻失位，則又陽分爲陽，陰分爲陰，自乾坤起矣。以既濟復太極之體，所以示終而復始，周流無竟也。

繼之者善，成之者性。消息之原，於是乎在。張氏惠言撰《周易虞氏消息》，據此傳注，以定參天兩地之象，不徒爲虞氏功臣，亦深明乎圣人言繼善成性之故矣。

# 繼善成性解

## （四月分齋課超等第三名）

周以存

《易·繫辭》"繼善成性"，古之解此者，見存二家：一虞氏仲翔，一孔氏沖遠。仲翔之説曰："繼，統也。謂乾能統天生物，坤合乾性養化成之，故繼之者善，成之者性也。"此以卦體而言也。沖遠之説曰："善是順理養物。故繼道之功者，唯善行。若能成就此道者，是人之本性。若性仁者成就此道爲仁，性知者成就此道爲知也。"此以卦理而言也。顧言理每易涉於虛，言體則必徵於實。孔雖可從，不若虞爲足據。茲特以虞爲宗，而兼採眾説以推闡其義。

案毛檢討《仲氏易》云："繼道者善也，乾元坤元，皆善長也。繼善而成之者性也，成己成物，皆性生也。"此以乾元坤元爲善之長，謂乾健坤順皆陰陽之德，故可以善言。雖與虞氏統以乾爲善之旨小異，然以乾元爲善，亦合於《九家易》"坤者純陽配，坤生物亦善之始"之説，故於虞義無乖也。

惠徵君《周易述》云："此注雜引眾説，兼舉虞義，其疏謂乾爲善亦孟氏《説卦》逸象説，坤化成物，天生之而地成之，坤成乾性。"此則專釋虞説，深能抉其奧奧者也。

焦孝廉《易通釋》云："凡兩卦旁通，皆陰陽相偶。以陽易陰，以陰交陽。終則有始，謂之續終。繼即續也，成兩既濟而終止，無復一陰一陽相對。是但有形器而無道。惟成性之後而又存存。前者未終，後者已始。柔剛迭用，至於無窮。如坤成屯，屯通鼎，鼎成遯，遯通臨，臨又成屯。此道也，'繼之者善也'。鼎成遯，遯上之屯三成既濟。此形也，'成之者性也'。"又云："'終則有始'，故善必有所繼，'原始要終'，故性必期其成。"此説雖顯與虞異，然其推衍之法，仍用互體，即虞"坤合乾"之義也。

姚文學《周易學》云："繼，續也。六十四卦相受，不外陰陽，而終成既濟，故'繼之者善'。性，陰陽之性。卦爻若成其陰陽，故'成之者性'。"此與焦説相合，仍不外乎虞義者也。

至若張編修《周易虞氏義》則專以虞爲宗，其曰："一陰一陽，皆統於乾元。'大哉乾元，萬物資始，乃統天'。"此釋乾能統天之説。其曰："乾爲性乾，非坤化性亦不成。"此釋"坤合乾性，養化成之"之説也。又曰："乾坤合德以立道，人以乾善之統，資坤之化以成性，故率性之謂道。"皆能申明虞説。

竊謂乾之爲德，乃統天道，與天合化本九家卦之易釋乾説，故陽氣爲萬物之所始，起於坎而終於離，發揮變動，旁通於坤。坤來入乾，以成六十四卦本陸績説。故坤之陰氣，起於離而終於坎。坎離，乾坤之家而陰陽之府。陰陽相合而爲乾坤，重善相繼而成化以盡性。所謂"乾道變化，各正性命，保合太和"者也。參用荀爽及《九家易》説。又爻"初爲善"，以爲爻之始，猶人之始性善之謂。《春秋元命苞》曰："陰陽之性以一起。"一，即"初"也。《白虎通》曰："性者陽之施。"《論衡》云："性生於陽。"《説文》云："性，人之陽氣，性善者也。"乾有六陽，故其性皆善，是謂積善。《繫辭》曰："善不積不足以成名。"《漢議郎元賓碑》云"乾之積善"是也。然乾以六陽而配坤之六陰，故參伍錯綜而變成六十四卦也。蓋道生一，一生二，二生三，三才既備，而乾象以成，然後萬物受始於乾。此謂繼善也。坤以至柔而承乾剛，故乾二居坤五爲含，坤五居乾二爲宏，坤初居乾四爲光，乾四居坤初爲大。是以品物咸亨，各遂其性。此謂成性也。然則孔氏之言性爲仁知，雖就下文仁知而言。然性實備萬善，不獨仁知已也。故宋儒亦不之從，則虞説誠允矣。

# 辟雍解

## （五月分齋課超等第一名）

王家鳳

辟雍，本作"辟廱"，亦作"辟雝"。作"雍"者，從隸文改也。其見於經者：《詩·靈臺》云："於樂辟廱。"《文王有聲》云："鎬京辟廱。"《禮記·王制》云："天子曰辟廱，諸侯曰頖宮。"《靈臺》毛傳云："水旋邱如璧，以節觀者。"鄭氏箋《詩·泮水》亦云："辟廱者，築土雝水之外，圓如璧，四方來觀者均也。"與毛同。其注《禮》則云："辟，明也。廱，和也。"與箋《詩》異。《白虎通》引《詩》訓云："水圓如璧。"又云："辟者，璧也，象璧圓以法天也；雍者，雍之以水，象教化流行也。辟之言積也，積天下之道德；雍之爲言壅也，壅天下之殘賊也。外圓者，欲使觀者平均也。又欲言外圓內方，明德當圓，行當方也。"《五經異義》引《韓詩》説云："辟廱者，天子之學。圓如璧，雍之以水，示圓言辟，取辟有德。不言辟水，言辟雝者，取其雝和也。"《禮·王制》正義釋注云："辟，君也。君則尊明。"謹案：各家異訓説，俱可通古人創物命名，或尚象，或取義，或適用"天子之學，雍。水旋邱如璧，外圓象天，內圓象地，水象教化流行也"。所謂象也，德圓行方者，象中義也。以言其創物之義，則取積道德雍殘賊；以言其命名之義，則取明取和取君取辟有德至其適於用也。則雍水如璧，又以節觀者，使四方遠近平均也。《禮》正義釋注謂注《禮》解其義，箋《詩》解其形。《詩》正義釋注謂注《禮》與此相接成，可謂善會其通矣。愚謂必更合群説而"辟雍"之義始備，但其中有本義有引伸之義耳。諸訓"辟"者，説皆有據，而"璧"其本義也。諸訓"雍"者，説皆有據，而"雍"其本義也。何也？以"雍水旋邱，形圓如璧"

指其事而命之名也。

《詩》釋文"辟"音"璧"，古字少，凡諧"辟"聲者，皆借用"辟"。后孳乳寖多，始加"玉"加"土"如"璧""壁"之類。此作"辟"不加"玉"者，古字也。此本義也。於是因其爲天子之學，又訓爲"君"《爾雅·釋詁》"辟，君也"；因學所以明教化，又訓爲"明""君則尊明"，見上引《正義》説；因其春射秋饗以積道德，又訓爲"辟積"趙岐《孟子》注："緝績其麻曰'辟'。"案："績""積"古字通，王荆公文以辟積故事爲有學；因其"尊事三老五更"以辟有德，又訓爲辟召《文選·郭有道碑文》"遂辟司徒椽"注"辟，猶召也"。非皆引伸之義乎？"辟"，又有訓"大"者，又有訓"法"者，若引伸之，皆可關合辟雍，故引伸之義，往往易附會。

《説文》"廱"下云："天子饗歙辟廱，从广雝聲。""邕"下云："邑，四方有水，自擁本作'邕'，此依段注成池者也。从巛邑，讀若'雝'。""巛"下云："害也，从一雝川。"《春秋傳》："川雝爲澤。"今傳文"雝"作"壅"，故段注《説文》云："雝壅古今字。"《王莽傳》："邕涇水不流。"亦段借爲"壅"。今案："廱"，"雝"聲；"雝"，"邕"聲。"邕"爲水擁成池，"雝"爲壅川成澤，故"廱"可訓"壅"，而"辟廱"之"廱"亦因壅水成形也，此本義也。於是因辟雍之内禮樂諧和，又訓爲"和"。《召南》"曷不肅雝"，傳云："雝，和也。"因學有移郊移遂之法，又訓爲"壅殘賊"，非皆引伸之義乎？

猶之明堂本取正位國南、嚮明而治爲義，而又引伸之以爲"明政"，教明尊卑也。殷制大學在郊，周制大學在國，故鄭氏以《詩·靈臺》辟雍爲在西郊《詩疏》引鄭駁《異義》，以文王時爲殷諸侯也。《王制》云："大學在郊。"鄭則以爲殷制，以其與周制異也。然鄭言殷制，注文在"大學在郊"句下，不在"天子曰辟雍"節下，知辟雍爲天子學非殷制矣。如殷以辟雍爲天子學，文王安得有辟雍哉？後儒混解辟雍、頖宮皆殷制，非鄭義也。陳氏奐《詩毛氏傳疏》云："文王爲殷諸侯，故周以諸侯之大學亦仍殷制在郊。《魯頌》之'泮宮'是也。"今案：《王制》此文，上云"天子命之教，然後爲學"，明主諸侯立説，則所云"大學在郊"者當亦周制。陳説較鄭爲精，其謂"天子曰辟雍，諸侯曰頖宮者"，天子乃是帶説，以見諸侯大學之名與天子異，非統承上文，以天子辟雍亦在郊也。若大學在郊，則偏承上文"天子命之學"專指諸侯大學也。至若辟雍與明堂、太廟理當各在一處，漢明帝立三雍，乃混爲一。則當時儒臣考古之疏也，質之於經，多不合云。

# 辟雍解

## （五月分齋課超等第三名）

郭集琛

辟雍之義，以《詩》毛傳爲得解，《大雅·靈臺》篇"於樂辟廱"傳云："水旋邱如璧，以節觀者。"毛公之學，傳自子夏，其説必有所受。韓嬰同時人，亦云："辟雝者，圓如璧，雍之以水示圓。"《五經異義》引《韓詩》説，下引《韓詩》説同。《白虎通》引《詩訓》亦云："水圓如璧。"凡皆此説之最古者，鄭氏《詩·泮水》箋云："辟廱者，築土雝水之外，圓如璧，四方來觀者均也。"《正義》釋："箋云：'築土爲堤，以雝水之外。使圓如璧，令四方來觀者均。故謂之辟廱。"又云："箋言築土雝水，四方來觀者均。'説水之外畔。《靈臺》傳云：'水旋邱如璧，以節觀者。'説水之中央，互相發見。言四方來觀者均，則辟廱之宮，内有館舍，外無墙院也。"凡此皆所以申明毛義者。

謹案："辟""璧"，"雝""廱""雍""甕"，或古字通，或古今字。辟雍與三靈同詠，臺取高篆文"嵩"爲"高"之省，圉取口，沼取水，俱象其物以命名，則辟雍亦取象"雝水如璧"審矣。解者謂三靈、辟雍同處在郊《詩疏》引鄭《駮五經異義》説，又謂即雝靈沼之水以爲辟雍《五經異義》引左氏説，義皆近。是至辟雍之設，《白虎通》以爲大學，《韓詩》説以爲"天子之學""教天下春射秋饗，尊事三老五更"，《説文》以爲"天子饗歆"。段注："饗飲者，鄉飲酒也。"歷代相沿，並祖此説。於是因天子太學生義，或以"辟"爲"明"，"廱"爲"和"《禮·王制》鄭注，或以"辟"爲"君"《禮·王制》正義，或以"辟"爲"辟有德"《韓詩》説。或以璧圓象天，廱水象教化流行，又以"辟"爲"積"，積天下之道德，"廱"爲"壅"，壅天下之殘賊並《白虎通》。訓詁皆有据義，亦與毛不甚悖，然非其命名之本也。

辟雍兩見於《詩》，皆無設教之意。惟《王制》記學謂"天子曰辟廱，諸侯曰頖宮"，説辟雍爲天子太學，實始於此。《王制》乃漢文帝命博士諸生所作，不足定爲古禮文。《周禮》言成均瞽宗，《孟子》言庠序學校，俱無辟雍之名。戴氏震《詩考正》謂辟雍"如誠學校重典"，不應《周禮》《孟子》不一及之。因據《春秋傳》："鄭伯享王於闕西辟。"《史記》："豐鎬有辟池。"《周頌》："于彼西雝。"傳："雝，澤也。"譙周曰："成王作辟上宮。"古銘識有曰："王在雝上宮。"斷辟雍爲作宮池澤之上，因水爲名。又據趙岐《孟子注》云："雪宮，離宮之名也。宮有苑囿臺池之飾，禽獸之饒，因謂靈臺、靈囿、靈沼與辟雍連稱，亦文王之離宮。閒燕則遊止肄樂於此，不必以爲太學。"其詞甚辨。胡氏承珙《毛詩後箋》引戴説，又據《周禮》"閽人囿游"，鄭注以"囿"爲御苑，"游"爲離宮，賈疏引《詩》"靈囿"爲證，謂辟雍既與三靈同處在郊。《詩疏》引鄭《駁異義》亦謂當在西郊。

今案："二王之後來助祭"在周有天下之後，而曰"西雝鄭伯享王"在春秋時。而曰"闕西辟"，則武王鎬京辟雍與文王辟雍俱在西郊可知。周制大學在國不當在郊，西郊有小學之虞庠，不當又有學名辟雍。孔疏謂辟雍即虞庠，陳氏奐謂國與郊學皆有辟雍，俱調停之説。梁惠王立沼上，顧鴻雁、麋鹿。《孟子》引《靈臺》詩爲言，此"沼上"當亦梁離宮。則戴、胡説不妄也。天子諸侯游宴不能無止息之所，故作宮其中。既不禁蒭蕘雉兔，則游時觀者必多，而離宮又不比朝廟閎深，恐野人不識禮度參錯於內，故就沼壅水於外以節之圓，則觀者四方遠近均也。游止肄樂，理固宜然，愚又以爲苑囿必有田獵之事，事畢亦當作樂，或觸客於此，亦當作樂。所謂"賁鼓維鏞，於論鼓鐘"，及"鼉鼓逢逢，矇瞍奏公"者，不必解爲合樂養老，自亦可通。夫後人討論古制，必以古經爲憑。《詩》《周禮》《孟子》俱無可據以證辟雍爲學，故毛傳言不及此。《王制》所言，誠不能免考古者之疑矣。又辟雍之堂曰明堂，經文亦無左驗。朱氏駿聲曰："凡堂之高明者，皆謂之明堂。舊説以辟雍、明堂牽合太廟爲一，非也。"見所著《説文通訓定聲》。汪氏中《明堂通釋》亦析辟雍、明堂別爲一類。見《述學內篇》。並可正漢三雍之失。夫辟雍與太廟爲二，袁準論之詳矣。《詩·靈臺》正義、《禮·明堂位》正義並引準説。至《禮記·昭穆》篇所云太學爲"明堂之東序"，《大戴記·盛德》篇所云"明堂外水曰辟雍"，亦俱難信。蓋謂明堂外亦環以水，辟雍內有堂，亦曰明堂，理或有之，遂混而爲一。則夫九九八十一尺之堂，其東序能幾何，而可容多人講學乎？善夫汪氏中之言曰："周衰禮廢，名實相淆，學者各記所聞，遂成異義。"可謂論世有識者矣。

## 辟雍解

### （五月分齋課超等第五名）

張增齡

《詩·靈臺》篇傳云："水旋邱如璧，曰辟廱。""雍""廱"古通用字，《文王有聲》篇云："鎬京辟廱。"《鹽鐵論·繇役》篇引作"辟雍"，此本證也。《爾雅·釋天》云："在戊曰著雍。""雍"，《釋文》作"廱"，云"字又作雍"。《列女傳》云："生太伯、仲雍、王季。"《後漢書·文苑傳》注引作"仲廱"，此旁證也。《泮水》篇箋云：

"辟廱者，築土雝水之外，圓如璧。"《獨斷》云："天子曰辟雍，謂流水四面如璧。"《藝文類聚》引《新論》云："王者始《太平御覽》引無此字。作圓池似《太平御覽》引作"如"璧形，實水其中，以環《太平御覽》引作"圜"雍之，名曰辟雍。"《太平御覽》引《禮統》云："辟雍之制奈何?"《王制》曰："辟雍圓以象璧，雍以水，內如復，外如堰盤焉。"玩索諸說，是辟雍之"辟"，從"璧"得義。《三輔黃圖》云："亦曰璧雍。"謂其字亦作"璧"，是也。《後漢書·崔駰傳》注云："璧雍者，環之以水，圓而如璧也，正用'璧'字。"《隸釋》載史晨銘辭作"辟"，"辟"即"璧"也。辟雍之"雍"，與《漢書·武帝紀》"雍於上聞也"之"雍"同義。《集注》云："雍，讀曰壅。"是也。《漢書》以"雍"爲"壅"者甚多，此舉其最在前者。又《五行志》云："廱河三日不流。"又云："皆廱江水。"《集注》俱云"廱讀壅"，故作"廱"，而義亦同。《白虎通義·辟雍》篇云："辟者，璧也，象璧圓以法天也；雍者，壅《文選·閑居賦》注引作"擁"。之以水象教化流行也。辟之言積也，積天下之道德；雍之爲言壅也，壅天下之儀則。"儀則"，舊作"殘賊"，今依盧氏文弨校改。此前一義與"雍"字後一義，俱從舊義引伸而出。惟"辟之言積"，其說甚新。然《瑞贄》篇此篇名舊作"文質"，今依莊氏述祖校改。又云"璧之爲言積也"，則訓"辟"爲"積"，亦與"璧"義不背。《詩·靈臺》篇疏引《五經異義》云："《韓詩》說'辟廱者，天子之學，圓如璧，雍之以水，示圓言辟，取辟此"辟"字當讀爲"辟舉"之"辟"。曰"辟有德"，與下文"廱和"皆於"辟""璧""雍""壅"之外別立一義。阮文達《校勘記》謂此字當作"璧"，未是。有德，不言辟水十行本《正義》此下誤衍"言辟水"三字。言辟廱者，取其廱和也'。"此前一義亦與舊義全合，惟曰"辟有德"曰"廱和"，則韓氏一家之說。鄭康成曾從張恭祖受《韓詩》，故其注《禮記·王制》篇云："辟，明也；廱，和也，所以明和天下。"與韓義近，而與其《泮水》箋義迥別矣。康成先通《韓詩》，後治《毛詩》，其注《禮》在箋《詩》前，故箋、注不合者甚夥。竊意辟雍之本義，終不在此而在彼也。此辟雍之義也。

《大戴禮·盛德》篇云："明堂者，所以明諸侯尊卑，其此字依汪氏中校補。外名此字舊本俱作"水"，今依汪氏中校正。又案：《禮記·玉藻》篇正義引《盛德記》云"其外名曰辟廱"，汪氏蓋據此補正也。然《明堂位》篇正義所引"其外"下多"有水"二字，詞義似更見完足，且不必改去"水"字，未審汪氏所以棄取之意，今亦不敢擅定，姑附存其説於此。曰辟雍。《文選·東京賦》注引《三輔黃圖》此書佚文散見於各書者甚夥。云："大司徒宮馬宮奏曰：'明堂、辟雍，其實一也。'"《藝文類聚》引《三輔黃圖》又云："明堂者，明《初學記》引無此字天道之堂也《初學記》引無此字，所以順四時，行月令，宗祀先王，祭五帝，故謂之明堂。辟雍，圓《初學記》引作"員"如璧，雍以水。異名同事，其實一也。"是以辟雍與明堂爲一也。《詩·靈臺》篇疏引《五經異義》又云："《左氏》説：'天子靈臺在太廟之中，雍之靈沼，謂之辟廱。'"是以辟雍與太廟爲一也。又引盧植《禮記》注云："明堂，即太廟也。天子太廟，上可以望雲氣，故謂之靈臺。中可以序昭穆，故謂之太廟。圓之以水似璧十行本《正義》"璧"誤作"辟"，故謂之辟廱。古法皆同一處，近世殊異，分爲三耳。"又引穎子容《春秋釋例》云："太廟有八名，其體一也。肅然清靜，謂之清廟；行禘祫，序昭穆，謂之太廟；告朔行政，謂之明堂；行饗射，養國老，謂之辟廱；占雲物，望氣祥，謂之靈臺；其四門之學，謂之太學；其中謂之太室，總謂之宮。"又蔡邕《明堂月令論》云："取其宗祀之清貌，則曰清廟；取其正室之貌，則曰太廟；取其尊崇，則曰太室；取其堂，則曰明堂；取其四門之學，則曰太學；取其四面周水圓如璧，則曰辟雍。異名而同事，其實一也。"是又以辟雍與明堂、太廟爲一也。

　　按《史記·封禪書》云："濟南人公玉帶上黃帝時《明堂圖》。《元和姓纂》《通志·氏族略》俱云："黃帝時公玉帶造合宮明堂。"誤。《明堂圖》《漢書·郊祀志》無此字。中有一殿四面無壁，以茅蓋通水《郊祀志》重"水"字圜宮垣，宮垣之外有水圜之，即所謂辟雍也。"此辟雍與明堂爲一之證也。《左氏》僖公五年《傳》云："公既視朔，遂登觀臺。"諸侯之觀臺，即天子之靈臺也。《禮記·玉藻》篇正義引服虔舊注云："天子曰靈臺，諸侯曰觀臺。"又見《通典》。天子頒朔於諸侯,諸侯藏之祖廟,至朔,朝於廟,告而受行之。此本康成《周禮·春官注》。今視朔與登觀臺并書,則觀臺與太廟同在一處可知。《詩·靈臺》篇疏引袁準《正論》云:"夫遂者,遂事之名,不必同處也。今玩其文義如不同處,則當曰'遂往'或曰'遂如',不當曰'遂登',曰'遂登'則同處無疑。"袁説未允。諸侯之觀臺得與太廟同在一處,則天子之靈臺亦與太廟同在一處。可知天子之靈臺,得與太廟同在一處,則與靈臺同處之辟雍此説亦本康成。亦與太廟同在一處可知。此辟雍與太廟爲一之證也。又桓公二年《傳》云:"是以清廟茅屋。"明堂固以茅蓋屋矣。據《大戴禮·盛德》篇、《吕氏春秋·召類》篇及《詩·靈臺》篇疏引《韓詩》説,《禮記》"玉藻""明堂位"正義所引古《周禮》《孝經》説。又公玉帶所上《明堂圖》見上。今曰清廟茅屋是太廟即明堂也,合前二證,則辟雍與明堂、太廟爲一之證也。

　　此辟雍之制也。明乎辟雍之義,則知異説紛龐,俱從本義引伸而出。明乎辟雍之制,則知周以前之辟雍與後世之於明堂、太廟而外別立辟雍者不同。拘滯以求之,均之失也。

# 辟雍解

## （五月分齋課超等第九名）

周以存

　　辟雍之解有三,曰制,曰義,曰字。制之異説者十二,義之異詁者三,字之異形者三。

　　何謂制之異説?《詩·靈臺》:"於樂辟廱。"毛傳:"水旋邱如璧曰辟廱,以節觀者。"《泮水》鄭箋云:"辟廱者,築土雝水之外圓如璧,四方來觀者均也。"《韓詩》説:"辟廱者,天子之學,圓如璧,雝之以水示圓,言辟,取辟有德。不言辟水,言辟廱者,取其雝和也。"《史記·封禪書》：“天子曰明堂辟雍。”《集解》：“韋昭曰：‘水外四周圓如辟雍，蓋以節觀者也。’”桓譚《新論》：“王者作圓池如璧形，實水其中，以圓壅之，名曰辟雍，言其上承天地，以班教令，流轉王道，周而復始。”蔡邕《明堂月令論》：“取其周水圓如璧，則曰辟廱。”又云：“水環四周，言王者動作法天地，德廣及四海也。”《三輔決錄》：“辟雍水四周於外，象四海也。”李尤《辟雍銘》：“惟王所建，方中圓外，清流四帀，荡滌濁穢。”《御覽》引《禮統》云：“辟雍之制奈何。”《王制》曰：“辟雍圓以象璧，雍以水，内如覆，外如堰盤也。”《通典》：“《五經異義》云：‘辟雍謂之土壅水，外圓如璧，故曰辟雍。’”《詩疏》引盧氏《禮》注云：“圓之以水如璧。”《漢官儀》曰：“辟雍四門外有水以節觀者。”漢《崔駰傳》注：“辟雍環之以水，圓而如璧也。”《周禮·大宗伯》注：“璧圓象天，又水所以流行，故取義於天與教流行也。”此以辟雍爲有水，其說一。

《通典》引唐有司議云：“《大戴禮》及前代説辟雍多無水。”又戴延之《西征記》：“洛陽南有平昌門，道東壁牆，去靈臺三里，亦不言有水。”此以辟雍爲無水，其說二。

案：無水之説非是。《魯詩》云：“水圓如璧。”《白虎通》引《詩訓》，陳氏立以爲《魯詩》説。蔡邕云：“水廣二十四丈，四周於水外周堤。”《禮·明堂陰陽録》：“水行左旋以象天，水廣二十四丈，恐傷於闊，請減二十四步。”班固《東都賦》辟雍詩曰：“乃流辟雍，辟雍湯湯。聖皇莅止，造舟爲梁。”則辟雍有水之明證也。

又《大戴禮·盛德》篇：“明堂外水曰辟雍。”何得言《大戴禮》有無水之説也。《禮·王制》《韓詩》《白虎通》皆謂辟雍爲天子之學。《廣韻》云：“辟廱，天子教宫。‘教’即‘學’也。”《禮·玉藻》疏云：“辟雍是學也。”此以辟雍爲學名，其說三。

《説文》：“辟廱，天子饗飲辟廱。”《五經通義》曰：“天子立辟廱者何？所以行禮樂，宣德化，教導天下之人，使爲士君子養三老事五更，與諸侯行禮之處也。"《孝經‧鉤命決》曰："天子臨辟雍，親割牲以尊三老。"楊氏慎謂辟雍非學名，引《說文》爲證，以爲與《詩》義合，又以《王制》"天子曰辟雍"爲漢文帝時曲儒之說，不可信。《孟子》曰："夏曰校，殷曰序，周曰庠，學則三代共之，使天子之學曰辟雍，爲周之制。"則《孟子》固言之矣。近儒戴氏震亦言：辟雍於《經》無明文，漢初說禮者規放故事，始援《大雅》《魯頌》立說，謂"天子曰辟雍，諸侯曰泮宮"。如誠學校重典，不應《周禮》不一及之，而但言"成均瞽宗"，此《詩‧靈臺》"靈沼""靈囿"與辟雍連稱，抑亦文王之離宮乎？閒燕則游止肄樂於此，不必以爲大學，於《詩》詞前後尤協。此以辟雍非學之名，其說四。

案《白虎通》云："天子立辟雍何？所以行禮宣化也。"《說苑‧修文》篇云："天子辟雍，諸侯泮宮，所以行德化也。"《初學》引《新論》云："王者造明堂辟雍，所以承天分化。"王沈《辟雍頌》："唐虞三代威崇辟雍，養老之制也。"《後漢書‧明帝紀》："永平二年，上始率群臣躬養三老五更於辟雍，行大射之禮，饗射畢，帝正坐自講，諸儒執《經》問難於前。"然則辟雍之"行禮宣化""養老射饗"無非學也，故可以"學"名之也。

蘇氏引莊周言"文王有辟雍之樂"，遂以辟雍亦爲樂名，而曰古人以樂教胄子，則未知學以樂而得名歟？樂以學而得名歟？則是又以爲習樂之所。此以辟雍爲樂名，其說五。

案：《莊子》此說無證，故蘇氏亦不能釋然，自不可從。《王制》："大學在郊，天子曰辟雍。"孔穎達《詩疏》云："《王制》言大學在郊，乃是殷制。其周制，則大學在國。大學雖在國，而辟雍仍在郊。何則？囿沼魚鳥所萃，不終在國中也。辟雍與大學爲一，所以得大學移而辟雍不移者，以辟雍是學之名耳。"

《王制》疏引熊氏云："文王之時猶從殷禮，辟雍大學在郊。"《白虎通‧辟雍》篇云："大學者，辟雍鄉射之宮。"此以辟雍爲大學，其說六。

《禮記·王制》:"養庶老於虞庠。"鄭注:"虞庠,小學。周立小學西郊。"疏引劉氏云:"周之小學爲辟雍,在郊。"《詩疏》云:"周立三代之學,虞庠在國之西郊,則周以虞庠爲辟雍矣。"此以辟雍爲小學,其說七。

案:辟雍本兼大學、小學而言,周之大學有四,曰上庠,曰東序,曰瞽宗,曰成均。《文王世子》云:"秋冬學羽籥,皆於東序。"又云:"禮在瞽宗,書在上庠。"又云:"於成均,以及取爵於上。"鄭注以東序、上庠爲大學,引董仲舒曰"五帝名大學曰成均",《明堂位》謂"瞽宗爲殷學"。陳氏奐謂《明堂位》之瞽宗即殷之辟雍。此大學爲辟雍之證也。周之小學亦有四,在西郊。《大戴禮》及《書大傳》所云"小學有東學、南學、西學、北學"是也。孔氏《詩正義》謂不必常以大學爲辟雍,小學亦可。故陳氏奐以《詩·有聲》之辟雍爲即周四郊之小學,《靈臺》之辟雍爲大學,非無見也。又"振鷺于彼西雝",先儒謂辟雍在西郊,故曰西雝。桂氏馥謂《王制》"養庶老於虞庠",虞庠在國之西郊,是則西郊乃周之小學。此小學爲辟雍之明證也。《五經異義》載《韓詩》說:"辟雍者,天子之學,所以教天下春射秋饗,尊事三老五更,在南方七里之内,立明堂於中,《五經》之文所藏處。"

又《大戴禮·盛德》篇云:"明堂者,所以明諸侯尊卑者,外水曰辟雍。"此以辟雍與明堂爲一,其說八。

《異義》又載左氏說:"天子靈臺在太廟之中,壅之靈沼,謂之辟雍。"此以太廟與辟雍爲一,其說九。

《詩疏》引盧氏《禮》注云:"明堂即太廟也。天子太廟上可以望雲氣,故謂之靈臺;中可以序昭穆,故謂之太廟。圜之以水,似璧,故謂之辟雍。古法皆同,處近世殊爲三耳。"潁子容《春秋釋例》云:"肅然清靜,曰清廟;行禘祫,序昭穆,曰太廟;告朔行政,曰明堂;行饗射,養老,曰辟雍;占雲物,望氣祥,曰靈臺;其四門之學,則曰太學。"蔡邕《月令論》,賈逵、服虔注《左傳》皆同。此又以祖廟、明堂與辟雍爲一，其說十。

鄭康成駁之，以爲三靈、辟雍同在郊，太廟爲一地，明堂爲一地。袁準《五經正論》引《王制》之文以證大學、小學所在，自以辟雍在西郊，與鄭氏説同。此以三靈與辟雍同在郊，其説十一。

案：近儒陳氏立謂“郊特牲”云：“繹於庫門之內。”《周禮·小宗伯》“右社稷，左宗廟”，是宗廟在雉門之外，若明堂則有在東都者，有在方岳之下者。若太廟同處，則立祖廟於千里之外，時享月祭將何以行？辟雍，《王制》明言“小學在公宮南之左，大學在郊。”《詩疏》引馬氏説，以明堂在國之陽，丙巳之地，其不得與辟雍爲一又明矣。此説頗能明發鄭説，誠允然矣。宋儒張氏謂辟雍古無此名，其制蓋始於此。故周有天下，遂以名天子之學，而諸侯不得立焉。此以辟雍爲周所創，其説十二。

案：辟雍爲殷制。《王制》鄭注云：“然諸儒皆從是説，不得謂始于周也。”凡此皆制之異説者也。

何謂義之異詁？鄭注《王制》云：“辟，明也；廱，和也，所以明和天下。”《正義》曰：“《釋詁》云：‘辟，君也，君則尊明廱和也。’《釋訓》文云：‘所以明和天下者，謂於此學中習學道藝，欲使天下之人悉皆明達諧和。’”案：《韓詩》亦訓“廱”爲“和”，鄭君此釋蓋用《韓詩》説，其義一。《白虎通》云：“辟者，璧也，象璧圓以法天也；雍者，雍之以水，象教化流行。”此即毛傳之義。《詩疏》云：“璧體圓而內有孔，此水亦圓而內有地，猶如璧。”然漢世諸儒多用此説，其義二。《白虎通》又云：“辟之言積也，積天下之道德；雍之言雍也，雍天下之儀則一本作“殘賊”，故謂之辟雍也。”《後漢書·祭祀志》注引此文作“儀則”。又《漢書》多以“雍”爲“雝”，如武帝、元帝《紀》注並云“雍，讀曰雝”是也。其義三。案：“璧水”三義舉其形制而言，“明和”與“積雍”之義就其事理而言，三義固自可通。凡此皆義之異詁者也。

何謂字之異形？《毛詩》《禮記》並作“辟廱”，《史記·封禪書》

作"辟雍"，《續漢志》《禮儀志》作"辟雍"，《鹽鐵論·繇役》篇引《詩》並作"辟廱"，此"雍""廱"之異字者。《説文》："廧，牆也。"徐鍇《韻譜》："廧，廧廱。"《繫傳》云："廧，所謂廧廱，通作'辟'。"《洪武正韻》："辟廱。"《説文》作"廧廱"。李緝明曰："辟雍，《説文》作'廧廱'，《藝文類聚》引作'辟廱'。"案：《説文》有"廧"字，舊本"辟"字當作"廧"。此"辟""廧"之異字者。陳氏奐云"'廱'與'雝'通"，引《振鷺》之"雝"作證。案："西雝"，先儒皆謂"辟雍"。故陳以爲通用字也。此"廱""雝"之異字者。案：此三字形雖小異，其義自可通，無容歧視。凡此皆字之異形者也。

然則辟雍之爲學名，誠如《王制》之説；辟雍之兼大小學，誠如孔疏之説；辟雍之不與太廟、明堂同處，誠如鄭氏之説。今並從之。《經傳》又有單言"辟"、單言"雍"者，如《史記·封禪書》云："灃滈有昭明、天子辟池。"《索隱》云："即周天子辟雍之地，故周文王都酆，武王都滈，既立靈臺，則亦有辟雍耳。張衡亦以辟池爲雍。"周鼎銘曰："王在辟宮，獻工錫章。"《左氏》莊二十一年："鄭伯享王於闕西辟。"譙周曰："武王作辟上宮。"此單言"辟"者也。《詩》有"西雝"，古銘識有曰"王在雝上宮"，此單言"雝"者也。要皆可謂之辟雍，無庸生其疑議，以矜異聞也。

# 大別考

## （六月分齋課超等第一名）

李文藻

大別山之可考者，《書·禹貢》"導山"云："內方，至于大別。""導水漢下"云："至于大別，南入于江。"《左傳》定四年："吳伐楚，

楚子常濟漢而陳，自小別至于大別。"《漢書·地理志》六安國安豐
縣下云："《禹貢》：'大別山在西南。'"《續漢·郡國志》："盧江郡
安豐有大別山。"《元和郡縣圖志》："沔州漢陽縣魯山一名大別山，
在縣東北一百步。"《水經》言大別自相矛盾，故不引。說見下。案：漢安豐
在今安徽霍山縣境，唐漢陽縣即今漢陽府附郭，今漢陽東北之山
即魯山。以魯山當大別者，據《元和志》；必言在霍山者，據《漢
書》。《元和志》不及《漢書》之古，而謂魯山爲大別者，既無明徵又
無確論，固疑霍山之信而漢陽之詘矣。今博稽群籍、參驗地勢，
《左傳》大別未敢定在何處，若《禹貢》大別則可決其在今之漢陽不
在今霍山也。

　　然則《漢志》何以言大別在安豐也？魏氏源《書古微》斷《漢志》安豐下
禹貢大別山在西南，爲後人據鄭注妄增大意，謂果班書原有此文，杜預當引《漢志》
不當云"或曰在安豐"以疑之。孔穎達讀《漢書》不當獨遺此條，而乃云《地理志》無
大別，可知唐時所見《漢書》安豐下尚無此語。其說甚辨，亦可以備一解。安豐自
有大別，非《禹貢》之大別也。《禹貢》紀水非紀山也。凡紀山者，非
水所出，即水所經也，不然則明疆界也。安豐之大別於三者無取，
故《禹貢》不紀也。班固不知而誤合之也。《續漢書》但言安豐有大別山，
不言爲《禹貢》大別。荊雍有兩荊山，使兩州接壤，而山或有一，不見於
《經》，能免後人之誤合乎，何以決知安豐大別非《禹貢》所紀也？
《禹貢》言漢水至大別入江，漢水入江不在安豐也。《水經》卷四十記《禹
貢》山水澤地所在，大別在盧江安豐縣西南。而卷三十二但云決水出盧江零婁縣南
大別山，不云漢水經大別山。卷二十九但云沔水又東南過江夏雲杜縣東，又南至江
夏沙羨縣北，南入于江，不云東北過盧江零婁縣，又南至江夏沙羨北，南入于江。是
祇知取《班志》注《禹貢》大別，而忘卻《禹貢》大別爲沔水入江所至矣。故道元注《水
經》，明見經言《禹貢》大別在零婁縣，又明見經言零婁縣有決水所出之大別山，而於
"沔水入江"條下乃云大別今不知所在。又注引《地理志》最詳，而於"決水"條下但
云"俗謂之爲檀公峴""爲大別之別名"，於卷三十五"江水"條下但云江水左則巴水，
注之"水出零婁縣之下靈山，即大別山也，與決水同出一山，故世謂之分水山，亦或

曰巴山"，而不引《地理志》"《禹貢》'大別山在安豐縣西南'"之説。蓋道元亦知其説
與《禹貢》"漢水至大別入江"通不去，故不敢阿附經文也。案：《水經》非桑欽撰，當
爲三國時人，見《四庫全書提要》。漢入江不在安豐在漢陽，而魯山適當漢
入江處，則魯山即《禹貢》大別審矣。禹不能舍近漢之山，而遠指距
漢數百里之山以表漢，又審矣。或疑漢入江處，漢以前焉知不在安
豐而後乃改流乎？是又不然。漢陽在禹時屬荆州，安豐在禹時屬
揚州。《前漢·地理志》後論六安國屬吳地，《續志》廬江郡屬揚州刺史。《禹貢》
"荆州"云："江漢朝宗于海。"使漢在荆未入江，漢江不合流，焉得統
云"朝宗于海"乎？漢入江後始東爲北江，江會漢後始東爲中江，爲
三江之二。三江當以中江、北江、南江爲定論。使漢入江不在荆在揚，又
焉得於揚州言三江既入乎？漢入江既決在荆，則大別之在漢入江
處者烏能移於揚之安豐乎？《尚書》傳疏言大別山在荆州，王氏鳴盛後案云：
"大別在安豐。"則揚州非荆州，傳疏皆非，是知有《班志》不知有《禹貢》也。淮水
東過廬江安豐縣東北。《水經》。若漢入江在安豐縣西南，漢、淮相去
如此之近，亦未之前聞矣。

　　難之者曰：傳言"楚子常濟漢而陳，自小別至于大別"，則大別當
在漢東。《書》孔傳言"漢觸大別山迴南入江"，《地説》言"漢水東
行，觸大別之阪，南與江合"。《水經注·沔水》引。若在漢西，不得云
"觸而南"，今魯山在漢水左側，與紀傳不合。應之者曰：此知今而
不知古者矣。古漢水入江在魯山左也。《水經注》："江水又東逕
魯山南古翼際山也。山左即沔水口矣，沔左有卻月城。"《明史·
地理志》：湖廣漢陽府漢陽縣"大別山在城東北，一名翼際山，又名
魯山，漢水自漢川縣流入，舊逕山南襄河口入江。成化初於縣西
郭師口之上，決而東，從山北注於大江。此言漢南北，古書多言漢東西，
西爲左，故《水經注》言"山左有沔口"。即今之漢口也"。案：胡氏渭《禹貢錐
指》引《隄防考》，與《明史》大同小異，而不如《明志》之詳核。據此與《左傳》
《地説》無絲毫不合，卻月故城在今縣城西三里，則古襄河口當在

今縣城東南隅。漢水上流自襄陽來，故俗呼爲襄河。今縣城西南隅地名河泊所爲古襄河入江經行處，土人尚有能言之者。而魯山之爲大別，益可無疑矣。

難者又曰：鄭康成注《書》云“大別在廬江安豐縣”《書》正義引，京相璠《春秋土地名》曰“大別，漢東山名也，在安豐縣南”《水經注·沔水》引。杜預解《春秋》雖言“二別近漢之名，無緣得在安豐”，然亦言“闕不知何處”《書》正義引。《書》孔傳多疑王肅僞作，亦止云“大別在荆州，漢所經”。酈道元亦以“漢水東行觸大別”爲與《尚書》、杜預相符而云：“今不知所在。”果魯山爲大別山，諸儒何難實指乎，漢晉後魏人不知而唐人反知之乎？況《地説》既云“漢水觸大別，南與江合”，又云“漢與江合於衡北翼際山旁”，夫一書所載，大別一山，翼際又一山，是明明二山矣。安可合而爲一乎？應之曰：國朝胡氏渭言“大別之山至唐人始定其處，愚謂所以能定者，以其與《禹貢》合耳”。《元和志》固不古於《漢志》，《漢志》又豈其古於《禹貢》也。《地説》久佚不可見，然據《水經注》沔水江水分引二説，知《地説》本文二説亦當各係江漢下，不在一處矣。安見非錯舉二名使人明其爲一也。如《左傳》敘一人，稱名稱氏稱官，每互見一篇中，可據以斷爲異人乎？至若談地理者，非父母之邦與所足歷目覩，往往不詳不實。道元仕於北魏，江淮以南地屬齊梁，未嘗親履，襲謬沿譌，其説多繁。據《御制題水經注詩》注及《提要》。其實指所在者且不足據以爲有，《提要》譏其合浙江爲姚江。其不知所在者奚可據以爲無也。班固、王肅亦皆北人，固，扶風人。肅，東海郡人。杜預雖爲征南將軍，實鎮襄陽，遣將平吳，軍事紛午，無暇旁涉及此，迨注《左傳》，則已還朝矣。凡此均因未見，故不敢定耳。倘使親見漢水入江在此魯山左側，尚何疑而不著以爲《禹貢》大別乎？國朝洪氏亮吉極辨大別在安豐，詳指柏舉、清發各地所在以證。見所著《卷施閣文甲集》卷七《釋大別山一篇寄邵編修晉涵》。今不論其是否。即是，亦《左傳》大別也。若以釋《禹貢》大別，安豐何從得漢水入江乎？王氏鳴盛亦力主安豐之説云：
"大別在漢東。"今之所謂大別在漢水西岸，豈可通乎？見所著《尚書後
案》。魏氏源雖疑大別不當在安豐，然不敢即指魯山爲大別者，亦以
在漢水西岸爲疑。見所著《書古微》。近人馬氏徵麟信魯山爲大別，而
以此山在漢水西岸，漢水不能觸山迴南入江，遂解爲山觸水以便調
停。見所著《長江圖説》。皆由不知今漢水入江在山右者爲明成化初改
道，而以魯山爲在漢左，不合於《尚書》《左傳》，致有此疑。得《明
史·地理志》證以《水經注》"山左"即沔水口，而胡氏唐人始定之
言，乃信。胡氏但爲此言，未嘗詳辨其所以然，故爲考而論之如右。

# 大別考

### （六月分齋課超等第二名）

黄覲恩

《禹貢》大別，兩漢《志》皆云在安豐，桑欽、鄭康成、京相璠説
同。唐李吉甫始以漢陽魯山爲大別。以今輿地言之，似李氏为信
而實不然。案《經》言："又東，爲滄浪之水，過三澨，至于大別，南入
于江。"大別在漢東北，故能觸漢，南入于江。魯山在漢水西南，其
不可信一也。《春秋》定四年"蔡侯、吴子伐楚"，《左傳》"自豫章與
楚夾漢""楚子常濟漢而陳，自小別至于大別"。蓋吴軍漢東，楚軍
漢西，"子常濟漢"則列陣漢東，二別宜漢東山，魯山在漢西，其不可
信二也。《水經注》引《地説》云："漢水東行，觸大別之阪，南與江
合。"阪者，山脈之靡迤，非直至山下。今漢水切魯山北行，其不可
信三也。《地理志》："武都郡：武都東漢水受氐道水，一名沔，過江
夏，謂之夏水，入江。沮。沮水出東狼谷，南至沙羡南入江漢。"江

夏郡兼今德安安陸，漢陽地沙羨故城，在今武昌府治西南，皆今漢水水道。是漢水從無變易，非昔行魯山之南，今行魯山之北，其不可信四也。安豐大別去漢絶遠，然漢晉諸儒皆以此爲禹蹟。杜預、酈道元雖有疑辭，究不能別言其山所在。

案：《史記索隱》大別山在六安國安豐縣，土人謂之甑山，即《元和志》所謂小別，於唐屬漢川縣，今在湖北漢川東南，非漢之安豐地，然實漢水所經，故《正義》亦以此爲大別。竊意二別名殊大小，支脈實相聯屬。大別爲其脊項，小別則其踵趾。大別在東，小別在西。即以吳楚之戰言之，"吳軍豫章"則今安徽霍山、河南光州地，"戰于柏舉"則今湖北麻城地，左司馬戌欲塞三關阻吳歸道，則今河南信陽州地。皆漢水東北二三百里。"子常濟漢而陳"亦必去漢百許里，始與吳兵相及。"自小別至大別"，蓋自漢川而益東。若大別在漢陽，則爲自北而南，中隔漢水，既不可陳，又非吳師所及，將欲與誰戰乎？大別在安豐，則當今安徽霍邱、河南固始之間。吳楚戰于其麓，爲合地勢，此事之可信者。其山脈靡迤不盡至于小別，名異而實同。故《禹貢》即謂之大別，而《地説》以爲大別之陂也。《水經》"決水出廬江雩婁縣南大別山"，注"俗謂之爲檀公峴"，蓋大別之異名也。江水注巴水，出雩婁縣之下。靈山即大別山也，與決水同出一山，故世謂之分水山。雩婁在安豐南，安豐之有大別山塙可徵信。若以漢水合江爲疑，則《地説》最爲明析。胡、顧諸儒信後出之臆説，改漢師之古義，吾無取焉。

# 大別考

## （六月分齋課超等第三名）

張增齡

《廣韻·十七薛》云：“大㟷，山名。”此“別”字之異文也。然山旁疑淺人所加。如“豊”作“澧”，“甾”作“淄”之類此用段氏玉裁説，謂“別”亦作“㟷”則可，謂“別”爲“㟷”之省則不可。《水經》云：“決水出廬江雩婁縣南大別山。”酈道元注云：“俗謂之爲檀公峴“謂”字舊本誤作“名”，“公”字舊本誤作“山”，俱依戴氏震校改，蓋大別之異名也。”《江水注》云：“水出雩婁縣之下靈山，即大別山也，與決水同出一山，故世謂之分水山，亦曰巴山。”曰檀公峴，曰下靈山，曰分水山，曰巴山，此皆大別之異名也。《史記·夏本紀》索隱云：“大別山在六安國安豐縣，今土人謂之甑山。”《正義》亦云：“今俗猶云甑山。”今按甑山者乃今漢川縣東南十里之山，不特非大別之異名。即後人以之當小別山，亦無塙證。

其曰廬江雩婁縣南大別山者。《決水注》又引《晉書·地道記》，謂雩婁在安豐之西南，故《史記·夏本紀》集解引鄭康成《尚書》注云：“大別在廬江安豐縣。”《尚書·禹貢》正義引同。《漢書·地理志》六安國屬安豐縣，下注云：“《禹貢》：‘大別山在西南。’”安豐至東漢改屬廬江郡，故康成云廬江安豐縣也。孔穎達疏失檢也。魏氏源注此疑《地理志》本無此條，後人取康成書注增入。不知唐人疏謬往往至此。不足疑。又姚氏蕭謂《地理志》安豐之大別，當與安陸之橫尾互易，輕信異説，妄疑古籍，尤謬。《後漢書·郡國志》：“廬江郡屬云安豐有大別山。”《水經》論《禹貢》山水澤地所在，云大別在廬江安豐縣西南。《沔水注》引京相璠《春秋土地名》云：“大別，漢東山名也，在安豐縣南。”蓋大別在雩婁之西南，雩婁又在安豐之西南，此山與小別並稱，而特表而異之曰大別。意必蜿蜒數縣，難以指名。屬之雩婁固可，屬之安豐亦可。是以《水經》一書，既云廬江雩婁縣南大別山，又云大別在廬江安豐縣西南。兩稱之，其實一也。此大別所在之處也。

古誼相傳，未有異説。有之則自杜預始，其《春秋土地名》云："傳曰吳既與楚夾漢，然後楚乃濟漢而陳。自小別至于大別，然則二別在江夏界。"《左氏》定公四年《傳》，正義引此無"在江夏界"四字。近漢之名無緣反在安豐也。今按晉時之江夏，今之德安也。魏氏源以今天門縣城東南之大月山爲大別。且謂其西有二小山，當有一是小別。其説正暗用杜義。蓋晉元康九年以前，今天門縣地也屬江夏郡，所謂二別在江夏界也。其地與安豐同在漢水之北。杜所以不從安豐，而定爲江夏者，不過以安豐去漢水稍遠耳。然《水經·沔水注》案《地説》康成書注每引《地説》，此必西漢以前書言漢水東行，觸大別之阪此字舊本作"陂"，今依戴氏震校改，南與江合。《説文》解"阪"字云："一曰山脇也。"《釋名·釋山》云："山旁曰陂，言陂陁也。"作陂而義亦同，故"阪""陂"爲古通假字。此山既奄有安豐、雩婁之地，其陂必直接英山、麻城、羅田諸縣而西。安豐雖不近漢水而固得大別也。漢水東觸大別之阪，與《禹貢》所謂"又東爲滄浪之水，過三澨，至于大別"，俱足見大別在漢水之極東。若以爲在晉時江夏界，則其東復有漢水，意在尊經，不適與經義相背戾乎？顧氏棟高謂安豐之大別另是一山，與《禹貢》《左傳》俱無涉。調停之説，亦不能融貫經義之故也。此杜之謬也。

至李吉甫則謬之謬者，其《元和郡縣志》云："魯山一名大別山，在漢陽東北一百步。其山前枕蜀江，北帶漢水。山上有吳將魯肅神祠。"《春秋地名考略》云："山有魯肅祠，因名。"夫曰北帶漢水，則其山在漢水之南可知。《左氏》定公四年《傳》云："蔡侯、吳子、唐侯伐楚，舍舟于淮汭，自豫章與楚夾漢。"夾漢者，蔡、吳、唐之師在漢之北，楚師在漢之南也。後云乃濟漢而陳，自小別至于大別。楚濟漢則亦在漢之北矣，既濟漢而北無緣又得至漢南之山。且《水經·江水注》云："江水又東逕魯山南此八字舊本誤升爲經文，今依戴氏震校改，古此字舊本誤作"名",今依戴氏震校改翼際山也。"是魯山一名翼際山也。又引《地説》云:"漢與江合於衡北翼際山旁者也。《地説》一也。"此則云漢與江合於衡北翼際山旁,彼則云漢水東行觸大別之阪。則古之不以翼際、大別爲一山尤大彰明較著者。此李説之極不可從者也。李之誤啟於杜而甚於杜,而總之皆無當於大別者。知説之無當於大別,在安豐之説,愈無以易矣。

# 大别考

## (六月分齋課超等第六名)

劉景琳

考大別經傳三見。《書·禹貢》:"内方至于大別""過三澨,至于大別"。《左傳》定公四年:"吴伐楚,楚子常濟漢而陳,自小別至于大別。"漢孔氏《書傳》:"内方、大別,二山名,在荆州,漢所經。"唐孔氏《書疏》曰:"《地理志》無大別。鄭□云:'大別在廬江安豐縣。'杜預解《春秋》云:'大別闕,不知何處。'或曰大別在安豐縣西南。《左傳》云,吴既與楚夾漢,然後楚'乃濟漢而陳,自小別至于大別',然則二別近漢之名,無緣得在安豐縣。如預所言,雖不知其處,要與内方相接,漢水所經,必在荆州界也。"蓋大別爲漢沔最著之山,一名魯山,一名翼際,俗名龜山,山名屢易,而朔稱反晦。

鄭康成據班孟堅《地理志》以大別在廬江安豐。孔疏謂《志》無大別,誤也。不獨《地志》繫安豐也,此外若《水經》若京相璠《春秋土地名》皆然。國朝王氏《尚書後案》專主鄭説,辨之甚力。然漢孔安國《書傳》,後魏酈道元《水經注》,唐孔穎達《尚書正義》、李吉甫《元和郡縣志》,宋蘇東坡《書傳》、林之奇《尚書全解》、傅寅《禹貢集解》、薛季宣《書古文訓》、蔡沈《書集傳》、毛晃《禹貢指南》、錢時《融堂書解》、黃倫《尚書精義》、王象之《輿地紀勝》、陸遊《入蜀記》、王應麟《玉海》，元陳櫟《書集傳纂疏》、黃鎮成《尚書通考》，明王樵《尚書日記》、鄭曉《禹貢圖說》、李賢《明一統志》，國朝胡渭《禹貢錐指》、蔣廷錫《尚書地理今釋》、傅澤洪《行水金鑑》、黃宗羲《今水經》、張匡學《水經注釋地》、蔣廷錫《大清一統志》、邁柱《湖廣通志》、吳光熊《湖北通志》等書，多云大別在漢陽。則鄭君安豐之說不足信。杜元凱疑鄭說而不實指其地，迨唐始指爲魯山，後世遂有疑其傅會者，殊不知禹之名山，必以其有關水道之衝，方始載之。《禹貢》"內方至于大別"，內方即今之馬良山，馬良以下無名山，至大別挺峙江界，正當漢水南入于江之處，謂不足當導山之條乎？至舊說多以大別在漢東而今在漢西者，則以明成化初漢水自郭師口改流而然。見《明史・地理志》，是成化以前山猶在漢東矣。

# 用九用六說

（七月分師課超等第一名）

王家鳳

《周易》六十四卦，陽爻皆九，陰爻皆六。獨乾坤二卦，純陽純陰，因於六爻外別立用九用六，其義最精。或謂用九只在上九一爻，《語類》引王荆公說。是因"初九勿用"附會爲說。勿論坤初六無勿用之文，不可通於用六。即有悔之亢，安能爲無首之吉？不待辨而知其失矣。其說之得者：

一曰乾體三畫，坤體六畫，陽得兼陰，故其數九，陰不得兼陽，故其數六。孔疏引舊說。一曰天生數一三五，合之其數九，地生數二四,合之其數六。來氏知德説。或又謂:"天成數始於七,終於九;地成數始於六,終於八。天道主進,進極於九,故陽爻稱九;地道主退,退極於六,故陰爻稱六。"以成數言九六,與來氏以生數言九六略相等。案:此二説,一爲畫數,一爲生數,雖與九六數合,而究非爻名九六之義也。

一曰老陽數九,少陽數七,老陰數六,少陰數八,老變少不變。《周易》以變者爲占,故稱九稱六。所以老陽數九老陰數六者,以揲著之數,九遇揲則爲老陽,用四十九數分二、掛一、揲之以四,而歸奇于扐,如是者三變。除歸奇之數,其正數得三十六,以四揲之,當九遇揲。六遇揲則爲老陰。如上法,其正數得二十四,以四揲之,當六遇揲。其少陽稱七少陰稱八準此。少陽正數得二十八,少陰正數得三十二。案:此説解爻名九六義最當,本孔疏説。又有言老陽居一含九,故數九;老陰居四含六,故數六者。義與孔疏亦相通。然爻爲揲著所得,仍當以孔説爲勝。而猶非用九用六之義也。

一曰乾爻有七有九,坤爻有八有六,九六變而七八無爲。曰用九者,所以釋不用七也。曰用六者,所以釋不用八也。歐陽氏修説。一曰用九不用七爲陽爻通例,用六不用八爲陰爻通例,以乾坤純陽純陰而居卦首故發之。聖人因繫之辭,使遇此卦而六爻皆變者,即以此占之。《春秋》傳曰:"乾之坤,曰見群龍無首,吉。"足以明之矣。朱子《本義》説。案:此二説解用九用六,視他家爲勝。愚竊以爲其義猶有所未盡也。爰爲之引伸其説曰:用九用六之時義大矣哉!

夫《易》之爲用,陰陽剛柔盡之矣。陰陽不可以暌也,剛柔不可以勝也,《易》亦不可以窮也。故曰:"《易》窮則變,變則通,通則久。"夫乾剛純陽,坤柔純陰,陰陽並臻其極,而剛柔各處其偏。故乾上九則亢,坤上六則疑。所謂"窮"也。用九者乾變之坤,用六者坤變之乾。所謂"窮則變"也。乾變坤,坤變乾,然後陰陽相和而不相暌,剛柔相濟而不相勝。所謂"變則通"也。陽爻不九則七,少陽之七,老陰之六所變也,而老陽之九又變爲少陰之八。陰爻不六則八,少陰之八,老陽之九所變也,而老陰之六又變爲少陽之七。變化無方，往來不窮。所謂"通則久"也。今試與案八卦之序，乾始而坤終，故曰"乾知大始"，又曰"坤代有終"。然使乾知始而已，始不要終，則元難貫貞，坤代終而已。終不復始，則貞難起元。九六之用廢而乾坤或幾乎息矣。故用九曰："見群龍無首，吉。"《文言》曰："乾元用九，乃見天則。""用六"曰："利永貞。"《象傳》曰："用六永貞，以大終也。"夫無首則元始，始而無始，是謂大始。永貞則無終，終而無終，是謂大終。始則有終，終則有始，始終如一，循環無端。《易》之所以無窮，天地之所以不息。其不以用九用六歟？吾乃於是得變易之用焉。

且夫用九所以能變坤者，以乾中本有坤也；用六所以能變乾者，以坤中本有乾也。十二辟卦，三月夬，四月乾，五月姤，九月剝，十月坤，十一月復。人咸謂乾爲夬之盡，坤爲剝之盡，而不知固未嘗盡也。乾盛於外，坤藏於內。坤盛於外，乾藏於內。夏月離外二陽。乾，內一陰，則坤也。冬月坎外二陰。坤，內一陽，則乾也。夬之上六，剝之上九，乃伏隱胚胎於乾與坤中，而蘖芽於姤復之初。是故序卦以姤次夬，以復次剝者，窮上必反下，陰陽之順承也。辟卦間乾坤於卦中者，外消則中息，動靜之交養也。復初九長而爲乾，姤初六長而爲坤者，序之漸也。乾用九即之坤，坤用六即之乾者，義之配也。吾乃於是得對易之用焉。"對易"向名"錯卦"，虞氏謂之旁通，愚援毛氏五易之例，名曰"對易"。

夫地氣上騰，天氣下降，天地和同，草木萌動者，乾坤之道也。靜極則動，動極則靜，一動一靜，互爲其根者，用九用六之道也。由六畫之《易》以推三畫之《易》，天道下濟，地道上行，坤上乾下爲泰，反是則否矣。火下暖水，水上制火，坎上離下爲既濟，反是則未濟矣。男下女女從男，巽上震下爲益，反是則損矣。凡此皆可與用九用六通者也。吾乃於是得交《易》之用焉。

是故學《易》之君子，見夫九則陽盈，陽盈則陰虛；六則陰盈，陰

盈則陽虛。虛者必息，盈者必消。天地盈虛，與時消息，《易》之用
也。君子法《易》以致用，尚消息盈虛以順天行，意在斯乎，意在斯
乎！故曰學《易》可以無大過。


# 用九用六説

## （七月分齋課超等第二名）

張增齡

《莊子》云：“用也者，通也。”見《齊物論》。用之爲通，蓋古誼有如
此者。孔穎達《易》疏云：“乾體有三畫，坤體有六畫，陽得兼陰，故
其數九，陰不得兼陽，故其數六。”見乾卦初爻下。此前一説也，次謂“老陽
數九，老陰數六”，其説似較遜。是九者，陽爻之稱也；六者，陰爻之稱也。
卦無有通體皆陽者，有之則乾；是亦無有通體皆陰者，有之則坤。
是乾通體皆陽，故初九、九二、九三、九四、九五、上九之外，而以用
九結之。坤通體皆陰，故初六、六二、六三、六四、六五、上六之外，
而以用六結之。用者，通也。用九者謂通體皆陽也，用六者謂通體
皆陰也。宋仲子《易注》云：“用九六位皆九。”見李鼎祚《周易集解》。劉
子珪《乾坤義》《隋書·經籍志》有劉瓛《周易乾坤義》一卷云：“總六爻純九
義，故曰用九也。”亦見李氏《集解》。是也言用九，而用六可例推矣。惠
松厓先生解用九云：“坤爲用。”無論經文明言乾元用九不當取坤，即坤可以用乾之
九，而坤之用六，又將何説以處之？若此，則不可以例推者也。

　　然而是説也果何自昉乎？《春秋左氏傳》云：“在乾之姤曰：‘潛
龍勿用。’其同人曰：‘見龍在田。’其大有曰：‘飛龍在天。’其夬曰：
‘亢龍有悔。’其坤‘坤’，釋文作‘巛’，云本又作‘坤’，‘坤’‘巛’古今字曰：‘見
群龍無首，吉。’”見昭公二十九年。夫《易》也，變一爻則別爲一卦。後
之言《易》者，因即以彼卦爲此爻之名。如宣公十二年《傳》云“在師之臨

曰，師出以律，否臧凶"，襄公二十八年《傳》云"在復之頤曰，迷復凶"之類皆是。此不曰在乾之初九而曰在乾之姤，不曰其九二其九五其上九而曰其同人其大有其夬者，用斯例也。變乾之初則爲姤，變其二則爲同人，變其五則爲大有，變其上則爲夬，六爻皆變則爲坤。然則不曰其用九而曰其坤，則用九之統乎六爻而言。可知乾之用九統乎六爻而言，則坤之用六亦如是可知也。説者不達此旨，謂用九用六皆當，與上爻合作一節，此毛大可先生説。其意亦主《春秋》傳以爲不曰上九而曰其夬其坤者，一爻變則上可變夬，六爻變則上又可變坤也，豈知上者特六爻之一耳，並無籠括以下五爻之義。上變而不能使六爻俱變者，勢也。變乾之上烏得爲坤？且爻辭之例，各象其爻，以爲辭上九曰"亢龍有悔"，亢者上極之名也，此用《後漢書·梁冀傳》注。此上爻之象也。用九曰"見群龍無首，吉"，"群龍"猶言"六龍"也，《象傳》云："時乘六龍以御天。""六龍"猶言六爻也。合六爻而言，故曰"群龍"也。曰亢龍上九辭，則群龍亦上九辭，無有異者，豈塙論哉？

又有謂用九爲用乾之二四上入坤，用六爲用坤之初三五入乾者。焦里堂張皋、文雨先生俱如此説。夫合乾坤二卦，成兩既濟，俾陰陽和均而得其正，所謂復太極之體也。此其意各於《象傳》發之。乾，《象傳》云："各正性命。"性者不易之理，命者不易之位。曰"各正性命"，則不正者正矣。此用乾之二四上入坤之説也。坤，《象傳》云："德合無疆。"天之覆物無疆，地之載物無疆。曰"德合無疆"，則坤與乾合矣。此用坤之初三五入乾之説也。玩用九用六之辭，無入乾入坤之義，不知説者何所見而云然。此處虞仲翔舊注闕軼無考，皋文先生撰《周易虞氏義》以己意説之，雖有未合而見仁見知，於經義尚無傷也。乃所撰《虞氏消息》亦强援此文以發明消息之旨，夫仲翔各注可以發明消息之旨者正夥，奚必於無字句之處穿鑿而附會之。竊嘗謂皋文先生《易》學不愧爲仲翔功臣，獨此等處未免賢智之過耳。如曰見群龍無首是不見乾象也，則何以知非六爻盡變而獨變其二四上爻乎？又況坤爲永李氏《集解》載仲翔益卦二爻注云："坤爲永。"爲終，《集解》載仲翔訟卦上爻注云："坤爲終。"又見蠱卦《象傳》注及萃卦初爻注。曰"永貞，以大終"，正純坤之象也。謂用六以息陽，不尤爲無據乎？

總之乾之六爻皆九也，坤之六爻皆六也。舉其一而漏其餘，不可謂之用。得其半而遺其半，仍不可謂之用。苟非不明乎？用字之古誼，則其誤必不至此。專以筮爲説者，亦不明用字之古誼故也。姚仲虞先生既知其非矣，而又云陽爻爲九元，則用之如此説，用字仍坐不明古誼之故。訓詁爲説《經》之第一端，其信然歟！

# 用九用六説

## （七月分齋課超等第四名）

李心地

用九。鄭康成曰："六爻皆體乾，群龍之象。"劉瓛曰："總六爻純九之義故。"王弼曰："九，天之德，能用天德，乃見群龍之義焉。"陸績曰："純陽用九之德。"用六。干寶曰："陰體其順，臣守其柔。所以秉義之和，履貞之幹，唯有推變，終歸於正。"侯果曰："用六，妻道也，臣道也。利在長正矣，不長正則不能大終陽事也。"又鄭氏初九注曰："《周易》以變者爲占，故稱九稱六。"唐史徵曰："用，總也。此九陽之德。謂聖人用此九陽之德，不可驕盈，爲物頭者。"又曰："坤體柔順，不可用之剛暴，故須永長貞正則能廣大而從也。"此漢唐諸儒之説也。

張惠言《虞氏義》曰："爻不正則道有變動。乾坤用九六，所以立消息，正六位也。乾二四上失正，用九變成既濟。离爲見，坤爲

群,乾爲龍爲首。乾坤交,离乾象不見,故見群龍無首。乾道變化,
各正性命,故吉也。六十四卦皆乾坤用九用六,通乎二篇之爻也。"
又曰:"九六者,坎离之數。乾變坤化,皆以坎离爲用,故曰用九用
六。"九六二用,即説卦之所謂神。又曰:"陰陽分用九六,皆以乾元
摩蕩,故曰天下之動,貞夫一。"惠棟《周易述》曰:"陰無首,以陽爲
首。"又曰:"用九用六,即律樂家合十二辰、十二律之義。"姚配中以
張、惠二説爲非,是矯枉過直。謂《易》爻言變故稱九六。九六者,
七八之變畫之動者耳。非九即爲陰,六即爲陽也。其占卦由陰推
陽也,謂"極數知來之謂占",乃占法也,豈用九用六之謂? 又謂乾
元用九,坤元用六,一經皆九六。九六,皆元之用。元之用九六,始
終一經,即周也。一經之卦,皆六爻。六爻者,一極之道而元用之。
是元之以一貫三矣。姚雖駁惠、張,義仍同也。

　　焦循《通釋》以鄭、荀、京、馬、崔、王、姚、董諸説爲不可信,而取
秦九韶衍法,參以宋李泰伯、郭子和、趙汝楳三説,謂:"乾策三十
六,三其十二也。坤策二十四,兩其十二也。四十八,四其十二也。
此以十二爲等者也。四十八,既扐,存四十四,存三十六,存三十二,
存二十八,存二十四,此以四爲等者也。四爲四時,十二即爲十二
會。以合十二成一歲,故乾策三十六。於十二爲三,於四爲九,用
九即用三也。坤策二十四,於十二爲兩,於四爲六,用六即用兩也。
二十八爲四七之數,三十二爲四八之數,於十二之等不盡,則不能
成歲。故用六用九,而不用七用八也。"焦義主數較姚尤明晰。

　　今案鄭注《乾鑿度》曰:"一變而爲七,是今陽爻之象。七變而
爲九,是今陽爻之變。二變而爲六,是今陰爻之變。六變而爲八,
是今陰爻之象。"又曰:"陽析九,陰析六。陰陽二析合一百九十二
爻,故當以陰爻乘陰析合之,以四時乘之,并合之三百八十四爻,萬
一千五百二十析也。故卦當歲,爻當月,析當日。天道左旋,地道
右遷,二卦十二爻,而期一歲,三十二而大周。"此即焦氏所謂"在卦

爻爲旁通,在算術爲互乘也"。

又案《説文》:"用,可施行也。從卜、中。""卜部"下曰:"灼剥龜也,象炙龜之形。一曰象龜兆之縱衡也。"據此則用初義,本屬卜訓,後人總訓乃後義也,因其本義引申之爲總義,亦以發其凡起其例。於乾著用九凡陽變者例用九也,於坤著用六凡陰變者例用六也。《説文》曰:"九,易之變也,象其屈曲變盡之形。""六,易之數,陰變於六,正於八,從入、八。"九而三之爲三。三者,"天地人之道,於文,一耦二爲三,成數也。"六而二之爲兩,兩即二也。"二,爲地之數,從耦一。"用三用兩,即用一也。所謂"惟初太極,道立於一,造分天地,化成萬物"也。


# 用九用六説

## (七月分齋課超等第五名)

周以存

《周易》於乾坤之卦曰用九用六,此明占例。凡占,以變爻爲主。鄭康成注云:"《周易》以變者爲占,故稱九稱六。"案:九六之爻,乃文王所增。揚雄《解難》云:"宓羲氏之作《易》也,絡天地,經以八卦,文王附六爻。"司馬季主云:"伏羲作八卦,文王演三百八十四爻。"《淮南子要略》云:"伏羲爲之六十四變,周室增以六爻。"高誘注云:"八八變爲六十四卦,伏羲示其象。周室,謂文王也。"九六之用,諸卦皆然。特於乾坤發其凡,以明占變之例。故《乾鑿度》曰:"陽動而進,變七之九。陰動而進,變八之六。"鄭注云:"九六,爻之變動者。爻,效天下之動也。然則《連山》《歸藏》占象,本其質性也。《周易》占變者,效其流動也。"今案《繫辭》:"爻者,言乎變者也。"虞翻注謂"九六變化",與鄭説合。蓋乾用九以交坤,坤用六以息陽,陽以得位爲正,陰以從陽爲正。爻不正,則道有變動，如乾二四上失正，則用九變成既濟。虞翻《繫辭》注云："乾六爻二四上非正，坤六爻初三五非正，是謂雜物。"此知卦位皆當成既濟也。既濟，坎離之象。九六，坎離之數。乾變坤化，皆以坎離爲用。孟氏《説卦》逸象："坤爲用。"惠氏棟謂"發揮剛柔而生爻""立地之道故稱用"。竊謂"乾六爻發揮變動，旁通於坤，坤來入乾，以成六十四卦"據陸績説，故乾常資坤以爲用。孟氏以"用"屬坤，職是故也。

然則乾坤之用以九六者，何也？九爲老陽，六爲老陰，老陽、老陰皆變。以乾之初三四上與坤易位，則變成坎；以乾之二四與坤易位，則變成離；以離之上卦三爻與坎上易位，則變成既濟。由此推之，則自剥、復、臨、觀、否、泰以及於姤、夬，無非九六之互變也。然則九六以變爲占者，何也？案：此爲揲蓍變卦之凡例。蓋陽爻百九十二，皆用九而不用七；陰爻百七十二，皆用六而不用八。陽爻動而變陰，則用成陰之卦以占事；陰爻動而變陽，則用成陽之卦以占事。故凡筮得陽爻者，則以九爲用；得陰爻者，則以六爲用。

然則用九言"群龍無首，吉"，用六言"利永貞"，何也？案：用九"無首"是以乾入坤。蓋坤者，乾之藏。乾爲首，坤爲群。乾坤交離，乾象不見，故以柔和接待於下，不更懷尊剛爲物之首。用六"永貞"是以坤承乾。蓋乾者，坤之君。坤能守臣道，以秉義之和，履貞之幹，唯有推變，終歸於正，而得乾行之健。參用干寶、孔穎達、顧憲成説。此言就其變者言也。故林氏希元謂："乾變之坤，雖爲坤之所爲，然本自剛來，與本是坤者不同。坤變之乾，雖爲乾之所爲，然本自柔來，與本是乾者不同。故乾無首之吉，終不可同於坤牝馬之貞。坤永貞之利，終不可同於乾之元亨。"即此意也。

然則《易》言乾元用九而不言坤元用六者，何也？案：言乾元用九，則坤元當用六可知。虞翻坤象注云："坤含光大，凝乾之元，終於坤亥，出乾初子。"謂乾元藏於中，坤含光大凝乾元，則坤元也。《漢書·律志》云："十一月，乾之初九，陽氣伏於地下，始著爲一，萬物萌動，鍾於太陰。故黃鐘爲天統，律長九寸。九者，所究極中和，爲萬物元也。”其所謂太陰者，即坤元藏乾元者也，合乾坤之元，謂之太極，故《志》又云：“太極中含元氣。”是其證也。或謂乾元、坤元不在六爻之數，用九用六實有用之者，其說非是。卦爻言元者，如“復初九元吉”“離六二元吉”“渙六四元吉”“損六五元吉”“井上六元吉”，自初至上，無非元之所爲。元實起於一卦之始，而舉其義於一卦之終，以見元無不在。非上九、上六之後又有用九、用六也。然則九六之用者，自是占變之例，鄭義允矣。

# 《尚書·舜典》存逸考

## （八月分齋課超等第一名）

錢桂笙

《舜典》之逸久矣，自東晉僞古文出，遂分《堯典》“愼徽”句以下至“陟方”句爲《舜典》。馬、鄭《尚書》注皆合今《舜典》“愼徽五典”以下至“陟方乃死”爲《堯典》，而別有《舜典》一篇，爲逸《書》，馬、鄭無注。而齊明帝時，姚方興又撰“曰若稽古帝舜”“曰重華協于帝”十二字於篇首。隋學士劉炫續“濬哲文明”十六字，共二十八字，以與《堯典》相配。唐孔穎達奉敕作《正義》，遵而用之，於是歷代莫廢。而《舜典》之逸者，儼然悉存而無闕。近儒若閻氏百詩《古文尚書疏證》、惠氏定宇《古文尚書考》、江氏艮庭《尚書集注音疏》、王氏鳳喈《尚書後案》、段氏懋堂《古文尚書撰異》、孫氏淵如《尚書今古文注疏》及諸經師之攻僞古文者，皆辭而闢焉，已詳哉其言之矣。雖然，攻僞古文則必謂真古文爲逸，此猶涉門戶之見，而不足服後學之心。至若信僞書者，亦不能不言其逸。則今《舜典》非孔壁之真，尤曉然其無疑。故余謂以

《舜典》爲逸，此不必旁徵他説，即舉信僞書者之所言，亦可得數證焉。

《釋文·敍録》云："江左中興，元帝時，豫章内史枚頤舊本誤贖奏上孔傳古文《尚書》，亡《舜典》一篇，購不能得，乃取王肅注《堯典》從'慎徽五典'以下分爲《舜典》篇，以續之，學徒遂盛。後范甯變爲今文集注，俗間或取《舜典》篇以續孔氏。齊明帝建武中，吳興姚方興采王、馬之注，造孔傳《舜典》一篇，云於大舫頭買得，上之。梁武時爲博士，議曰：'孔敍稱伏生誤合五篇，皆文相承接，所以致誤。《舜典》首有"曰若稽古"，伏生雖昏耄，何容合之。'遂不行用。"又於《舜典》第二下注云："梅頤上孔氏傳古文《尚書》，亡《舜典》一篇。時以王肅注頗類孔氏，故取王注，從'慎徽'以下爲《舜典》，以續孔傳。徐仙民亦音此本。今依舊音之。""曰若稽古，帝舜曰重華，協于帝"下注云："此十二字，是姚方興所上，孔氏傳本無。阮孝緒《七録》亦云然。方興本或此下更有：'濬哲文明、温恭允塞，口德升聞，乃命以位。'凡二十八字異，聊出之，於王注無施也。"案：元朗《尚書音義》皆用僞古文，而《舜典》一篇，則用王肅本，與《正義》殊。《正義》用姚方興本。王肅注原係《堯典》，後人因其與孔傳相類，而割以補《舜典》之闕者，其篇首二十八字，雖元朗亦不信。則《舜典》之本逸，今《舜典》之爲《堯典》，元朗已確言之。此一證也。

《隋書·經籍志》云："東晉豫章内史梅頤始得安國之傳奏之，時又闕《舜典》一篇。齊建武中，姚方興於大桁市得其書奏上，比馬、鄭所注多二十八字，於是始列國學。"《隋書》成於唐人，亦信僞古文者，而《志》言梅頤奏上時闕《舜典》一篇，則《舜典》之本逸可知。《志》又言姚方興於大桁市得其書，比馬、鄭所注多二十八字，始列國學。考馬、鄭《書》注，並以《舜典》爲逸篇，孔氏《正義》言之甚詳，安得有《舜典》之注？馬、鄭《書》注，其篇數皆依伏生今文三十四篇。其古文增多之二十四篇,馬、鄭皆以爲逸《書》,無注。方興奏上,時梁武方爲博士,已議不行。方興奏上之書,隋開皇後始行。安得云奏上即列國學?《志》信僞古文,故不言大桁所得者爲方興僞造,而復牽附馬、鄭,渾淪其詞,亦似馬、鄭《書》注原有《舜典》一篇,其不同,僅此二十八字者。又復没梁武帝之議,亦似當日奏上,舉朝即信爲真,便列學官行用者。然於梅書之本闕《舜典》,究不能掩。此二證也。

《史通·正史》篇云:"古文《尚書》者,即孔、惠所藏科斗之文也。魯共王壞孔子舊宅,始得之壁中。博士孔安國以校伏生所誦增多二十五篇,案:當云"增多二十四篇",辨見《尚書古文疏證》及《尚書後案》。二十四篇者:《舜典》一,《汩作》二,《九共》九篇十一,《大禹謨》十二,《益稷》十三,《五子之歌》十四,《允征》十五,《湯誥》十六,《咸有一德》十七,《典寶》十八,《伊訓》十九,《肆命》二十,《原命》二十一,《武成》二十二,《旅獒》二十三,《冏命》二十四也。更以隸古字寫之,編爲四十六卷,又受詔爲之訓傳。值武帝末,巫蠱事起,不獲奏上,藏諸私家。至於後漢,孔氏之本遂絕。案:後漢杜林漆書甚顯於世,古文猶未遽亡。至晉永嘉之亂,古文始掃地盡矣。其有見於經典者,諸儒皆謂之逸《書》。王肅亦注今文《尚書》而大與孔傳古文相類。晉元帝時,梅頤始以孔傳奏上,而缺《舜典》一篇,乃取肅之《堯典》,從'慎徽'以下分爲《舜典》以續之。齊建武中,吳興姚方興采馬、王之義以造《舜典》孔傳,云於大航購得,詣闕以獻,舉朝集議,咸以爲非。及江陵板蕩,其文北入,中原學者得而異之。隋學士劉炫遂取此一篇,列諸本第。故今人所習《尚書·舜典》,元出於姚氏者焉。"案:劉知幾《史通》,唐景龍時作,其時僞古文久行,故信梅書爲孔壁之舊,然云缺《舜典》一篇,云分王肅《堯典》爲《舜典》,云方興采馬、王義造《舜典》孔傳,云今《舜典》出姚氏,與《釋文》合。則雖信僞古文而亦未始不以《舜典》爲非真。此三證也。

孔氏《正義》云:"昔東晉之初,豫章内史梅頤上孔氏傳,猶闕《舜典》,自此'乃命以位'已上二十八字世所不傳,多用王、范之注補之，而皆以'慎徽'已下爲《舜典》之初。至齊蕭鸞建武四年，吳興姚方興於大航得古文《舜典》，亦類太康中書，乃表上之。事未施行，方興以罪致戮。至隋開皇初，購求遺典，始得之。"其卷首《正義》云："《晉書》云：'太保公鄭沖以古文授扶風蘇愉字休預，預授天水梁柳字洪季，季授城陽曹臧字彥始，始授汝南梅頤字仲真，爲豫章內史，遂於前晉奏上其書而施行焉。'案：《晉書·鄭沖傳》不言傳古文《尚書》，不知沖遠何據。又頤之上書在元帝時，此言前晉，亦誤。時已失《舜典》一篇，晉末范甯爲解時已不得。《隋書·經籍志》有范注《舜典》一卷，下云梁有《尚書》十卷，范甯注亡。蓋范變隸古爲今文，其書注本十卷，方興未上孔傳《舜典》以前，《舜典》之僞傳猶未出，俗間取范注中《舜典》一卷以補孔傳之缺，故行之稍遠。至隋時而范書佚，此卷獨存，非十卷外別有《舜典》一書也。此云爲解時已不得，則范書亦分"慎徽"以下爲《舜典》而無篇首二十八字。至齊建武四年，姚方興於大航頭得而獻之，議者以爲孔安國之所注也。"案：沖遠作《正義》，既信方興所得爲真古文矣。而《舜典》闕亡之事究不能掩，且云范甯作解時猶不能得，又云二十八字世多不傳，則猶有疑信參半之意。臧氏玉林所謂一隙之明未盡泯者，臧說詳《經義雜記》。《周頌·時邁》鄭箋引《書》"歲二月，東巡狩"云云，《正義》疏之曰："《書》曰以下《堯典》文。"又曰："《堯典》說巡守之禮，云協時月，正日，同律，度量衡。"又曰："《堯典》注云徧以尊卑秩祭之也。"此孔氏引鄭《尚書》注。又《大雅·生民》篇，《正義》曰："堯舉棄爲農師，天下得其利。"《堯典》云："帝曰：'弃，黎民阻飢，汝后稷播時百穀。'"又曰："《堯典》云'帝曰弃'是名之曰'棄'。"又曰《堯典》注云："舉八元，使布五教。"又曰《堯典》注云："堯初天官爲稷，舜登用之年，舉稷爲之。"又曰："高辛氏當以建寅之月爲正，故《堯典》云'三帛'。注云：'高辛氏之後用黑繒。'"以上稱"注云"，亦皆孔氏引鄭君《尚書》注。據此可知沖遠亦未嘗不疑今《舜典》爲《堯典》，故於疏《詩》時，凡文之在今《舜典》者，猶時稱《堯典》以明之。《緇衣》疏曰："《舜典》云：'闢四門。'注云：卿士之職,使爲已出政教於天下也。"《思文》疏曰:"《舜典》云:'帝曰:弃,黎民徂飢,汝后稷,播時百穀。'注云:'徂'讀曰'阻',阻厄也。'時'讀曰'蒔'。始者洪水時眾民厄於飢,汝居稷官,種蒔百穀以救活之。"此引鄭君《堯典》注而稱《舜典》,是護其疏《書》之失。凡孔疏《詩》《禮》中如此歧出者多,姑舉數則以證孔雖信偽書,亦未嘗不疑《舜典》之佚,且以見鄭注《尚書》原以《舜典》爲《堯典》,而後人妄分之也。而真古文《舜典》之逸決然矣。此四證也。

夫偽書出於梅賾,而梅文亦闕《舜典》一篇,在信偽書者,莫不云然。顧以爲未逸可乎?"慎徽"以下爲東晉時所割補二十八字,爲方興等所偽造。在信偽書者亦有時云然,顧以爲未逸又可乎?近儒毛大可力爲偽書白冤者也,其論《舜典》則謂"慎徽五典"以後至"放勳殂落"是《堯典》,惟"月正元日"以後是《舜典》。《史記·五帝本紀》正載二典之全者,雖引掇不用原文,第襲其大略,然踪跡可見。今較《史記》二帝紀則自"曰若稽古帝堯"起至"放勳乃殂落"止是堯紀,即是《堯典》。自"月正元日"起至"舜生三十徵庸"止是舜紀,即是《舜典》。而"月正元日"以前尚有《舜典》半截在舜紀中,因取舜紀文在"月正元日"以前者補《舜典》之亡。毛氏所著《舜典補亡》及《尚書廣聽録》《古文冤詞》極辯博此條,焦里堂《尚書補疏》摘引。夫毛信二十八字爲真古文,朱氏錫鬯、惠氏定宇已駁之。朱説詳《曝書亭集》,惠説詳《古文尚書考》。而古文《舜典》究不能謂其全存,是猶爲得半失半之説矣。朱氏錫鬯乃欲徑取"月正元日"以下爲《舜典》,而采高堂隆所引"曰若稽[古]帝舜曰重華建皇授政改朔"十五字爲之冠,朱説見《曝書亭集》,高所引見《宋書·禮志》,乃書緯之文,正方興偽書所本。段懋堂《古文尚書撰異》、錢曉徵《宋書考異》皆辨之。趙氏甌北則直謂"月正元日"以下爲《舜典》之全,詳《陔餘叢考》。不愈謬乎?焦里堂又謂《大學》引克明峻德稱《帝典》,帝兼堯舜言之,以一篇言則曰《帝典》,以二篇言則"遏密八音"之前爲《堯典》,"月正元日"以後爲《舜典》。《舜典》未嘗亡亦無庸補,詳《尚書補疏》。是謂無定篇亦無定名矣,不尤謬乎?

　　或曰《舜典》之逸,閻、惠諸先生既詳言之如彼,而信僞書者,復自言之若此,誠信而有徵矣。顧其逸文散見於他書者有可證乎?曰:"趙邠卿《孟子注》云:'孟子時《尚書》凡百二十篇,逸《書》有《舜典》之序,亡失其文。孟子諸所言舜事,皆《舜典》及逸《書》所載。'"是孟子所稱"《書》曰祇載見瞽瞍"云云,及他所稱"勞之來之"與"于田""完廩""封象"諸事,或皆出古文《舜典》。《論語》"堯曰咨爾舜"一節,《太平御覽》卷七十引《尚書》逸篇云:"堯子丹朱不肖,舜使居丹淵爲諸侯。""侯"或誤"使"。卷八十一引《尚書·中候考河命》曰:"粵若稽古,帝舜曰重華,欽翼皇象。"此緯書亦姚方興等僞書所本。江氏《集注音疏》以《尚書考靈曜》曰"放勳欽明文思晏晏"證之,謂似是《舜典》篇首逸文。近儒亦多以爲《舜典》逸文,然必若毛氏取《史記》所載,盡采以補《舜典》之亡,則又不可。蓋《虞書》十六篇,其逸者自《舜典》外尚有《汨作》《九共》《槀飫》《禹謨》《益稷》諸篇。今《大禹謨》《益稷》二篇亦僞書。《史記》所載及《論》《孟》諸書所引,雖不無《舜典》逸文,又烏知不出諸篇中而必斷以爲《舜典》,可乎哉?夫秦火而後,六籍皆有殘缺,而《尚書》之厄尤甚。就其可信者言之,則馬、鄭猶爲近古。《舜典》古文,馬、鄭既以爲逸矣。則雖"月正元日"以下似《舜典》原文誤合於《堯典》之中,《孔叢子·孔臧與安国书》云:"'《堯典》,説者以爲堯舜同道,弟素以爲雜有《舜典》,今果如所論。'"又孔安國《書序》云:"伏生以《舜典》合於《堯典》,《益稷》合於《皋陶謨》。"案:《孔叢子》及安國序皆僞撰,諸儒已辨之,不足據。而必分以爲《舜典》,是轉蹈作僞者之故轍,其何以服梅、姚諸人之心哉!語云疑事無質,學者第守馬、鄭之書而姑闕所疑焉,可矣。

# 《尚書·舜典》存逸考

## （八月分齋課超等第二名）

張增齡

秦之焚書也，濟南伏生取《尚書》壁藏之。漢興，求其書，獨得二十九篇，二十九篇有《泰誓》而無序，辨見王氏引之《經義述聞》，謂伏生本二十八篇者，乃後起之謬説也。而《舜典》諸篇逸矣。後魯共王壞孔子宅，得古文《尚書》於壁中，以之校伏生所傳，得多十餘篇，而《舜典》襃然居十餘篇之首。此十餘篇者，藏在秘府，劉子政父子校書親見之，班孟堅載之《漢書·藝文志》，杜伯山、衛敬仲、賈景伯、馬季長、鄭康成諸大儒遞相傳授，惟以其絶無師説，不爲之注，漢世之重家法於此可見。故其學未盛行。永嘉之亂，輒就淪亡。淪亡者十餘篇，非獨一《舜典》也。乃奏上僞古文之枚賾出，恐以過於完好，滋人之疑，於是詭言亡《舜典》一篇，實則十餘篇俱未嘗得，豈徒《舜典》云亡。而當時好事者賛成其事，遂割《堯典》"慎徽五典"以下以續之，旋即有獻"曰若"十二字之姚方興焉。《經典釋文》云："'曰若稽古帝舜曰重華協于帝'此十二字是姚方興所上，孔氏傳本無，阮孝緒《七録》亦云然。旋又有造"濬哲"十六字之劉炫焉。臧氏琳《經義雜記》、王氏鳴盛《蛾術編》並據劉知幾《史通》謂"濬哲文明温恭允塞□德升聞乃命以位"十六字爲劉炫所造。。而《舜典》之首尾以具，識者固不以真《舜典》視之也。

近世毛氏奇齡作《舜典補亡》，謂《舜典》"月正元日"以後古《舜典》之存者也，"月正元日"以前則逸之待補者也。其説云："春秋戰國間，諸書引經，凡稱《堯典》者，祇在'慎徽五典'以後，'放勳殂落'以前。在'月正元日'後則並無一語稱《堯典》者，則此真《舜典》矣。焦氏循作《尚書補疏》，又從而附會其説，直謂《舜典》至今全存，並無所謂逸者。其説云："竊謂

《舜典》之於《堯典》，猶《康王之誥》之於《顧命》也。《舜典》未嘗亡，‘月正元日’以前亦無庸補也。‘曰若稽古，帝堯曰放勳’，史臣敘堯之首。‘師錫帝曰：有鰥在下，曰虞舜’，史臣借眾言即爲敘舜之首。‘瞽子’‘嫚汭’，其家世里居亦著矣。‘釐降’以下，‘四罪’以前，敘舜事，而堯仍在上，則不得專爲《舜典》。‘放勳殂落’以後，專敘舜事，亦不得仍爲《堯典》。《堯典》以‘曰若稽古帝堯’爲首，以‘殂落’爲終。《舜典》以‘有鰥在下曰虞舜’爲首，以‘陟方’爲終，首尾並具，了然兩紀，而中間互相敘發，此文中神品。馬遷每效之，而遠莫能企，經生何足知之。”蒙竊惑焉，《孟子·萬章》篇引《堯典》曰：“二十有八載，放勳乃殂落，百姓如喪考妣，三年四海，遏密八音。”此即毛氏所謂引《堯典》在“慎徽五典”以後，“放勳殂落”以前者也。然徧檢春秋戰國間諸書合於是說者，僅此一處。與毛氏語氣不似，揆其意，蓋本欲統漢晉諸書而言，而不覺其立言之隘也，何也？《漢書·王莽傳》兩引“十有二州”，俱稱《堯典》。東漢光武時，張純奏宜遵唐堯之典，二月東巡。章帝時，陳寵言“唐堯著典，眚災肆赦”。晉武帝時，張髦上疏，引《堯典》“肆類于上帝”云云。凡此諸條，悉與毛氏說合。博洽如毛氏，夫豈忘之？獨是《周禮·春官序》官注，鄭司農引《堯典》曰：“帝曰：‘咨！四岳，有能典朕三禮？’僉曰：‘伯夷。’帝曰：‘俞，咨！伯，女作秩宗。’”則在“月正元日”後矣，不知毛將何說以處此。如謂此非春秋戰國間書，未可深信，且《堯典》亦安知非《舜典》之譌，則又安知作偽古文者之割“慎徽五典”以下爲《舜典》，不割“月正元日”以下爲《舜典》，非天牖其衷，使潛學之士得據眾證以駁其妄乎？倘作偽者亦如毛氏之巧於趨避，則其貽誤來哲更有不可勝言者矣。此毛說之必不可從者也。

《漢書·藝文志》之說古文《尚書》云：“以考二十九篇，得多十六篇。”《書·堯典》疏引、馬季長《書序》亦云：“逸十六篇，絕無師說。”章如愚《山堂群書考索》經濟門引同。所謂“十六篇”者，《舜典》一、《汩作》二、《九共》三、《大禹》四宋氏翔鳳《過庭錄》云“按《書》序大禹無‘謨’

字,作'大禹謨'者,僞書所加"、《棄稷》五《書·益稷》疏云:"馬、鄭、王所據《書序》,此篇名爲《棄稷》、《五子之歌》六、《允征》七、《湯誥》八、《咸有一德》九、《典寶》十、《伊訓》十一、《肆命》十二、《原命》十三、《武成》十四、《旅獒》十五、《畢命》十六也。若《舜典》乃分《堯典》之半,一如《康王之誥》分《顧命》半之比,則《藝文志》與馬氏《書序》當云十五篇,何以云十六篇乎?如謂《舜典》不在逸十六篇之内,别有一篇以足其數,今已不傳,則於十六篇内分出《九共》八篇爲二十四篇,又於伏生之二十九篇分出《盤庚》二篇、《泰誓》二篇、《康王之誥》一篇,爲三十四篇。合二十四篇與三十四篇,即桓君山《新論》所謂"古文《尚書》舊有四十五卷,爲五十八篇"者也。若更於《堯典》内分出《舜典》一篇,不有五十九篇乎?以篇數衡之,進退皆無所據。此以《舜典》擬《康王之誥》之必不可從者也。

《孟子·萬章》篇注云:"逸《書》有《舜典》之《敘》,亡失其文。孟子諸所言舜事,皆《舜典》逸《書》所載。"段氏玉裁《古文尚書撰異》云:"趙氏言皆《舜典》及逸《書》所載,此《堯典》字乃《舜典》之誤及字衍傳寫之失也。"今謹依段説校改。《釋名·釋典藝》之説三墳五典、八索九邱云:"今皆亡,惟《堯典》存也。"趙邠卿、劉成國皆漢世大儒,其時古文《尚書》已出,因不列學官,故其説云然。若古文《舜典》即在今文《堯典》之中,彼豈竟無所聞,而猶曰"亡失其文",猶曰"惟《堯典》存"乎?且《説文·日部》引《虞書》曰:"仁覆閔下,則稱□天。"據《周禮·大宗伯》疏引異義,古陳氏壽祺《五經異義疏證》云:"《周禮疏》作'故',《毛詩正義》作'古'。"當從之《尚書》説"仁覆愍下,則稱□天",《詩·黍離》傳:"仁覆閔下,則稱□天。"《正義》云:"古《尚書》説與毛同。"知此乃以經師之説爲經之正文者,如"目部"引《易》曰"地可觀者莫可觀於木","六部"引《詩》曰"不醉而怒,謂之奰"之類。許君自序稱書孔氏,然則此係"舜往于田,號泣于□天"之真孔傳可知矣。作僞古文者,妄以"舜往于田,號泣于□天"二語入《大禹謨》,並採"仁覆閔下"之義,爲僞孔傳。而"舜往于田,號泣于

□天"二語,係真《舜典》之逸文,亦由此可知矣。邵卿之説不爲無見,今從。不應如魏氏源之書《古微》盡摭《史記》《孟子》《書大傳》之文以補《舜典》之逸,而似此之塙有實徵者,自當寶之若吉光片羽,直謂《舜典》無逸可補,又何以處"仁覆閔下則稱□天"之説乎?此《舜典》未嘗亡之説之必不可從者也。

至其謂《堯典》以"殂落"爲終,《舜典》以"有鰥在下"爲首,竊不知"殂落"以前、"有鰥在下"以後究當繫之《堯典》乎,抑當繫之《舜典》乎,抑《堯典》直至"殂落"爲終,《舜典》復自"有鰥在下"爲首乎?以爲互相敍發之例,是必無《堯典》《舜典》之目而後可,既有《堯典》《舜典》之目而又用互相敍發之例,此信非經生之所能知者矣。此皆焦説之尤不可從者也。

總之《尚書》之有《舜典》,一逸於伏生之壁,再逸於永嘉之亂,俱與《汩作》《九共》諸篇同罹於厄。至再逸,而《舜典》遂不復存於人世矣。迄於今,他篇之零星碎句散見於各古籍中者偶一遇之,《禮記·緇衣》篇:"尹吉曰:'惟尹躬及湯咸有壹德。'"注云:"'吉'當爲'告'。告,古文'誥'字之誤也。尹告,伊尹之誥也。"《書序》以爲"咸有壹德"。《孟子·萬章》篇:"伊訓曰:'天誅造攻自牧宮,朕載自亳。'"注云:"《伊訓》,《尚書》逸篇名。"此類是也。而《舜典》蓋鮮有之,亦未明題《舜典》篇目,終不敢據爲典要。惟"舜往于田,號泣于□天"二語,雖未明題《舜典》篇目,究有《説文》可據。説具前。此其事,閻氏若璩《古文尚書疏證》、惠氏棟《古文尚書考》、江氏聲《尚書集注音疏》、王氏鳴盛《尚書後案》、段氏玉裁《古文尚書撰異》、孫氏星衍《尚書今古文注疏》諸人之書言之綦詳,勿庸贅述。所慮者,後之人或爲毛、焦新穎之説所揺,未免開聚訟之端,辨之不可不早也。是爲考。

# 《尚書·舜典》存逸考

## （八月分齋課超等第叁名）

石　超

伏生二十九篇無《舜典》，孔壁所多十六篇中有《舜典》。十六篇者，漢儒謂之逸《書》，絕無師説。馬、鄭諸人猶及見之，因未列學官而莫爲之注。永嘉之亂已盡亡矣，僞孔割《堯典》"慎徽"以下爲《舜典》。所撰僞序，誣伏生以《舜典》合於《堯典》，而僞傳又故闕《舜典》一篇，以見《堯典》存而《舜典》獨亡，二篇必不可合爲一耳。夫作僞者不另撰《舜典》，特省力以藏拙。又闕其傳，蓋恐僞書太完，易滋人疑，詐爲亡失以售其欺。當時以王肅注補之，其實王肅本亦不必割"慎徽"以下爲《舜典》也。乃有姚方興者，僞造僞孔《舜典》傳，又於篇首增"曰若稽古帝舜"十二字，已見庤於梁武帝。劉炫等復加"濬哲"十六字以與《堯典》起段相配，若真有《舜典》也者。然姚、劉所增二十八字，其僞易辨，即僞孔割"慎徽"下爲《舜典》，已經閻百詩、惠定宇痛闢。後此艮庭、西莊、懋堂、淵如諸人咸無異辭，其亦可以無疑矣。

無如博辯如毛大可因疾朱子，並惡攻古文者祖朱子之説，當閻氏作《疏證》時異軍特起，既作古文冤詞，復作《舜典補亡》。既誤讀《釋文》以爲二十八字出於王注，而信以爲真，此亦無足辨矣。乃自"四海遏密八音"以上斷爲《堯典》，"月正元日"以下斷爲《舜典》，緣毛氏讀書多見《史記》載"慎徽"至"四罪"於《堯本紀》。而《孟子》外，如《王莽傳》、光武時張純奏、章帝時陳寵言、晉武帝初幽州秀才張髦上疏，以及《儀禮疏》《公羊疏》，凡引今《舜典》文而僞《堯典》者，皆在"慎徽"以後、"遏密八音"以前。其"月正元日"以下，則並無引偁《堯典》。因較準《史記》，自“曰若稽古帝堯”至“放勳殂落”在《堯紀》者即爲《堯典》，自“月正元日”至“舜生三十徵庸”在《舜紀》者即爲《舜典》。而“月正元日”以前，尚有半截在《帝舜紀》中。因即取《帝舜紀》文在“月正元日”以前者補《舜典》之亡。夫司馬遷從孔安國問故，以《史記》證古文，自是深得家法。然毛氏竟以《史記》分今文之篇以定古文之篇，則光武斷之甚者也。朱錫鬯亦從毛氏説，而欲删去姚方興二十八字，取《宋書・禮志》高堂隆所引“粵若稽古帝舜曰重華建皇授政改朔”十五字，冠於“月正元日”之上，其武斷與毛氏等。

焦理堂又因毛氏之説而推廣之，謂孔子序《堯典》云：“聰明文思，光宅天下，將遜于位，讓于虞舜，作《堯典》。”鄭氏注云：“堯尊如故，舜攝其事。”又云：“舜之美事，在于堯時。”居然《堯典》之界止於“舜攝”，不闌入“舜即真”以後，則毛氏之言信。而序《舜典》曰：“虞舜側微，堯聞之聰明，將傳嗣位，歷試諸難，作《舜典》。”“側微”即“側陋”，“歷試諸難”即“慎徽五典”云云。又似僞孔分“慎徽”以下爲《舜典》者是。於是反覆推勘，證以《顧命》《康王之誥》，伏生亦合爲一篇。《顧命》《康王之誥》，古文本兩篇，非僞孔割《堯典》者可比。僞孔與鄭氏分篇各不同，鄭氏分“王若曰”以下爲《康王之誥》者，是。其序亦連綴不斷。序曰：“成王崩，康王既尸天子，遂誥命諸侯，作《康王之誥》。”亦推本《顧命》。因創爲互敘之説，謂《堯典》《舜典》本是一篇。《堯典》以“粵若稽古帝堯”爲首，以“殂落”爲終。《舜典》以“有鰥在下曰虞舜”爲首，以“陟方”爲終。首尾並具，了然兩紀，而中間互相敘發。此文中神品，馬遷每效之。且於《五帝本紀》中以“舜攝堯二十八載”之事屬之堯，而以“父頑母嚚”及“四岳荐舜”“二女嬪虞”屬之舜，深得互敘之恉。《大學》偁《帝典》，固合二典而總名之也。

案：焦氏説後出，最爲新巧，易動人聽。竊謂鄭氏及見真古文，其注百篇《書》序，於伏生二十九篇外，爲孔壁中十六篇者十六篇并二十九篇，共四十五篇，恰合桓君山古文《尚書》四十五卷之數。又十六篇中《九共》有九篇，共二十四篇。而今文《尚書》二十九篇中，古文分《盤庚》爲三，《大誓》爲三，《顧命》爲二，是有三十四篇，合之二十四篇，共五十八篇，恰合劉向《別錄》古文五十八篇之數。建武之際，亡《武成》一篇，故《藝文志》所載止五十七篇。若今文已有《舜典》一篇，古文又有《舜典》一篇，則《別錄》當曰五十九，《藝文志》當曰五十八矣。至於所謂今文二十九篇，其中有《大誓》者，乃王伯申氏之説，詳見《經義述聞》。注曰逸，餘則注曰亡。鄭以有目無書者謂之亡，有書而不立學官者謂之逸。於《舜典》之下注曰逸，《舊唐書·經籍志》《新唐書·藝文志》并載鄭注古文《尚書》九卷，宋世始亡。凡茲所偁鄭注，悉見《正義》所引。明其爲孔壁之古文，而不在今文《堯典》中矣。若在伏生書中，則既立學官且有師説，鄭安得謂之逸哉？有此一證，已成鐵案，百口不能爭矣。學者但篤信鄭君，而僞孔以下紛紛割裂，皆無知妄作，置之不論可也。

《舜典》亡於永嘉，后儒不得見古文，遂謂今文《堯典》後半敘述舜事已具，則無所爲《舜典》，誠井蛙之見。今案趙岐注《孟子》曰："孟子時《尚書》凡百二十篇，逸《書》有《舜典》之敘，亡失其文。孟子諸所言舜事，皆《舜典》及逸《書》所載，然則孟子與萬章論舜事，其不見於今文《堯典》中者，當爲古《舜典》之文。"百詩已有此疑。鄭注《舜典》序云："'入麓伐木'與'納于大麓'異義。"江艮庭謂必據逸《書·舜典》爲説，是可見堯之試舜，不僅如"慎徽"云云。至若《論語》"堯曰咨爾舜"數語至爲精奧，高郵李氏疑爲古《舜典》之言。僞孔竊取入《大禹謨》。《史記》所載"陶漁""焚廩""捇井"諸事，厠之所采《堯典》之間，必古文《舜典》也。毛氏取以補亡，雖屬武斷，然亦不爲無見。他若高堂隆所引《尚書》之文，或偁《中候》以及《太平御覽》引《尚書》逸篇"堯子丹朱不肖，舜使居丹淵爲諸侯"，此類或皆出《舜典》也。

# 《尚書·舜典》存逸考

## （八月分齋課超等第四名）

周以存

今所傳《尚書·舜典》非孔壁之舊，乃僞孔傳，分《堯典》自"慎徽"以下之文也。僞孔《書序》云："伏生以《舜典》合於《堯典》，復出此篇。"案：漢以來傳伏生《書》者無此説，此僞孔臆造，以爲分篇之據。東晉梅頤上僞孔傳時闕所分之《舜典》，齊姚方興稱於大航頭得《舜典》上之，其傳則採馬、王注造之，其經比馬、鄭所注多"曰若稽古帝舜曰重華協于帝"十二字，或此下更有"濬哲文明温恭允塞□德升聞乃命以位"十六字，凡二十八字。梁武時爲博士，議曰："孔序稱伏生誤合五篇，皆文相承所以致誤。《舜典》首有'曰若稽古'，伏生雖昏耄，何容合之。"案：梁武此議雖亦誤信僞孔《書序》之説，然駁姚書之僞甚確。遂不行用。據陸氏《釋文》説。隋開皇初，始購得之，冠於僞孔所分《舜典》之首。

今考伏生所授之《書》，無《舜典》。孔安國所得壁中之五十八篇有《舜典》，爲多出於伏生《書》二十四篇之一，即鄭康成述古逸《書》二十四篇之首篇也。遭西晉永嘉之亂，與伏生《書》並亡於兵。説詳《隋書·經籍志》。於是梅頤之徒始造僞孔傳，然則《舜典》一篇自伏生時已亡，孔壁所出之《舜典》又亡於西晉，固無所謂《舜典》也。僞孔之分《堯典》爲《舜典》者，蓋據司馬遷《史記》堯舜二紀之文，欲借以闕攻摘者之口。其意蓋謂遷曾問故於孔安國，則遷所傳述者皆古文，故不另撰《舜典》而但於《堯典》中分出之，亦欲使人易信也。不知先儒若吳才老、朱晦庵、陳直齋、吳草廬、趙子昂諸君子皆皆辨其僞，獨近儒毛氏大可爲其所愚，著《尚書冤詞》以雪其誣，然其説多偏爲惠氏《古文尚書考》、王氏《尚書後案》、江氏《尚書集注音疏》、段

75

氏《古文尚書撰異》所不取而嘗議其失矣。則《舜典》之逸亡信有徵也，然其逸文往往見於他傳紀，或祇稱"《書》曰"，或並"《書》曰"而無之繹其語意似古《舜典》之逸文。如《宋書·禮志》載高堂隆引《書》段氏玉裁謂"《書》"下脱"曰"字。"粤若稽古帝舜曰重華建皇授政改朔"。《太平御覽·皇部》引《尚書中候·考河命》"曰粤若稽古帝舜曰重華欽翼皇象"，案：此乃《中候》之文，非古之《舜典》，故不引入。《孟子》："《書》曰：'祇載見瞽瞍，夔夔齋栗，瞽瞍亦允若。"趙岐曰："《尚書》逸篇。"江氏聲謂當是《舜典》之文。又引《書》曰："浲水警余。"趙岐曰："《尚書》逸篇。"案：即古《舜典》之文。《太平御覽·地部》引《尚書》逸篇曰："堯子丹朱不肖，舜使居丹淵，爲諸侯。""諸侯"，《御覽》作"諸使"。徐生斑曰："當爲諸侯，蓋隸書'侯'字輒從人傍，故誤爲'使'也。"今改從徐説。案：此稱"逸篇"，與趙注同，當亦古《舜典》之文。此引《舜典》稱"《書》曰"之類也。又有不稱"《書》曰"者，如《論語·堯曰》一節，江氏聲謂當在《尚書·舜典》，又李氏《群經織小》亦云然。《孟子》"父母使舜完廩"至"女其于予治"及"舜往于田"三句、"不及貢"二句，惠氏棟、江氏聲皆謂爲《舜典》之文。此引《舜典》不稱"《書》曰"之類也。

然則《舜典》之逸亡，於此可見，且又有確證三。《漢書·儒林傳》云："司馬遷亦從安國問故，遷書載《堯典》《禹貢》《洪範》《微子》《金縢》諸篇，多古文説。"按此則遷書所載堯舜二紀之事皆引用《堯典》之文，與《舜典》無涉。如其有之，班孟堅作《儒林傳》何以不並及《舜典》而祇稱《堯典》。此以見孔安國並未分《堯典》爲《舜典》也，其證一。司馬遷撰《史記》，鄭康成、王子雍注《尚書》，皆以"慎徽"以下爲堯試舜之文。孟子稱"二十有八載，放勳乃殂落"明言《堯典》僞孔傳分作《舜典》，則與《孟子》相背謬，其證二。本惠氏定宇説。《漢書·王莽傳》、《後漢書》光武時張純奏、章帝時陳寵言、《晉書》武帝初幽州秀才張髦上疏以及《儀禮疏》《公羊疏》，凡引今《舜典》文，皆稱《堯典》，蓋當時學者皆知《舜典》已亡，未有據僞孔傳以引稱者，信乎僞孔傳非壁中之書也，其證三。參用王氏西莊說。

由此觀之，僞孔傳之分《堯典》爲《舜典》，其謬戾已甚彰著矣。而朱氏錫鬯欲依蕭山毛氏之說，自"四海遏密八音"以上斷爲《堯典》，"月正元日"以下斷爲《舜典》，刪去姚方興二十八字，以高堂隆引《尚書》十五字冠於"月正元日"之上，劃爲二典。說見《曝書亭集》。趙氏雲崧亦謂今《舜典》"遏密八音"以前爲《堯典》，"月正元日"以後爲《舜典》，不信王氏西莊別有《舜典》之說。說見《陔餘叢考》。又焦氏里堂謂《舜典》未嘗亡，"月正元日"以前亦無庸補。"曰若稽古帝堯曰放勳"，史臣敘堯之首。"師錫帝曰有鰥在下曰虞舜"，史臣借眾言即爲敘舜之首。《堯典》以"曰若稽古帝堯"爲首，以"殂落"爲終。《舜典》以"有鰥在下曰虞舜"爲首，以"陟方"爲終，首尾並具，了然兩紀，而中間互相敘發，此文中神品。說見《尚書補疏》。蓋皆誤信僞孔序以《舜典》合於《堯典》之說，反以鄭氏述古逸《書》之《舜典》爲不足憑，特未及《漢書·儒林傳》並諸所引《書》稱《堯典》者而細尋繹之耳。

又顧氏亭林謂古時《堯典》《舜典》本合爲一篇，閻氏百詩亦謂本是《堯典》一篇，而兼敘堯舜事，並無別有《舜典》之說。此則專就伏生之書有《堯典》而言，不信孔壁所出之《舜典》。竊謂孔壁之《舜典》確有可據，蓋即孔安國以伏生書校之增多之二十四篇，世謂之逸篇，篇目具在。劉歆造《三統曆》，班固作《律曆志》，鄭康成注《尚書序》，皆得引之。特以當日未立於學官，故賈逵、馬融等雖傳孔學不傳逸篇，融作《書序》亦云逸十六篇絕無師說。十六篇者，合《九共》九篇爲一篇也，分之則爲二十四。然當時學者咸能案其篇目舉其遺文，翕然皆知爲孔氏之逸《書》。參用《古文尚書考》說。故孫氏淵如著《尚書篇目表》於孔壁古文五十八篇表內、鄭述古文二十四篇表內，並載《舜典》。俞氏正燮著《尚書篇目》七篇說於《漢志》古文經四十六卷目內載《舜典》，旁注曰"多於馬、鄭《書》"，四十六卷目內載《舜典》，旁注曰"逸"。是皆確有見地，信古徵實，足正顧、閻之失。

　　然推諸家深信僞孔及《堯典》分篇之由，皆因孔沖遠爲之作疏故也。疏稱逸《書》二十四篇，爲張霸之徒僞作，蓋欲曲説以誣孔壁逸《書》之僞而申僞孔之真。不知張霸之書乃百兩篇，《漢書‧藝文志》不載，蓋當時已不傳其書，止《儒林傳》稱其篇或數簡，文意淺陋，以中書校之，非是。迺黜其書，觀此則霸書非二十四篇明矣。蓋霸書在當時已不能售其欺，而其書又不傳，沖遠何由知其爲二十四篇也。《漢書‧儒林傳》俱在，沖遠豈未之見耶？ 特不過欲申僞孔，故曲爲之説耳。閻氏百詩、王氏西莊皆有辨駁之説，其語甚詳。 又沖遠《禮記‧緇衣》疏云："伏生所傳，歐陽、夏侯所注者，爲今文《尚書》。衛、賈、馬所注者，元從壁中所出之古文，即鄭注《尚書》是也。"此説與《書疏》強指爲張霸者大異，蓋沖遠亦知二十四篇之爲鄭書，故特於《禮記疏》發之，此其説猶見於他疏也，至本疏中亦有言及之者。《堯典》"我其試哉"疏云："馬、鄭、王本皆無'帝曰'，當時庸生之徒漏之。"然則馬、鄭、王本即庸生本亦即孔壁本，此沖遠又不覺無心逗露出來。總之沖遠亦知孔傳之非真，緣其作疏自不得不用僞孔而黜鄭耳。然則鄭本即孔本，僞孔則非真壁中本，鄭本之《舜典》久逸，僞孔之《舜典》則分《堯典》爲之，此不得謂逸，《舜典》之尚存也明矣。

# 《尚書‧舜典》存逸考

## （八月分齋課超等第五名）

王廷儒

　　《堯典》及《皋陶謨》雖記唐虞之事，而其書成於夏史之手，故《春秋傳》引《虞書》之詞凡十，而皆謂之《夏書》。孔疏謂馬、鄭、王別録題皆曰《虞夏書》，以夏時之人，記唐虞之事，故於帝典則"曰稽古帝堯"，於臣謨則"曰稽古皋陶"也。古文復有"稽古大禹"之文，則似印板文字，況尤而效之，復有"曰若稽古帝舜"之文耶。《堯典》自"慎徽"下，皆爲一篇。觀《孟子》引"二十有八載"五句，亦曰《堯典》。可見而"曰若稽古"二十八字，其出尤後。初出時，梁武帝爲齊博士，尚能直指其謬。後世儒者何又出其下也。孔壁古文，安國所傳之本，本有《舜典》。其書至晉始亡，而西京則藏於秘府，諸儒多不得見。東京傳習者不過數家，又無傳注。故永嘉之亂，其本遂絶。今按《論語》"堯曰咨爾舜"五句之文可謂精絶，當爲古《舜典》之言。而何晏《集解》，孔、鄭皆無之，何歟？觀"予小子履"下孔注反引《墨子》爲證，則知孔注之僞矣。豈何氏失采歟！

# 《尚書·舜典》存逸考

## （八月分齋課超等第六名）

陳培庚

古文《尚書·舜典》之逸，其説始于漢人趙邠卿《孟子·萬章》篇注云："孟子時《尚書》凡百二十篇，逸《書》有《舜典》之敘，亡失其文。孟子諸所言舜事，皆《堯典》及逸《書》所載。"蓋古文《尚書》雖顯於東漢而未立學官，諸儒不必盡見，故邠卿云爾。鄭康成及見古文《舜典》，書序贊云《虞夏書》二十篇、《商書》四十篇、《周書》四十篇，又云《經》五十八篇，後又亡其一篇。故五十七、五十八篇者，伏生《書》二十九篇，歐陽則《太誓》分出二篇，爲三十一。鄭用歐陽本，又分出《盤庚》二、《康王之誥》一，爲三十四，益以古文《舜典》《汨作》等二十四篇，爲五十八篇，《藝文志》及《別録》所載篇數是也。其書東漢時尚存，亡于晉永嘉之亂，非即今偽《尚書》"慎徽五典"以下云云。

國朝閻若璩、惠棟、王鳴盛、孫星衍諸儒辨之甚悉，今考之于左，其持異議者則有毛甡、焦循二家，亦條辨之。

閻若璩《尚書古文疏證》："古文《舜典》別自一篇，與今安國書析《堯典》爲二者不同，《孟子》引'二十有八載放勳乃殂落'爲《堯典》，不爲《舜典》。《史記》載'慎徽五典'至'四罪而天下咸服'於《堯本紀》不於《舜本紀》。孟子時典謨完具，篇次未亂，固的然可信。馬遷亦親從安國問古文義言，亦未爲謬也。"

惠棟《古文尚書考》："伏生《尚書》無《舜典》，自'粵若稽古'以下至'陟方乃死'皆《堯典》也。古文《尚書》原只如此，故司馬遷、鄭康成、王子雍皆以'慎徽五典'以下爲堯試舜之文。《孟子》稱'二十有八載放勳乃殂落'明言《堯典》，梅氏本於'慎徽五典'以下別爲《舜典》，此其省作《舜典》一篇巧於藏拙也。"

王鳴盛《尚書後案》："孔壁所得真古文《尚書》，于伏生外增多十六篇，內本有《舜典》。西晉又亡，好事者又撰古文，乃割《堯典》'慎徽'以下爲《舜典》，不知《王莽傳》兩引'十有二州'皆云《堯典》，光武時張純奏'宜遵唐堯之典，二月東巡'，章帝時陳寵言'唐堯著典，眚災肆赦'，晉武時幽州秀才張髦上疏引'肆類于上帝'至'格于藝祖'亦曰《堯典》。劉熙《釋名》云：'三墳五典、八索九邱今皆亡，惟《堯典》存。'劉熙時真《舜典》已出，惟藏秘府，熙或未見，故云爾。如今之'慎徽五典'以下爲《舜典》，熙安得云惟《堯典》存乎？後漢周磐學古文《尚書》，臨終寫《堯典》置棺前，如今本。磐安得獨寫《堯典》乎？《儀禮》注引'朴作教刑'，《公羊》注引'歲二月東巡'，賈公彥、徐彥皆云《堯典》。案：洪氏頤煊本此又引《周禮·春官》序官注，鄭司農云："《堯典》曰：'帝曰：咨！四岳有能典朕三禮？'僉曰：'伯夷。'""時邁詩"鄭箋《書》曰："歲二月東巡守，至于岱宗，柴望秩於山川，徧于群神。"《正義》書曰"以下

《堯典》文"，《公羊》文十四年疏引"《堯典》曰：‘在璿璣玉衡’"，《太平御覽》八百四引此句，亦作《堯典》，皆馬、鄭、王本二篇合爲一篇之證。

案：如上諸説，則今文《堯典》"慎徽五典"云云，非必古文《舜典》，非由伏生誤合、永嘉所亡，乃真《舜典》。孔穎達謂爲張霸僞造，蓋未究霸書百兩篇，古文書百篇二者，自別也。《疏證》又云："‘舜往于田祇載見瞽瞍’‘不及貢以政接于有庳’，安知非《舜典》之文。""父母使舜完廩"一段，文辭古崛，不類《孟子》本文。《史記·舜本紀》亦載其事，其爲《舜典》之文無疑，此即趙注所云孟子舜事皆逸《書》所載者。孫星衍《尚書今古文註疏》云：趙氏雖有此言，而孟子所載舜事不稱《舜典》，未敢遽增。今從之，故不備具。

毛大可《舜典補亡》自"慎徽五典"以後至"放勳殂落"尚是《堯典》，惟"月正元日"以後始是《舜典》。春秋戰國間諸書引經凡稱《堯典》，祇在"慎徽五典"以後、"放勳殂落"以前，在"月正元日"後則無一語稱《堯典》者，則真《舜典》矣。

案：春秋戰國時引經稱《堯典》者雖皆在"殂落"以前，而先鄭《周禮注》引《堯典》"曰咨四岳有能典朕三禮"則固在"殂落"後。先、後鄭皆治古文，古文自有《舜典》，如此語在《舜典》，先鄭何以復稱《堯典》耶？毛説非是。

《史記》正載二典之全者，雖引掇皆不用原文，然蹤跡可見。自"曰若稽古帝堯"起至"放勳乃殂落"止，是《堯紀》，即是《堯典》。自"月正元日"起至"舜生三十徵庸"止，是《舜紀》，即是《舜典》。而"月正元日"以前尚有《舜典》半截在《帝舜紀》中。

焦循《尚書補疏序》序《堯典》云："‘聰明文思，光宅天下，將遜于位，讓于虞舜’，康成注‘堯尊如故，舜攝其事’，又曰‘舜之美事在於堯時，居然《堯典》之界止于"舜攝"，不闌"入即真"以後’，序《舜典》‘側微’即‘側陋’‘有鰥’云云，‘歷試諸難’即‘慎徽五典’云云，鄭以‘入麓伐木’注之，正指‘納于大麓’。不特序以‘慎徽’爲‘歷試諸難’，即鄭氏亦以‘納于大麓’爲《舜典》，如伏生合《康王之誥》《顧命》爲一篇。鄭氏分‘王若曰’以下爲《康王之誥》，《堯典》之於《舜典》，猶《康王之誥》之於《顧命》也。《舜典》未嘗亡，‘月正元日’以上亦無庸補也。”

案：毛以《舜典》僅逸其半，焦以《舜典》未嘗亡，皆出於胸臆。壁中《書》明別有《舜典》，如二家之説，則東漢所增、永嘉所亡宜何篇耶？序有《顧命》《康王之誥》，今文合爲一，壁中《書》自爲二篇，故杜林、衛宏、賈逵、馬融依而分之。壁中《舜典》自在今文《堯典》之外，何可以《康王之誥》例也？秀水朱氏錫鬯欲依毛説斷分二典，而以高堂隆正朔議引《書》曰“曰若稽古帝舜曰重華建皇授政改朔”十五字冠“月正元日”之首。段氏玉裁謂其強作解事，故知毛、焦二説皆不免是矣。


# 《尚書·舜典》存逸考

## （八月分齋課超等第七名）

楊介康

孔子《書》敘、安國古文，竝有《舜典》之目。后劉向、劉歆、班固、賈逵、馬融、鄭康成皆述其篇，非梅頤、姚方興所分之《舜典》也。蓋西京時古文册在秘府，謂之逸《書》。東漢頗崇尚之，然亦未立學官，故傳注者少。遭永嘉之亂，孔本以亡，至東晉古文晚出，而真偽肴矣。

兹考傳記所引見存今《舜典》者，如“璿璣玉衡”《太平御覽》八百四引、“放勳殂落”《春秋繁露》五十二引、“歲二月東巡守”時邁箋疏並引、“伯夷典三禮”“序官”司農注引之類，不著于篇，至逸文之存于諸傳記中者,或偁《尚書》"《書》曰"者載之,或絶不偁《書》而頗類《書》文者垀焉。《宋書·禮志》:"高堂隆引《書》曰:'粤若稽古帝舜曰重華建皇授政改朔。'"《太平御覽》八十一"皇部"引《尚書中候·考河命》作"重華欽翼皇象",《文選·永明策秀才文》注引《尚書中候》作"重華建黃授正改朔",與沈書異。朱錫鬯欲以高堂隆所引《尚書》十五字冠"月正元日"之首,以代姚方興二十八字。錢曉徵、段懋堂均辨其非矣。曉徵以爲高堂隆所引脱"中候"二字,懋堂以爲書緯之文,似此文非《舜典》矣。而江艮庭《尚書集注音疏》以爲《中候》所云必出於《尚書》,并以此爲似《舜典》之文。今從之。至王延壽《魯靈光殿賦》云:"粤若稽古帝漢,祖宗濬哲欽明。"王粲《七釋》亦云:"濬哲文明,允恭元塞。"毛大可《冤詞》引以爲偁書之證,然究非《舜典》元文也。《太平御覽·地部》三十五引《尚書》逸篇云:"堯子丹朱不肖,舜使居丹淵,爲諸侯。"《案:《御覽》所引,本於北齊之脩文殿《御覽》,其時孔氏古文蓋未亡也,惟"諸侯"李昉等引作"諸使",徐鉉謂當爲"諸侯",劉歆《三統曆》亦作"諸侯"。而云"舜使處丹淵",江艮庭本《孟子》説以爲舜順堯之命,得其義矣。而艮庭又以此條疑亦是《舜典》之文。今從之。《孟子·萬章》篇云:"《書》曰:'祇載見瞽瞍,夔夔齊栗,瞽瞍亦允若。'"案《孟子·萬章》篇云:"帝使其子九男二女。"趙注:"孟子時《尚書》凡百二十篇,逸《書》有《舜典》之敘,亡失其文。孟子諸所言事皆《堯典》及逸《書》所載。"據此,則《孟子》所引古《堯典》者,多爲今《舜典》也。此文則趙注以爲《尚書》逸篇。焦里堂《孟子正義》云:"此引《書》不見二十八篇之中,故爲逸篇。蓋亦《舜典》文也。"閻百詩《尚書古文疏證》、王西莊《尚書後辨》并以此爲《舜典》文。偁書間採以垀《大禹謨》,謬矣。此皆稱《書》而可指爲《舜典》者也。

《論語·堯曰》篇云:"咨爾舜,天之□數在爾躬。允執其中,四海困窮,天禄永終。"王西莊、江艮庭并以此爲《舜典》文,李孝臣《群經識小》説《舜典》同。劉楚楨《論語正義》本江艮庭説,并云東晉古文入之《大禹謨》,可謂明於古今真僞之故矣。《孟子·萬章》篇云:"舜往于田,號泣于□天,于父母。"閻百詩以此爲《舜典》文。又《説文·日部》引《虞書》云:"仁覆閔下,則偁□天。"《五經異義》引古《尚書》説同。竊以"舜往于田"三句,當如閻説,以爲《舜典》文。"仁覆閔下"二句當如江,江説以爲孔君《書傳》也。又《萬章》篇云:"父母使舜完廩。捐階。瞽瞍焚廩,使浚井。出,從而掩之。象曰:'謨蓋都君咸我績。牛羊父母,倉廩父母。干戈朕,琴朕,弤朕,二嫂使治朕棲。'象往入舜宮,舜在牀琴。象曰:'鬱陶思君爾!'忸怩。舜曰:'惟茲臣庶,女其于予治。'"閻百詩以爲文辭古崛,不類《孟子》本文,其爲《舜典》之文無疑。江艮庭據《孟子》下章偁"舜流共工于幽州"云云實是《堯典》之文,其實《史記·舜本紀》亦載此事,雖文辭多所增竄,然亦當爲《舜典》文也。又《萬章》篇云:"不及貢,以政接于有庳。"趙邠卿謂"常常"以下皆《尚書》逸篇之辭,江艮庭斷自"不及貢"始,以爲《尚書》逸篇。今據以訂正。閻百詩以此爲《舜典》文,焦里堂申注云:"趙氏蓋亦以此文在《舜典》中也。"此皆不稱《書》而可疑爲《舜典》者也。

　　以上凡七條,其偁《書》者,則具録而疏證之;其不偁《書》者,則坿列而審訂之。本近人之説,參以己意,而折衷於江艮庭《尚書逸文》者尤多云。至毛大可取《史記》"塗廩""穿井""元愷""四凶"之類,魏默深引《史記》《孟子》《書大傳》,均作《舜典補亡》。篇製雜屪,亦嫌專輒耳。

# 《尚書·舜典》存逸考

## (八月分齋課超等第八名)

高崇煦

　　《舜典》逸文存于《論語》《孟子》者爲可信。江氏聲録逸文,據《宋書·禮志》高堂隆引《書》"粤若稽古帝舜曰重華建皇授政改朔",以爲似《舜典》篇首之文,又據《考靈燿》"曰放勳欽明文思晏晏"是《堯典》之文,以況此"粤若稽古"云云。又據《太平御覽》七十卷《地部》三十五引《尚書》逸篇云"堯子丹朱不肖,舜使居丹淵,爲諸侯"以爲亦是《舜典》之文。

今案:此二條不足據也。段氏玉裁《古文尚書撰異》云高堂隆所引《書》乃書緯之文,古人偁引多有以緯書及經説偁經者,此十五字首九字即姚方興所上十二字之藍本,而贅以"協于帝"三字,則緯書擬《堯典》居然一例。錢氏曉徵《宋書考異》云:"考《太平御覽》八十一卷引《尚書中候·考河命》云'曰若稽古帝舜曰重華欽翼皇象',又李善《文選注》引《尚書中候》云'建皇授政改朔'是此一十五字,皆出《中候》。高堂隆所引偶脱'中候'二字。"朱錫鬯欲移此文於《舜典》之首,以代姚方興二十八字,殆非也。據段、錢二説,則緯書未可信也。宋陳振孫《書録解題》云:"修文殿《御覽》三百六十卷,北齊尚書、左僕射祖珽等纂。"又云:"《太平御覽》一千卷,翰林學士李昉、扈蒙等纂,以前代修文《御覽》諸書,參詳條次修纂,或言國初古書多未亡,以《御覽》所引用書名故也,其實不然,特因前代諸家類書之舊爾。"據此則《太平御覽》增多北齊原書者六百四十卷,又係類書,託體甚卑,則《御覽·地部》所引逸篇亦未可信也。孫氏星衍《尚書今古文注疏》"凡例"云:"《尚書》佚文見于先秦經傳,諸子及漢人所引有篇名可考者,各附《書序》,并存原注。其僅稱'書曰''書云'者,或不必盡是《尚書》,或是《逸周書》及《周書·六弢》,不便採入。"據此知《御覽·地部》所引逸篇,孫氏亦不信也。

閻氏若璩《尚書古文疏證》卷二第十八條云:"嘗疑'舜往于田''祗載見瞽瞍'與'不及貢以政接于有庳'等語,安知非《舜典》之文乎?又'父母使舜完廩'一段,文辭古崛,不類《孟子》本文。《史記·舜本紀》亦載其事。""其爲《舜典》之文無疑。"王氏鳴盛《尚書後辨》云:"安國於《堯典》之外,又有《舜典》,如《論語》'天之□數'、孟子'祗載見瞽瞍'皆《舜典》文。"段氏玉裁《古文尚書撰異》云:"孟子時百篇未亡,舜不告父母而娶,帝不預告舜而妻之,以及'焚廩''浚井'云云,皆百篇中語。"據閻、段二説,則逸文之存于《孟子》者六。據王氏説,則逸文之存于《論語》者一,今以《論語》《孟子》爲本,而不取江氏以守蓋闕之義云。

# 《尚書·舜典》存逸考

## （八月分齋課超等第十名）

屈開埏

《書序》云:"虞舜側微,堯聞之聰明,將使嗣位,歷試諸難,作《舜典》。"馬、鄭以《書序》爲孔子作,則《舜典》之名由來久矣。惟伏生今文併于《堯典》,孔氏古文亦有其篇。觀康成述逸《書》篇目與劉向、馬融等合,則知兩漢時古文雖未立學官,而皆有《舜典》逸篇也。至梅賾奏上僞書,盡失其舊矣。兹爲考其逸文之見於它書者,條列之如左。

沈約《宋書·禮志》:"高堂隆引《書》曰:'粵若稽古,帝舜曰重華,建皇授政改朔。'"

案:《太平御覽》八十一《皇部》引《尚書中候·考河命》、《文選·永明策秀才文》注引《尚書中候》略同,但《御覽》作"重華欽翼皇象",《文選》注作"建黄授正改朔",與此文異。江氏聲《尚書集注音疏》謂"建黄"當作"建皇",得之。段氏玉裁《古文尚書撰異》以爲"黄"誤作"皇",恐不盡然。以《御覽》及《文選》注觀之,則高堂隆所引乃書緯之文,似非《舜典》逸文也。惟江氏聲以爲據"粵若稽古"云云,似《舜典》篇首之文,亦爲有見。朱錫鬯同毛大可説,欲移此十五字冠於"月正元日"之首,錢竹汀曾著論非之矣。

《太平御覽》七十卷《地部》三十五引《尚書》逸篇云:"堯子丹朱不肖,舜使居丹淵,爲諸侯。""侯",《御覽》作"使",誤。依徐斑説訂正。

案：江氏聲《尚書集注音疏》云：“《太平御覽》大半本之於北齊修文殿《御覽》，在北齊時孔氏古文蓋未亡，故得引之也。”又云：“孔氏古文有《舜典》，此條疑亦是《舜典》之文。”

《孟子·萬章》篇引《書》曰：“祇載見瞽瞍，夔夔齊栗，瞽瞍亦允若。”

案：趙岐注《尚書》逸篇，焦氏循《孟子正義》云：“此引《書》不見二十八篇之中，故爲逸篇。蓋亦《舜典》文也。”閻氏若璩《尚書古文疏證》、王氏鳴盛《尚書後辨》并以此爲《舜典》文，江氏聲因之。蓋《孟子》所引《書》多出《堯典》，亦即多出於今《舜典》，如“放勳乃徂落”之類是也。

右三條係經傳并稱《書》者。

《孟子·萬章》篇云：“不及貢，以政接于有庳。”

案：趙岐注，此“常常”以下皆《尚書》逸篇之辭。焦氏循《正義》云：“趙氏蓋亦以此文在《舜典》中也，江氏聲則斷自‘不及貢’始，以爲《尚書》逸文。”并云“《孟子》不偁‘書曰’終是疑誼”。亦蓋闕之恉。然閻氏若璩亦以爲《舜典》文，或當有見。今姑存之，下同。

右一條係經不稱《書》而傳稱《書》者。

《論語·堯曰》篇云：“咨爾舜，天之□數在爾躬。允執其中，四海困窮，天禄永終。”

案：江氏聲《尚書集注音疏》云：“此堯將禪位而命舜之詞，當在《尚書·舜典》。”王氏鳴盛《尚書後辨》、李氏惇《群經識小》并以爲《舜典》文，僞古文採以入《大禹謨》，謬矣。

《孟子·萬章》篇云：“舜往于田，號泣于□天，于父母。”

案：閻氏若璩《尚書疏證》以此爲《舜典》文，《說文·日部》引《虞書》云：“仁覆閔下，則稱□天。”江氏聲以爲不類《尚書》之文，必是孔君《書傳》。焦氏循亦本其說，此爲近之。

又《萬章》篇云：“父母使舜完廩，捐階。瞽瞍焚廩，使浚井，出。

從而掩之。象曰：'謨蓋都君，咸我績。牛羊父母，倉廩父母。干戈朕，琴朕，弤朕，二嫂使治朕棲。'象往入舜宮，舜在牀琴。象曰：'鬱陶思君爾。'忸怩。舜曰：'惟茲臣庶，女其于予治。'"

案：閻氏若璩《尚書疏證》云："'父母使舜完廩'一段，文辭古崛，不類《孟子》本文。《史記·舜本紀》亦載其事，而多所增竄，不及原文遠甚。"又云"此一段其爲《舜典》之文無疑"。毛奇齡、魏默深并取《史記》"塗廩穿井"之説，以作《舜典補亡》。據此則此文當屬《舜典》矣。江氏聲據《孟子》下章偁"舜流共工於幽州"云云，以爲是《堯典》之文，殊不盡然。

右三條係經傳不稱《書》，而近儒疑爲《舜典》者。

# 《尚書·舜典》存逸考

## （八月分齋課超等第十一名）

王家鳳

今《尚書》所載之《舜典》非孔壁《舜典》之舊，故近儒斥僞古文者咸闕之。閻百詩云："逸《書·舜典》久亡，今《舜典》原只是《堯典》一篇，魏晉間始析爲二，然'愼徽五典'直接'帝曰欽哉'之下，文氣連注如水之流，雖有利刀，亦不能截之使斷。惟姚方興出，妄以二十八字橫安於中，而遂不可合矣。"案：東晉元帝時，梅頤上僞古文《尚書》尚闕《舜典》一篇，時以王肅注頗類孔傳，因取肅注《堯典》從"愼徽五典"以下分爲《舜典》，其篇首"曰若稽古帝舜曰重華協于帝"十二字則齊明帝時姚方興所造，"濬哲文明"至"乃命以位"十六字又隋學士劉炫之所造也。説詳《經典釋文》及《史通·正史》篇。惠定宇云："伏生《尚書》無《舜典》，自'曰若稽古帝堯'至'陟方乃死'皆《堯典》也。古文《尚書》原書只如此，故司馬遷撰《史記》，鄭康成、王子雍注《尚書》，皆以'愼徽五典'以下爲堯試舜之文，《孟子》稱'二十有八載，放勳乃殂落'明言《堯典》。梅氏本於'慎徽五典'以下別爲《舜典》，案：梅氏本亦闕《舜典》一篇，則梅亦未分"慎徽五典"以下爲《舜典》也。此其省作《舜典》一篇，乃巧於藏拙也，不顯與《孟子》相剌謬乎？"王西莊本此於《孟子》外備引《王莽傳》、光武時張純奏、章帝時陳寵言、晉武帝時幽州秀才張髦疏及劉熙《釋名》、《儀禮》、《公羊疏》以證今《舜典》爲《堯典》，於是學者著書皆以孔壁古文之《舜典》爲已亡，今所存者非《舜典》矣。

毛氏大可則謂"慎徽五典"以下至"放勳殂落"尚是《堯典》，惟"月正元日"以後始是《舜典》。春秋戰國間引經，凡稱《堯典》，祇在"慎徽五典"以後、"放勳殂落"以前，在"月正元日"以後，則並無一語稱《堯典》者，則此真《舜典》矣。《史記·五帝本紀》正載二典之全者，雖引掇皆不用原文，第襲其大略，然踪跡可考。今較《史記》二帝紀則"曰稽古帝堯"起至"放勳乃殂落"止是《堯紀》，即是《堯典》；至"月正元日"起至"舜生三十載徵庸"止是《舜紀》，即是《舜典》。而"月正元日"以前尚有《舜典》半截在《帝舜紀》中，因取帝紀文在"月正元日"以前者，作《舜典補亡》一篇，而篇首二十八字仍用今《舜典》文。毛信二十八字爲真古文，故取爲冠。於是朱竹垞、焦里堂亦因其說，第朱則終疑"濬哲"以下十六字爲僞，而欲取魏博士高堂隆所稱"曰若稽古帝舜曰重華建皇授政改朔"十五字爲篇首。焦則稍變毛氏之說，謂《舜典》之於《堯典》，猶《康王之誥》之於《顧命》，兩篇互相敘發，而仍首尾畢具。《大學》引"克明峻德"稱爲"帝典"，"帝"兼堯、舜言之。蓋以一篇言，則曰"帝典"。以二篇言，則"遏密八音"以前爲《堯典》，"月正元日"以後爲《舜典》。

《舜典》故未嘗亡亦無庸補。以余考之，《舜典》固存者半，逸者亦半。全以爲存，全以爲逸，二者皆偏執之說也。夫自"慎徽五典"以下至"遏密八音"皆堯試舜與堯崩之事，諸先生以爲《堯典》原文，當矣。然"月正元日"舜格文祖即位以後，咨岳牧、命九官，皆堯崩後之事。且前此不稱"帝"，此後皆稱"帝曰"，明是帝典序文，豈得俱指爲《堯典》？其末"陟方乃死"一節，更係總結舜之始終，與堯無涉，而可謂之《堯典》乎？則伏生誤合《舜典》於《堯典》，孔安國《書序》之言，信而有徵。馬、鄭、王肅注並以爲《堯典》者，特沿伏生之誤耳。"月正元日"以後爲《舜典》之存者而其散逸之半猶時時見於他書。今即舉《論語》《孟子》言之。《論語》引"堯曰咨爾舜"云云，江氏《尚書集注音疏》、李氏《群經識小》並以爲《舜典》佚文。《孟子》引"書曰祗載見瞽瞍"三句，趙注云《尚書》逸篇。其爲《舜典》逸文無疑。趙岐注《孟子》云："孟子時《尚書》凡百二十篇，逸《書》有《舜典》之序，亡失其文。孟子諸所言舜事，皆《舜典》及逸《書》所載，然則所稱'完廩于田'諸事，皆《舜典》也。今以未稱'書曰'，不引。"如以《舜典》爲全然完具，則此所云"堯曰""書曰"者，果出何書乎？故余謂《舜典》存者半逸者亦半也。

雖然毛氏以"月正元日"以下爲《舜典》之半，而據《史記》所載舜事以補前半《舜典》之亡則又不可，何則？司馬遷嘗從安國問故，習古文家言，其《史記》所紀舜事雖亦間出於《尚書》，然遷自言其據古文及《五帝德》《帝系姓》《春秋》《國語》百家言，擇其尤雅者著爲本紀，而所稱亦未必盡《舜典》之逸。即舉"元愷流四凶"一段，確然本諸《春秋左氏傳》，若盡取以補《舜典》之闕，是使僞者轉得而亂真也。且篇首二十八字，明係姚方興等所造，即陸德明亦不之信，而必斷以爲真古文。據王延壽《魯靈光殿賦》、王粲《七釋》謂漢末先有引用者，王肅、范甯《尚書》注亦俱有其文詳《尚書古文冤詞》，不尤誣乎？朱竹垞遺書駁之見《曝書亭集》，而惠定宇謂適以證成方興之罪詳《尚書古文考》，其言當矣。若朱氏欲採高堂隆所引十五字列於篇首，則錢曉徵、段懋堂皆非之。錢説見《宋書考異》，段説見《古文撰異》。蓋此十五字出書緯，正爲方興作僞之藍本，今既以彼爲僞，而以此易之，是仍爲方興所欺而已。

總之，秦火而後，典籍淪亡，伏生所口授既難免記憶之譌，孔壁所久藏又豈無斷殘之患,學者第信其所可信,而於存者獨守之闕其所可疑,而於逸者姑俟之,可矣。奚用紛紛多事哉!

# 《尚書·舜典》存逸考

## (八月分齋課特等第五名)

劉傳鏞

《舜典》逸不可考久矣,姚方興二十八字之偽,前人已辨之甚詳,即"帝曰欽哉"與"慎徽五典"云云,文義相承,亦人所易見,不必考者。請即篇中言"帝"之字考之,《堯典》首記"曰若稽古帝堯"以下皆以"帝"稱堯而不斥言堯,作偽者妄分"慎徽"以下爲《舜典》,而不知《舜典》爲虞史宜稱"帝"不宜稱"舜",與《堯典》同例。今《堯典》言"帝"而《舜典》獨言"舜",豈史例乎?且《舜典》記舜事而云"二十有八載,帝乃殂落",則"殂落"者爲堯乎爲舜乎?前章稱舜,謂堯在,猶可也。而何以既殂落矣,猶稱"舜曰"而不稱"帝"乎?此明是《堯典》之文,而作偽者妄分不察,遂至駁雜分歧,乖違義例若此。《孟子·萬章》篇云:"《堯典》曰:'二十有八載,放勳乃殂落,百姓如喪考妣,三載四海,遏密八音。'"是孟子時所見之《尚書》,明爲《堯典》。今此文乃入《舜典》,顯與《孟子》不合。且偽傳以"放勳"爲"放上世之功化",妄改此處"放勳"二字爲"帝"而不察。《春秋繁露》《説文》《帝王世紀》《漢書·王莽傳》所引皆作"放勳",與《孟子》合也。史臣之紀堯也,以"放勳"始以"放勳"終,紀舜之即真也以"舜"始以"舜"終,文法嚴密,不可紊亂。

如是再以《史記》考之,凡今《舜典》所載察璣衡、定巡狩、封山濬川、制刑法、誅四凶等事,皆在《堯本紀》中。遷從安國問故,而作

《堯紀》，如此可知古文《堯典》不出"釐降二女"而止也。作僞者悍然不顧，而姚方興、劉炫又妄益之以二十八字之文。至孔氏作疏，尊而用之，無復異議，而古本遂不可復矣。或曰《堯典》稱舜是矣，而"舜命九官"之文又稱爲帝，何也？曰堯已殂落，稱帝無所嫌也。然命官之首猶必冠以"舜曰"二字，明此爲《堯典》紀堯之事，故特書"舜曰"以別之。若《舜典》則當始終稱"帝"，不宜以"舜"始而以"舜"終也。篇末復稱"舜生"云云，以總括舜之本末。堯之功德在舉舜一事，故統舜徵庸在位之年而總言之，至"陟方"之後，四海哀慕諸事不敘及一語，以其事在《舜典》，不應於《堯典》中詳之，史例然也。

今《舜典》佚不可考，趙岐注《孟子》，謂"孟子時《尚書》凡百二十篇，逸《書》有《舜典》之敘，亡失其文。孟子諸所言舜事，皆《舜典》及逸《書》所載"。《舜典》，今本《孟子注疏》誤爲《堯典》，段氏玉裁正之。閻氏百詩謂"父母使舜完廩"一段，文詞古崛，不類《孟子》本文。《史記·舜本紀》亦載其事，其爲《舜典》文無疑，與趙岐注合蕭山毛氏以"四海遏密八音"以上爲《堯典》，"月正元日"以下爲《舜典》。朱錫鬯據其説，又增《宋書》高堂隆所引《書》"曰若稽古帝舜曰重華建皇授政改朔"十五字，於"月正元日"之上。不知高堂隆所引乃《中候》之文，見《太平御覽》八十一《皇部》、《文選·永明策秀才文》注。方興所襲以作僞者，烏得引而用之。且據《史記》以"遏密八音"以上爲《堯典》，"月正元日"以下爲《舜典》，文氣仍是割裂，經文直敘舜事，無容中畫也。然則《舜典》逸不可考明矣。

# 《尚書·舜典》存逸考

## （八月分齋課特等第六名）

婁正寅

伏生今文併《舜典》於《堯典》，壁中古文載有《舜典》之目。安國獻之，劉向校之，馬融書序，康成述逸《書》，皆得引之，特以當日未立學官，藏在秘府，尟傳之者。永嘉亂後，壁中之本遂亡，至梅賾析《堯舜典》爲二。東晉之古文出，西漢之古文亡矣。然歷考諸書，《堯典》之外當別有《舜典》一篇，其逸文之存于他書者，茲爲考之得若干條，至文辭繁多，詳于本書，不具録。

云有引《書》而疑爲《舜典》者。《宋書·禮志》高堂隆引《書》云："粵若稽古帝舜曰重華建皇授政改朔。"江艮庭、魏默深并以爲《舜典》。詳《尚書集注音疏》《舜典補亡》，《太平御覽》引《尚書中候·考河命》，《文選》注引《尚書中候》與此同。《太平御覽·地部》引《尚書》逸篇云："堯子丹朱不肖，舜使居丹淵，爲諸侯。"江艮庭以爲《舜典》。詳《尚書集注音疏》，"諸侯"，《御覽》作"諸使"，依徐鉉説訂正。《孟子·萬章》篇引"《書》曰：'祇載見瞽瞍，夔夔齊栗，瞽瞍亦允若'"，趙邠卿云《尚書》逸篇，閻百詩、焦里堂、江艮庭、魏默深并以爲《舜典》。詳《尚書古文疏證》《孟子正義》《尚書集注音疏》《舜典補亡》。此其可據者也。

有不引《書》而亦可疑爲《舜典》者。《左傳》"文十八年，高陽氏有才子八人"一段，毛大可以爲《舜典》。詳《舜典補亡》。又"十八年，帝鴻氏有不才子"一段，毛大可以爲《舜典》。詳《舜典補亡》。案：《孟子·萬章》篇"舜流共工於幽州"云云，與今《舜典》同，江艮庭《尚書逸文》以爲《堯典》文，不盡然也。《論語·堯曰》篇云："咨爾舜，天之□數在爾躬。允執其中，四海困窮，天禄永終。"王西莊、江艮庭、李孝臣、劉楚禎、魏默深并以爲《舜典》。詳《尚書後案》《尚書集注音疏》《群經識小》《論語正義》《舜典補亡》，僞古文取以入《大禹謨》，所謂欲蓋彌彰者也。《孟子·萬章》篇云："舜往于田，號泣于□天，于父母。"閻百詩以爲《舜典》。詳《尚書古文疏證》。又"父母使舜完廩"一段，閻百詩以爲《舜典》。詳《尚書古文疏證》《史記·舜本紀》略同，毛大可、魏默深并取以作《舜典補亡》。又云"不及貢，以政接于有庫"，趙邠卿以"常常"以下皆《尚書》逸篇，今依江艮庭説，閻百詩、焦里堂、魏默深并以爲《舜典》。詳《尚書古文疏證》《孟子正義》《舜典補亡》。又"堯崩，三年之喪畢"至"踐天子位焉"，又"舜尚見帝"至"迭爲賓主"，《尚書大傳》"維元祀"至"葬于蒼梧之野"，魏默深并以爲《舜典》，并詳《舜典補亡》。此其不盡可據者也。

# 卷二　經解

## 《白虎通》詩説考

### （九月分齋課超等第一名）

錢桂笙

　　班固《白虎通義》引《詩》者凡六十，引《詩傳》《詩訓》者四，而所稱《韓詩内傳》不與焉。臧氏琳《經義雜記》輯其與毛異者若干條，以爲皆《魯詩》，此不盡然也。固爲班伯從孫，而《漢書·敘傳》言"伯少受《詩》於師丹"。師丹爲轅固生四傳弟子，《釋文·敘録》云：齊人轅固生作《詩傳》，號《齊詩》，傳夏侯始昌，始昌授后蒼，蒼授翼奉及匡衡，衡授師丹及伏理、滿昌。與伏理、滿昌同受《齊詩》，故《儒林傳》言《齊詩》有翼、匡、師、伏之學。班氏世傳齊學，故固於《地理志》引"子之營兮"及"自杜沮漆"，皆《齊詩》。又《後漢書·班固傳》云："天子會諸儒講論五經，作《白虎通德論》，令固撰集其事。"若然，則是書雖固所撰集，要亦雜采諸説，非班氏一家之言。考當時會講諸儒，以賈景伯爲最。景伯好《毛詩》，《通義》所録凡出景伯者，必皆依毛。而其所自撰，則半出《齊詩》無疑。若間取魯、韓，則《班固傳》所謂其"學無常師"者也。臧氏徒以《藝文志》有"與不得已，魯最爲近"之説，遂疑班氏爲魯學，此編所引必《魯詩》。不知《藝文志》本劉向《七略》，劉固傳《魯詩》者，斯論或劉語而班氏引之，奚必其自爲魯學耶？今復輯之而各附案語，以證諸家之異同，俾説《詩》者得考焉，其《内傳》爲韓氏詩説，固已明言之，兹不復及云。

　　《爵》篇："世子上受爵命，衣士服何？謙不敢自專也。故《詩》

曰'鞹鞃有靵',謂世子始行也。"自此以下,并依句容陳氏《疏證》本。

案:此《小雅·瞻彼洛矣》文。《毛詩敘》云:"思古明王,能爵命諸侯。"箋云:"此諸侯世子也。除三年之喪,服士服而來,未遇爵命之時,時有征伐之事。天子以其賢,任爲將軍,使代卿士將六軍而出。"是毛詩家亦以此爲"諸侯世子受上爵命"之詩。"靵",《毛詩》作"奭"。此作"靵",與毛異,或《齊詩》也。臧氏及馮登府《三家詩異文疏證》并以爲《魯詩》無據。

《號》篇:"何以知其通稱也,以天子至於民。故《詩》云:'愷悌君子,民之父母。'"

案:此《大雅·泂酌》文。《毛詩》作"豈弟",古文《孝經》引《詩》作"愷悌",孔安國傳同劉向《說苑·理政》篇引作"凱悌",《列女傳》"愷悌君子,永能厲兮"仍作"愷悌"。向習《魯詩》,安國爲申公弟子,并與此同,則此亦用《魯詩》也。《禮記·孔子閒居》引作"凱弟",《韓詩外傳》卷二引《詩》"愷悌君子,求福不回",則韓與魯同也。

"何以知即政立號也?《詩》云:'命此文王,于周于京。'此改號爲周,易邑爲京也。"

案:此《大雅·大明》文,毛於此句無訓。上"曰嬪于京"句,傳云:"京,大也。"鄭於此句箋云:"天將命文王君天下於周京之地。"於上"曰嬪於京"箋云:"京,周國之地,小別名也。"并無改號易邑之義。臧以此爲魯說無據,疑亦《齊詩》也。

《謚》篇:"死乃謚之何?《詩》云:'靡不有初,鮮克有終。'言人行終始不能若一,故據其終始從可知也。"

案:此《大雅·蕩》篇文。毛傳云:"民始皆庶幾於善道,後更化於惡俗。"與此論謚異義,此乃斷章,於三家說無徵,或仍依《毛詩》也。《韓詩外傳》兩引此詩,皆殊義。

《禮樂》篇:"合曰大武者,天下始樂周之征伐行武,故詩人歌之曰:'王赫斯怒,爰整其旅。'當此之時,樂文王之怒以定天下,故樂其武也。”

案：此《大雅·皇矣》文。《春秋繁露·莊王》篇云：“文王作《武》。《詩》云：‘文王受命，有此武功，既伐于崇，作邑于豐。’樂之風也。又曰‘王赫斯怒，爰整其旅’，當是時，紂爲無道，諸侯大亂，民樂文王之怒而詠歌之，周人德已洽太平，反本以爲樂，謂之《大武》，言民所始樂者武也。”班義略與此同，而於三家無徵，或亦本齊説。

“《春秋公羊傳》曰：‘天子八佾，諸公六佾，諸侯四佾。’《詩傳》曰：‘大夫士琴瑟御。’”

案：此引《詩傳》，臧氏以爲《魯詩》是也。《公羊》隱五年《傳》何休注引《魯詩傳》曰：“天子食日舉樂，諸侯不釋縣，大夫、士日琴瑟御。”王伯厚《詩考》無“御”字。陳氏《疏證》云：“疑此《山有蓲》章傳也。”

“王者食，所以有樂何？樂食天下之太平、富積之饒也。明天子至尊，非功不食，非德不飽，故傳曰：‘天子食時舉樂。’”陳氏《疏證》云“傳”上疑脱一“詩”字。

案：此亦引《魯詩傳》，説見上。《公羊傳》注“時”作“日”。

《封公侯》篇：“王者所以有二伯者，分職而授政，欲其亟成也。《王制》曰：‘八伯各以其屬，屬於天子之老二人，分天下以爲左右，曰二伯。’《詩》云：‘蔽芾甘棠，勿翦勿伐，召伯所茇。’”陳云小字本、元本俱作“邵伯”，下同。

案：此《召南·甘棠》文。《釋文》“翦”，《韓詩》作“剗”，蔡邕《劉鎮南碑》云：“蔽芾甘棠，召公聽訟。周人勿剗，我賴其楨。”邕習《魯詩》，則魯與韓同。《漢書·韋元成傳》引作“勿鬍勿伐，邵伯所茇”，則《魯詩》又作“鬍”，《元成傳》：“《魯詩》有《韋氏章句》。”此作“翦”，據元本、小字本，“召”作“邵”，與毛、韓、魯并異，則《齊詩》矣。

“周公不之魯何？爲周公繼武王之業也。《春秋傳》曰：‘周公曷爲不之魯？欲一天下於周也。’《詩》云：‘王曰叔父，建爾元子，俾侯于魯。'"

案：此《魯頌·閟宮》文。於三家無徵，疑仍作《毛詩》斷章，以明周公之不之魯也。

"周家始封於何？后稷封於邰，公劉去邰之邠。《詩》曰：'即有邰家室。'又曰：'篤公劉，于邠斯觀。'周家五遷，其意一也，皆欲成其道也。"陳云小字本"邰"作"台"。

案：此《大雅·生民》及《篤公劉》文。王伯厚《詩考》引《白虎通》作"即有台家室"，則宋本亦爲"台"字。《吳越春秋》"后稷其母，台氏之女"，字亦作"台"。疑此用《齊詩》，故與《毛詩》作"邰"者異。《列女傳》"棄母姜嫄者，邰侯之女也"，又云"遂封棄於邰，號曰后稷"。彼《魯詩》說亦作"邰"，魯與毛同也。"于邠斯觀"，今《詩》作"于豳斯館"，此與毛異，亦《齊詩》。

《三軍》篇："何以言有三軍也？《論語》曰：'子行三軍則誰與？'《詩》云：'周王于邁，六師及之。'"

案：此《大雅·棫樸》文。毛傳云"天子六軍"，此下引《穀梁傳》"天子有六軍，諸侯上國三軍"云云。是亦以六師爲六軍，與毛義合，乃《毛詩》也。

"《詩》曰：'命此文王，于周于京。'此言文王誅伐，故改號爲周，易邑爲京也，明天著忠臣孝子之義也。"

案：此《大雅·大明》文，說同前。

"古者師出不踰時者，爲怨思也。天道一時生，一時養。人者，天之貴物也。踰時則內有怨女，外有曠夫。《詩》云：'昔我往矣，楊柳依依；今我來思，雨雪霏霏。'"

案：此《小雅·采薇》文。《毛詩序》以爲文王時詩，《漢書·匈奴傳》引此篇"靡室靡家"云云，以爲懿王時詩，此引爲"師出踰時"之證，當亦以爲懿王時作，說與毛異。《鹽鐵論·備胡》篇言："古者無過時之師，無踰時之役。"下引詩"昔我往矣"云云，義與此同，或齊説也。

《誅伐》篇："《詩》云：'毋封靡于爾邦，惟王其崇之。'此言追誅大罪也。或盜天子土地自立爲諸侯，絶之而已。"

案：此《周頌·烈文》篇文。毛傳："封，大也。靡，累也。崇，立也。"鄭箋云："崇，厚也。無大累於女國，謂諸侯治國無罪惡也。王其厚之，增其爵土也。"與此正反。又《毛詩》"毋"作"無"，"惟"作"維"，亦微異。臧氏以爲《魯詩》，考後《瑞贄》篇引《周頌·烈文》本《齊詩》，説見後。則此亦齊説也。

《諫諍》篇："《王度記》曰：'反之以玦其待放者，亦與之物。'明有分土無分民也。《詩》曰：'逝將去女，適彼樂土。'"

案：此《衛風·碩鼠》文。《毛詩序》云："刺重斂也。"此亦斷章，取以言諫臣之去君也。《韓詩外傳》説"楚狂去楚""伊尹去夏"，皆引此詩作"逝將去汝"。兹與毛傳同作"女"，當本《毛詩》。《韓詩》"適彼樂土，適彼樂國"皆疊句，與《毛詩》異文。

"妻得諫夫者，夫婦一體，榮恥共之。《詩》云：'相鼠有體，人而無禮。人而無禮，胡不遄死。'此妻諫夫之詩也。"

案：此《鄘風·相鼠》文。《毛詩序》謂"衛文公能正其群臣，而刺在位，承先君之化，無禮儀也"，説與此異。臧氏以爲此《魯詩》。考《列女傳》卷第七、《説苑·雜言》篇、《新序·刺奢》篇皆引是詩，《史記·商君傳》引《詩》作"何不遄死"。劉向、司馬遷并傳《魯詩》者，司馬遷嘗從安國問故，安國爲申公弟子。不言爲妻諫夫之詩，《韓詩外傳》亦引此詩，無諫夫事，則此齊説也。

《鄉射》篇："何以知爲戒難也，《詩》曰：'四矢反兮，以禦亂兮。'"

案：此《齊風·猗嗟》文。鄭箋云："必四矢者，象其能禦，四方之亂也。"義與此同，此《毛詩》説。

《辟雍》篇云："何以知其有水也，《詩》曰：'思樂泮水，薄采其荇。《詩訓》曰：‘水圓如璧。’”

按：此《魯頌·泮水》文。《毛詩》作“薄采其芹”，下引《詩訓》，即《後漢書》續志注所引《魯訓》《魯詩》説也。“水圓如璧”，蔡邕《明堂論》亦有此語，彼亦用《魯訓》文耳。

“不言泮雍何？嫌但半天子制度也。《詩》云：‘穆穆魯侯，克明其德。既作泮宮，淮夷攸服。’”

案：此亦《魯頌·泮水》文。前引《魯訓》，則此亦《魯詩》説也。

“天子所以有靈臺者何？所以考天人之心，察陰陽之會，揆星辰之證驗，爲萬物獲福無方之元。《詩》云：‘經始靈臺。’”

按：此《大雅·靈臺》文。毛傳云：“神之精明者稱靈，四方而高曰臺。”與此説異。孔疏謂《毛詩》説：“靈臺不足以監視。靈者，精也。神之精明稱靈，故稱臺曰靈臺，囿曰靈囿，沼曰靈沼。”是毛與眾家異義也。《續漢志》注引《禮含文嘉》曰：“天子靈臺，所以觀天人之際，陰陽之會也。揆星度之驗徵，六氣之瑞應，神明之變化，覘因氣之所驗，爲萬物獲福於無方之原。”説與此同。又蔡邕《明堂論》謂“明堂、辟雍、太學，名異而實一”。此篇以太學、靈臺、明堂統諸《辟雍》一篇，與蔡氏合，或《魯詩》亦有此説，而班據之也。

《封禪》篇：“《詩》云：‘於皇明周，陟其高山。’言周太平，封泰山也。又曰：‘墮山喬嶽，允猶翕河。’言望祭山川，百神來歸也。”

按：此《周頌·般》文。《毛詩》“明”作“時”，“墮”作“墮”，《序》云：“巡守而祀四岳河海也。”蔡邕《獨斷》謂“《般》一章七句，巡守祀四嶽河海之所歌也。”蔡本《魯詩》，則魯與毛同。《史記·封禪書》引《詩》云：“紂在位，文王受命，不及泰山。武王克殷二年，天下未甯而崩。爰周德之洽維成王，成王之封禪則近之矣。”司馬從孔安國問故，所稱《詩》云亦必《魯詩》説。蓋封禪亦因巡守，其告祭山川禮本無異，故又以此爲封禪之詩，班説蓋本於魯也。

《巡守》篇：“《詩》曰：‘周公東征，四國是皇。’言東征述職，周公黜陟而天下皆正也。又曰：‘蔽芾甘棠，勿翦勿伐，召伯所茇。’言召公述職，親説舍於野樹之下也。”

案：此《豳風·破斧》及《召南·甘棠》文。毛、鄭以《破斧》爲東征管蔡時作，與此異義。《儀禮疏》引《齊詩》：“四國是匡，匡正也。”此以天下皆正釋“四國是皇”，正用齊義。《公羊》僖四年《傳》：“古者周公東征則西國怨，西征則東國怨。”何休注：“此道黜陟之詩也。《詩》曰‘周公東征，四國是皇’是也。”是此詩舊以爲黜陟之詩。或齊説亦然，故班用之。《説苑·貴德》篇云：“召公述職，當蠶桑之時，不欲變民事，故不入邑，舍於甘棠之下而聽斷焉。陝邑之人，皆得其所，故後世思而歌詠之。”《漢書·王吉傳》云：“昔召公述職，當民事時，舍於甘棠下而聽斷焉，是時人皆得其所，後世思其仁，恩至虖不伐甘棠。《甘棠》之詩是也。”劉向習《魯詩》，王吉習《韓詩》，吉受《韓詩》於蔡誼，見《儒林傳》。其説并同。然韓、魯《詩》皆作“勿劋”，此引作“勿翦”。據元本、小字本，“召”皆作“邵”，則恐本《齊詩》。蓋以《甘棠》爲述職之詩，今文家説皆然，齊與韓、魯同也。

《考黜》篇：“諸侯始封爵土相隨者何？君子重德薄刑，賞疑從重。《詩》云：‘王曰叔父，建爾元子，俾侯于魯。’”

案：此《魯頌·閟宮》文。於三家説無徵，疑仍用《毛詩》斷章，以明爵土之相隨也。

《王者不臣》篇：“不臣二王之後者，尊先王，通天下之三統也。《詩》云：‘有客有客，亦白其馬。’此微子朝周也。”

案：此《周頌·有客》文。臧氏以爲《魯詩》，考《毛詩序》云：“有客微子，來見祖廟也。”《獨斷》：“《有客》一章十二句，微子來見祖廟之所歌也。”魯與毛同，此微異，知非用魯説。陳氏《疏證》引《獨斷》云：“《有客》，斥微子也。”亦與班異。鄭箋云：“成王既黜殷命，殺武庚，命微子代殷，後既受命來朝而見也。”此申毛義，蓋來朝則必率以見祖廟，自是一事，然無“尊先王”“通三統”之説，則此或本《齊詩》也。

"《禮·服傳》曰:'子得爲父臣者,不遺善之義也。'《詩》云:'文武受命,召公維翰。'召公,文王子也。"

案:此《大雅·江漢》文。《毛詩正義》引皇甫謐説,以召公爲文王庶子,王充《論衡·氣壽》篇以爲周公之兄,而《史記·燕世家》則以召公與周爲同姓。司馬遷習《魯詩》,則此必非魯説,蓋齊、韓義也。

"諸父諸兄不名。諸父諸兄者,親與己父兄有敵體之義也。《詩》云:'王曰叔父。'"

案:此亦《魯頌·閟宮》文,説同前。

《聖人》篇:"何以言文武周公皆聖人?《詩》曰:'文王受命。'非聖人不能受命。"

案:此《大雅·文王有聲》文。受命之説,諸家同之,此未知何依。《後漢書·伏湛傳》有"文王受命,征伐五國"云云,乃説"帝謂文王,詢爾仇方"一節事,與此詩"文王受命,有此武功"義合。湛習《齊詩》,伏湛即伏理之子。班或亦本齊義也。

《瑞贄》篇:"《詩》云:'玄王桓撥,受小國是達,受大國是達。'言湯王天下,大小國皆來見,湯能通達以禮義也。"

案:此《商頌·長發》文。《毛詩》云:"玄王,契也。"鄭箋云:"玄王廣大其政治,始堯封之商爲小國,舜之末年乃益其土地爲大國,皆能達其政令。"與此異義,此蓋亦齊説也。《釋文》:"'撥',《韓詩》作'發',鄭君箋云:'發行也。'"則亦用《韓詩》而仍以"玄王爲契",知韓義必與毛同也。陳氏《疏證》以爲《魯詩》説,亦無據。

"《周頌》曰:'烈文辟公,錫茲祉福。'言武王伐紂定天下,諸侯來會,聚于京師受法度也。"

案:此《周頌·烈文》篇文。毛詩序云:"烈文成王即政,諸侯助祭也。"蔡邕《獨斷》亦以爲"成王即政,諸侯助祭之所歌"。則魯與毛同,臧氏亦以此爲魯義,非是,蓋齊説也。

《三正》篇："《詩》曰：'命此文王，于周于京。'此言文王改號爲周，易邑爲京也。又曰：'清酒既載，騂牡既備。'言文王之牲用騂，周尚赤也。"

案："命此"二句，說見前"清酒"二句，《大雅·旱麓》文。毛傳云："言年豐畜碩也。"孔氏《正義》云："或者此是作者於後據所尚言之。"此於三家說亦無徵。或仍用《毛詩》斷章，以明周之尚赤也。

"《詩》曰：'厥作祼將，常服黼冔。'言微子服殷之冠，助祭於周也。"

案：此《大雅·文王》文。臧氏以爲《魯詩》，然毛傳於上"殷士膚敏"訓云"殷侯也"，於"常服黼冔"訓云"冔，殷冠也"，則《毛詩》家亦以爲"微子服殷冠，助祭於周"矣。趙岐《孟子》注云："殷之美士，執祼鬯之禮，將事于京師，若微子者也。"趙治《韓詩》見趙氏坦《寶甓齋札記》，則《韓詩》家亦同此說。《漢書·劉向傳》"諫起昌陵"疏云："孔子論《詩》，至'殷士膚敏，祼將于京'，喟然歎曰：'大哉天命！善不可不傳子孫，是以富貴無常。不如是，則王公其何以戒？民萌何以勉勸？蓋傷微子之事周，而痛殷之亡也。'"此《魯詩》說，蓋諸家義并相近，齊說當亦然，不必定本諸魯也。

"《周頌》曰：'有客有客，亦白其馬。'此微子朝周也。"

案：此《周頌·有客》文，說見前。

《三教》篇："《詩》云：'爾之教矣，欲民斯效。'"

案：此《小雅·角弓》文。《毛詩》作"爾之教矣，民胥傚矣"，與此異。此亦《齊詩》也。

《三綱六紀》篇："是以紀綱爲化，若羅綱之有紀綱而萬目張也。《詩》云：'亹亹文王，綱紀四方。'"

案：此《大雅·棫樸》文。《毛詩》作"勉勉我王"，《韓詩外傳》引作"亹亹我王"，與此均異，或亦《齊詩》。

"至姊妹亦當外適人，所以別諸姊妹何？以爲事諸姑禮等，可以外出又同，故稱略也；至姊妹雖欲有略之，姊尊妹卑，其禮異也。《詩》云：'問我諸姑，遂及伯姊。'"

案：此《邶風·泉水》文。於三家説無徵，或仍用《毛詩》斷章，以明姑、姊、妹尊卑之異也。此段文有脱誤，姑即原文爲説。

《姓名》篇："姓者，人稟天氣所以生者也。《詩》曰：'天生蒸民。'"

案：此《大雅·蒸民》文。《毛詩》作"烝"，蔡邕、胡廣《黄瓊頌》引作"天生蒸人"，則毛、魯詩與此并殊，此《齊詩》也。

"文王十子，《詩傳》曰：'伯邑考、武王發、周公旦、管叔鮮、蔡叔度、曹叔振鐸、成叔處、霍叔武、康叔封、南季載。'"

案：此《大雅·思齊》"則百斯男"傳文。臧氏以爲《魯詩》，考《列女傳》卷一言"太姒生十男，長伯邑考，次武王發，次周公旦，次管叔鮮，次蔡叔度，次曹叔振鐸，次霍叔武，次成叔處，次康叔封，次聃季載，敘霍叔爲成叔兄，南季爲聃季"。《史記·管蔡世家》載十子，又以管叔爲周公兄，成叔處作郕叔武，霍叔武作霍叔處，南季亦作聃季。劉向、司馬遷説皆本《魯詩》，均與此異，則此必《齊詩》傳也。

《衣裳》篇："何以知上爲衣，下爲裳？以其先言衣也。《詩》曰'褰裳涉溱'，所以合爲下也。"

案：此《鄭風·褰裳》文。亦斷章，以明裳之在下也，於三家無徵，或仍《毛詩》。

"何以知婦人亦佩玉？《詩》云：'將翱將翔，佩玉將將。彼美孟姜，德音不忘。'"

案：此《鄭風·同車》文。《通典》引劉向説曰："古者王后至于命婦，必佩玉，尊卑各有其制。"是"婦人佩玉"，《魯詩》家有此説，或用《魯詩》也。

《嫁娶》篇："男不自專娶，女不自專嫁，必由父母、須媒妁何？

遠恥防淫泆也。《詩》云：‘娶妻如之何，必告父母。’又曰：‘娶妻如之何，匪媒不得。’”

案：此《齊風·南山》文。毛傳云：“必告父母廟。”鄭箋云：“議於生者，卜於死者。”又云：“此言娶妻必待媒，乃得也。”與此義同，此《毛詩》也。

“必親迎，御輪三周，下車曲顧者，防淫泆也。《詩》云：‘文定厥祥，親迎於渭。造舟爲梁，不顯其光。’”

案：此《大雅·大明》文。毛傳、鄭箋於上“文王初載，文王嘉止”訓爲“初有所識，及聞太姒之賢而嘉美之”，是以娶太姒爲王季在日事。此後文又引是詩，謂“人君及宗子無父母者自定娶”，是謂王季已歿，而文王自定。與毛異義。臧氏、陳氏、魏氏《詩古微》皆以爲《魯詩》。考《列女傳》言“太姒仁而明道，文王嘉之，親迎于渭，造舟爲梁”，又引《詩》曰“大邦有子”云云，亦未明娶於何時。則以爲《魯詩》亦無據，或《齊詩》也。

“嫁娶必以春何？春者，天地交通、萬物始生、陰陽交接之時也。《詩》曰：‘士如歸妻，迨冰未泮。’”

案：此《邶風·匏有苦葉》文。毛傳：“迨，及。泮，散也。”鄭箋云：“歸妻，使之來歸於己。謂請期也。冰未散，正月中以前也。二月可以昏矣。”鄭與毛異義，毛以九月至正月爲婚期見《摽有梅》正義，鄭以仲春二月爲婚期，與班氏合。凡鄭箋異毛者，皆本三家，而《周禮·媒氏》疏引《韓詩》説“古者霜降逆女，冰泮殺止”與毛義同，則此亦《齊説》也。

“姪娣年雖少，猶從適人者，明人君無再娶之義也。還待年於父母之國者，未任答君子也。《詩》云：‘姪娣從之，祁祁如雲。韓侯顧之，爛其盈門。’”

案：此《大雅·韓□》文。《毛詩》“姪娣”作“諸娣”，此或《齊詩》。

"人君及宗子無父母自定娶者，卑不主尊，賤不主貴，故自定之也。《昏禮經》曰：'親皆歿，己躬命之。'《詩》云：'文定厥祥，親迎于渭。'"

案：此《大雅·大明》文，說見前。

"王者之娶，必先選於大國之女，禮儀備，所見多。《詩》云：'大邦有子，俔天之妹。文定厥祥，親迎于渭。'明王者必娶大國也。"

案：此《大雅·大明》文，說見前。"俔"，《韓詩》作"磬"。

"婦人所以有師何？學事人之道也。《詩》云：'言告師氏，言告言歸。'"

案：此《周南·葛覃》文。毛傳云："師，女師也。古者女師教以婦德、婦言、婦容、婦功。"箋云："我見教告於女師也，教告我以適人之道。"義與此同，此用《毛詩》也。

"出婦之義，必送之，接以賓客之禮。君子之絕，愈於小人之交。《詩》云：'薄送我畿。'"

案：此《邶風·谷風》文。《毛詩序》云："《谷風》，刺夫婦失道也，衛人化其上，淫於新昏而棄其舊室，夫婦離絕，國俗傷敗焉。"是以爲出婦之詩，此用毛義。

"婚者，昏時行禮，故曰婚。姻者，婦人因夫而成，故曰姻。《詩》云：'不惟舊因。'謂夫也。又曰：'燕爾新婚。'謂婦也。"

案：此《小雅·我行其野》及《邶風·谷風》文。《毛詩》"不惟"句作"不思"，"舊姻"下作"宴爾新昏"，《韓詩外傳》作"讌爾新昏"。此并異，或《齊詩》也。

《韍冕》篇："天子朱韍，諸侯赤韍。《詩》曰：'朱韍斯皇，室家君王。'又云'赤韍金烏，會同有繹'，又云'赤韍在股'，皆謂諸侯也。"

案：此《小雅·斯干》《車攻》《采菽》文。《毛詩》並作"芾"，此或《齊詩》也。《釋文》於《采芑》篇"朱芾斯皇"出"朱弗"字，云下篇"赤芾"同，則《毛詩》又作"弗"。

《崩薨》篇："合葬者何？所以同夫婦之道也。故《詩》曰：'穀則異室，死則同穴。'"

案：此《王風·大車》文。陳氏《疏證》據《列女傳》以爲此《魯詩》，然《列女傳》言"息夫人云：'人生要一死而已，何至自苦，妾無須臾而忘君也。生離於地上，豈如死歸於地下哉？'乃作《詩》曰'穀則異室'"云云，是息夫人欲以死明節，非言合葬禮也。《毛詩序》云："《大車》刺周大夫也。禮義陵遲，男女淫奔，故陳古以刺今。"傳云："生在於室，則内外異。死則神合，同爲一也。"孔疏申之云："《檀弓》曰：'合葬非古也，自周公以來未之有改。'然則周法始合葬，經稱'死則同穴'，則所陳古者，陳周公以來賢大夫。"是毛義以"死則同穴，爲古夫婦合葬之禮"所云"神合同爲一"，即同夫婦之道也。此正用《毛詩》，陳説非是。

《宗廟》篇："座尸而食之，毁損其饌，欣然若親之飽，尸醉若神之醉矣。《詩》云：'神其醉止，皇尸載起。'"

案：此《小雅·楚茨》文。《大雅·既醉》"公尸嘉告"，毛傳云："公尸，天子以卿諸侯也。謂不以三公爲尸。"此下引"曾子曰'王者祭宗廟，以卿爲尸'"，又云："不以公爲尸何？避嫌也。"説與毛合，則此乃用《毛詩》。

《車旂》篇："鸞者在衡，和者在軾，馬動則鸞鳴，鸞鳴則和應。其聲鳴曰和敬，舒則不鳴，疾則失音，明得其和也。故《詩》曰：'和鸞雍雍，萬福攸同。'魯訓曰：'和，設軾者也。鸞，設衡者也。'""鳴曰和"，《後漢書·續輿服志》注作"名曰和"，此疑誤。

案：此《小雅·蓼蕭》文。毛傳云："在軾曰和，在鑣曰鸞。"與此異訓。"雍雍"作"雖雖"，文亦殊此，下稱魯訓，則本《魯詩》也。《禮記經解》注引《韓内傳》云："鸞在衡，和在軾。"知韓與魯同。《説苑·説叢》篇曰："鸞設於鑣，和設於軾，馬動則鸞鳴，鸞鳴則和應，行之節也。"訓與此異，劉向傳《魯詩》，彼文或用毛説也。

《田獵》云：“苑囿所以在東方何？苑囿，所以養萬物者也。東方，物所以生也。《詩》云：‘東有圃草。’”

案：此《小雅·車攻》文。《毛詩》作“甫草”。傳云：“甫，大也。田者大芟草以爲防。”《文選·東都賦》注引《韓詩》云：“‘東有圃草’，‘圃’，博也，有博大之茂草。”《後漢書·班固傳》注引《韓詩》作“甫草”，則韓與毛同。王逸《楚辭章句》引《詩》“東有圃草”云：“圃，野樹也。”《九嘆》注。王逸習《魯詩》見臧氏《拜經日記》與毛、韓説異。班以圃草證苑囿之在東，是以爲苑囿名，與鄭説合。鄭箋云：“甫田之草，鄭有甫田。”與毛、韓、魯三家并殊，必齊義也。陳氏以爲據《韓詩》，失之。

## 補遺

《爵》篇：“爵人于朝，示不私人以爵，與衆共之義也。封諸侯于廣者，示不自專也。明法度皆祖之制也，舉事必告焉。《王制》曰：‘爵人于朝，與衆共之。’《詩》曰：‘王命卿士，南仲太祖。’”

案：此《大雅·常武》文。毛傳云：“王命南仲於太祖，謂於太祖廟命仲爲卿也。”箋云：“南仲，文王武臣，用其以南仲爲太祖者，今太師皇甫是也。”鄭箋異。毛多取三家，班義與毛合，是用毛説也。

《號》篇：“何以知諸侯得偁公？《詩》云：‘覃公維私。’覃子也。”

案：此《衛風·碩人》文。《毛詩》作“譚”，《爾雅》郭注亦引作“覃”，《爾雅》樊舍人注多《魯詩》見《拜經日記》，此或亦《魯詩》也。

《禮樂》篇：“所以作四夷之樂何？德廣及之也。《易》曰：‘先王以作樂崇德，殷薦之上帝，以配祖考。’《詩》云：‘奏鼓簡簡，衎我烈祖。’”

案：此《商頌·那》篇文。毛傳：“烈祖，湯，有功烈之祖也。”孔疏申之云："湯之功亦甚多，而能制作護樂，以祭其先。湯之上祖有功烈者，謂契、冥、相土之屬也。"班義亦以爲王者制作之事正與毛合。《史記·微子世家》注引《韓詩章句》云："《商頌》美襄公。"當以爲襄公祀成湯之詩，義與班異。班蓋用毛説也。

《考黜》篇："《詩》云：'君子來朝，何錫與之。雖無與之，路車乘馬。又何與之，玄袞及黼。'"

案：此《小雅·采菽》文。《毛詩》"與"作"予"，通"用"字。《毛序》云："《采菽》，刺幽王也。諸侯來朝，不能錫命以禮。"是亦以車馬袞服爲錫命之禮，故班據爲説。

《宗族》篇："或言九者，據有交接之恩也。若'邢侯之姨，覃公惟私'也。"

案：此《衛風·碩人》文，説見前。


**附錄**凡未稱《詩》及《詩》傳、訓而實爲《詩》家逸説者，悉録於此，其他禮樂典章、名物度數可據以説《詩》及爲義疏諸書所引用者，茲不備録。蓋是編所載，本諸儒講論五經之義，苟會其通，則全部皆可説《詩》，亦不勝其采輯矣。


《禮樂》篇："周公曰《酌》者，言周公輔成王，能斟酌文武之道而成之也。"

案：此即《周頌·酌》篇。《獨斷》云："《勺》一章九句，告成《大武》，言能酌文武之道，以養天下也。"蔡習《魯詩》，與《毛序》同，此以《酌》爲周公樂名，義微異，或齊説也。

《性情》篇："喜在西方，怒在東方，好在北方，惡在南方。哀在下，樂在上，何以？西方萬物之成，故喜；東方萬物之生，故怒；北方陽氣始施，故好；南方陰氣始起，故惡。上多樂，下多哀也。"

案：此《齊詩》六情之説。《漢書·翼奉傳》云："知下之術，在於六情十二律而已。北方之情好也,好行貪狼,申子主之;東方之情怒也,怒行陰賊,亥卯主之。貪狼必得陰賊而後動,陰賊必得貪狼而後動,二陰并行,是以王者忌子卯也。《禮經》避之,《春秋》諱焉。南方之情惡也,惡行廉貞,寅午主之;南方之情喜也,喜行寬大,己酉主之。二陽并行,是以王者吉午酉也。《詩》曰:'吉日庚午。'上方之情樂也,樂行奸邪,辰未主之;下方之情哀也,哀行公正,戌丑主之。辰未屬陰,戌丑屬陽,萬物各以其類應。"翼奉習《齊詩》,明六情五際之術,故知此齊説也。

《五經》篇:"孔子未定前何如? 周衰道失,綱散紀亂,五教廢壞,故五帝之經咸失其所。並作書三千篇,作詩三百,而歌謠怨誹也。"此段文有脱譌,故不全録,又"五帝"疑作"五常"。

案:此以孔子未定之詩衹三百篇,皆周衰時作,亦必三家逸説也。

《嫁娶》篇:"婦事夫有四禮焉:雞初鳴,咸盥漱,櫛縰笄總而朝,君臣之道也。惻隱之恩,父子之道也。會計有無,兄弟之道焉。閨閣之内,衽席之上,朋友之道焉。"

案:此《齊風·雞鳴》篇説,《毛詩》孔疏引《列女傳》文,與此略同,此魯説也。

## 補遺

《姓名》篇:"殷姓子氏,祖以玄鳥子生也。周姓姬氏,祖以履大人迹生也。"

案:此即《商頌·玄鳥》《大雅·生民》二詩説。《毛詩》孔疏引《五經異義》云:"齊、魯、韓并言聖人皆無父,感天而生。"則此亦三家義也。

右所録自《毛詩》外,魯、韓二家逸文墜義皆有可證,惟齊則多易諸先生之説而以意爲之斷。蓋三家之亡久矣，諸先生以班爲魯，學者亦徒以其異毛，原非確有所據。而班氏世傳齊業，傳有明徵，則與以爲魯也，不如斷以爲齊之爲安也。必一一考其所自出，則俟好古博聞之士綱羅散失，更取而訂正焉。

# 《白虎通》詩説考

## （八月分齋課超等第二名）

陳培庚

班孟堅《詩》説，董卣、臧庸、馮登府、陳奐謂爲《魯詩》，馬國翰據《漢書·敘傳》及地志引"自杜沮漆"案杜陽注："杜水南入渭。莽曰：'通杜。'"師古注引《詩》"自土沮漆"云《齊詩》作"自杜"，馬即據爲班語，少誤。"子之營兮"定爲《齊詩》。案《儒林傳·轅固傳》：《齊詩》弟子，夏侯始昌最明。后蒼事夏侯始昌，授翼奉、蕭望之、匡衡。衡授師丹、伏理斿君、滿昌君都。由是《齊詩》有翼、匡、師、伏之學。固《敘傳》述其家學云："伯少受《詩》於師丹，固父彪爲伯弟穉之子，固其從孫也。"世傳《齊詩》，則謂固爲《齊詩》者，是也。馬氏輯《齊詩傳》，凡《漢書》表志贊敘及彪、固雜著所引《詩》，皆據輯入。《自敘》云："今《白虎通》引《詩》有魯訓。《辟雍》篇引《詩訓》曰"水圓如璧，諸侯曰泮宮者，半於天子宮也"云云，即《後漢書補志》注所引魯訓。有《韓內傳》其引《詩》不言何家者，以齊爲本，故不顯其姓名。今案：《白虎通德論》四十四篇引《詩》凡五十條，馬氏所輯頗未詳盡，茲悉爲甄録如左。又少習《毛詩》，因參校二家，其有異文異義，別爲案語，附于各條之下，考班氏《詩》説當仍以齊爲本云。

"封諸侯於廟者，示不自專也，明法度皆祖之制也。《詩》云：

'王命卿士,南仲太祖。'"《爵》。

"世子上受爵命,衣士服,何謙不敢自專也?《詩》曰'鞹鞃有瓬',世子始行也。"<sub>仝上</sub>。案:毛"瓬"作"奭","瓬""奭"皆訓"赤"。陳奐云:"'瓬'與'奭'同。"馮登府云:"《説文》無'瓬'字,新附有之。"從毛,爲是。

"或稱君子何?道德之稱也。《詩》云:'愷弟君子,民之父母。'"《號》。

"何以知即政立號也?《詩》云:'命此文王,于周于京。'此改號爲周,易邑爲京也。"<sub>仝上</sub>。《三軍三正》並引此詩,説並同。

"伯子男臣子於其國中,褒其君爲公。臣子之義,心俱欲尊其君父,故皆令臣子得稱其君爲公也。《詩》云:'覃公維私。'覃,子也。"<sub>仝上</sub>。案:毛"覃"作"譚"。馮登府云:"'譚'姓當作'鄲','覃'是省字。"《白虎通》名號、宗族兩引皆作"覃",《儀禮經傳通解》引鄭注《爾雅》亦作"覃"。馮蓋取齊説。然《春秋傳》"覃"亦作"譚",則"覃""鄲""譚"一也。

"《大武》者,天下始樂周之征伐行武,故詩人歌之曰<sub>局本闕"曰"字,據馬輯本補</sub>:'王赫斯怒,爰整其旅。'當此之時,天下樂文王之怒以定天下,故樂其武也。"《禮樂》。

"王者有六樂者,貴公美德也,所以作供養。《詩》云:'奏鼓簡簡,衎我烈祖。'"<sub>仝上</sub>。

"王者所以有二伯者,分職而授政,欲其亟成也。《詩》云:'蔽芾甘棠,勿翦勿伐,召伯所茇。'"《封公侯》,案見後。

"周公不之魯何?爲周公繼武王之業也。《詩》云:'王曰叔父,建爾元子,俾侯于魯。'"<sub>仝上</sub>。馮登府云:"毛作'東',作'魯'字爲長。"案:下別有"俾侯于東",馮説誤。

"周家始封於何?后稷封於邰,公劉去邰之邠。《詩》云:'即有邰家室。'又云:'篤公劉,于邠斯觀。'"《京師》。案:毛"邠"作"豳","觀"作"館",毛古文,班用《齊詩》今文也。

"《詩》曰:'周王于邁,六師及之。'五人爲伍,五伍爲兩,四兩爲卒，五卒爲旅，五旅爲師，師二千五百人，師爲一軍，六師一萬五千人也。"《三軍》。

"古者師出不踰時者，爲怨思也。天道一時生，一時養。人者，天之貴物也，踰時則内有怨女，外有曠夫。《詩》云：'昔我往矣，楊柳依依。今我來思，雨雪霏霏。'"仝上。

"《詩》曰：'毋封靡于爾邦，惟王其崇之。'此言追誅大罪也。《誅伐》。案：毛"毋"作"無"，"無""毋"古今文。傳："封大靡累。"馬瑞辰云："無封靡于爾邦，猶云無大損壞於爾邦，'靡累'以叠韻爲訓。"義與班異，鄭箋與班同。

"賜之環則反，賜之玦則去。《詩》曰：'逝將去女，適彼樂土。'"《諫靜》。

"《詩》云：'相鼠有體，人而無禮。人而無禮，胡不遄死。'此妻諫夫之詩也。"同上。案《序》："《相鼠》，刺無禮也。"毛傳："無禮儀者，雖居尊位，爲闇昧之行。"用《序》説，與班異。

"夫射者，執弓堅固，心平體正，然後中也。其兵短而害長也，故可以戒難也。《詩》云：'四矢反兮，以禦亂兮。'"《鄉射》。

"《詩》云：'思樂泮水，薄采其荇。'《詩訓》云：'水圓如璧。'諸侯曰泮宫者，半於天子宫也，明尊卑有差，所化少也。半者，象璜也。獨南面禮儀之方有水耳。其餘壅之，言垣宫，名之别尊卑也。不曰泮雍者，嫌但半天子制度也。《詩》云：'穆穆魯侯，克明其德。既作泮宫，淮夷攸服。'"《辟雍》。案：毛"荇"作"芹"，馮登府云："《白虎通》《詩異字異義》，'芹''荇'皆水菜。"宋鈔本仍作"芹"，又局本亦作"芹"。

"天子所以有靈臺者何？所以考天人之心，察陰陽之會，揆星辰之證驗，爲萬物獲福無方之元。《詩》曰：'經始靈臺。'"仝上。

"《詩》云：'於皇明周，陟其高山。'言周太平，封太山也。又曰：'墮山喬嶽，允猶翕河。'言望祀山川百神來歸也。"《封禪》。案：毛"明"作"時"。疏曰："於乎美哉，是周家也。"馮登府本《異字異義》謂作"明周"較長。"墮"作"嶞"。《釋文》："吐果反。"郭云山狹而長也，又同果反，字又作"墮"，則"墮""嶞"本通。《説文·山部》："嶞，山之嶞嶞者是也。"傳："高山四嶽也。"與班專言太山者異。馬瑞辰云："'墮山喬嶽'皆承上陟祭言之，'喬嶽'始指四嶽高山，宜泛言高山。"而傳以爲四嶽，據《時邁》傳"高嶽岱宗"也，則毛公釋此詩釋喬嶽亦爲岱宗，故上言"高山爲四嶽"耳如馬説，則毛公仍用《齊詩》義。

"五歲一巡狩。三年，二伯出述職黜陟。《詩》云：'周公東征，四國是皇。'"《詩考》"四國是皇"，《齊詩》作"四國是匡"，《白虎通》引作"皇"而解爲正。馬國翰云："毛傳：'皇，匡也。'鄭箋云：'正其民人而已。'皇，宜訓大，而作匡正解者。"三家《詩》皆作'匡'。毛仍用舊本，云："皇，匡。"而鄭亦以正解之。班固時，毛詩未立學官，解爲正者，知本作"匡"也。今本作"皇"，後人順毛而改茲，據正之。今從馬本鈔。"言東征述職，周公黜陟而天下皆正也。又曰：'蔽芾甘棠，勿剪勿伐，召伯所茇。'言召公述職，親説舍於野樹之下也。"《巡狩》。案毛《破斧》傳："四國，管蔡商奄也。"以東征爲征伐，與班云出巡述職者異。《召棠》經"剪"作"翦"，《玉篇》"剪"，"翦"俗字。毛作"翦"者是。

"車馬、衣服、樂三等者，賜與其物。《禮》：'天子賜諸侯民服車，路先設，路下四惡之。'《詩》曰：'君子來朝，何錫與之，雖無與之，路車乘馬。又何以與之，玄衮及黼。'"《考黜》。案：毛無"以"字，"與"皆作"予"，"予""與"古今字。

"諸侯始封，爵土相隨者何？君子重德薄刑，賞宜從厚。《詩》云：'王曰叔父，建爾元子，俾侯于魯。'"仝上。案：此與《封公侯》篇説各異，故重著之，《王者不臣》篇引"王曰叔父"同。

"王者所以不臣者三。不臣二王之後者，尊先王，通天下之三統也。《詩》云：'有客有客，亦白其馬。'謂微子朝周也。"《王者不臣》。

"《禮·服傳》曰：'子得爲父臣者，不遺善之義也。'《詩》曰：'文武受命，召公維翰。'召公，文王子也。"仝上。案毛《甘棠》傳："召伯姬姓，名奭。"不言文王子。《釋文》："《燕世家》云：'與周同姓。'"孔安國及鄭皆云爾。皇甫謐云："文王之庶子。"按《左傳》富辰言"文之昭"十六國，無燕也，未知士安之言何所憑據。馬瑞辰云："《穀梁傳》曰：'燕，周之分子也。'此蓋士安所本，但案《樂記》'封黃帝之後于薊'，《漢書·地志》云：'薊，故燕國。'是召公封薊即爲燕，此正召公爲黃帝後，非文王子之證。"據此則班説非也。

“諸父諸兄不名。諸父諸兄者，親與己父兄有敵體之義也。《詩》云：‘王曰叔父。’”仝上。

“何以言文王、武王、周公皆聖人？《詩》曰：‘文王受命。’非聖不能受命。”《聖人》。

“《詩》云：‘玄王桓撥，受小國是達，受大國是達。’言湯王天下，大小國諸侯皆來見。湯能通達以禮義也。《瑞贄》。局本作“文質”，各家引《通義》皆作“瑞贄”，局本蓋誤。今正之。案毛傳：“玄王，契也。桓，大。撥，治。”箋申毛云：“承黑帝而生子，故謂契爲玄王，廣大其政治。始堯封之商爲小國，舜之末年，乃益其土地爲大國，皆能達其教令。”與班説全異。考《詩》先言“玄王”，次言“相土”，又次言“湯相土”，是契之孫、湯之祖，則毛以玄王爲契者，是《序》“《長發》，大禘也”，《禮》“王者禘其祖之所自出，以其祖配之”。商人“禘嚳祖契”，“玄王”美契，於事義爲合。

“《周頌》曰：‘烈文辟公，錫茲祉福。’言武王伐紂定天下，諸侯來會，聚於京師，受法度也。”仝上。案：毛傳以“無封靡于爾邦”始指武王，此指文王時言。《序》：“《烈文》，成王即政，諸侯助祭也。”傳依此爲説，故與班異。至鄭又云：“天錫之。”而近人馬瑞辰則曰：“烈祖錫之。”毛謂文王錫之者，非也。據此，則齊、毛二家説皆未當矣。

“又曰：‘清酒既載，騂牡既備。’言文王之牲用辛，周尚赤也。”《三正》。

“王者存二王之後，明天下非一家之有。故封之百里，使得服其正色，用其禮樂，永事先祖。《詩》云：‘厥作祼將，常服黼冔。’言微子服殷之冠，助祭於周也。《周頌》曰：‘有客有客，亦白其馬。’此微子朝周也。”仝上。

“教者，效也。上爲之，下效之。《詩》云：‘爾之教矣，欲民斯效。’”《三教》。案：毛作“民胥效矣”。

“何謂綱紀？綱者，張也。紀者，理也。大者爲綱，小者爲紀。所以疆理上下，整齊人道也。《詩》云：‘亹亹我王，綱紀四方。’”《三綱六紀》。案：毛“亹亹”作“勉勉”。《爾雅》曰：“‘亹亹’，勉也。”一聲之轉。《魯詩補遺》云："韓作'亹亹我王'，此'亹亹'猶'勉勉'。"則毛與三家一也。

"女子先生爲姊，後生爲妹。父之昆弟不俱謂之世叔，父之女昆弟俱謂之姑。姑當外適人，疏，故總言之也。姊妹亦當外適人，所以別諸姊妹何？以爲事諸姑禮等，可以外出又同，故稱略也。至姊妹雖欲有略之，姊尊妹卑，其禮異也。《詩》云：'問我諸姑，遂及伯姊。'"仝上。

"父族四，母族三，妻族二。一説堯時俱三，據有交接之恩也。若'邢侯之姨，覃公維私'也。"《宗族》。

"姓，生也，人所稟天氣以生者也。《詩》云：'天生烝民。'"《姓名》。

"上爲衣，下爲裳。《詩》曰'褰裳涉溱'，所以合爲衣也。"《衣裳》。

"婦人亦佩玉。《詩》云：'將翱將翔，佩玉將將。彼美孟姜，德音不忘。'"仝上。

"男不自專娶，女不自專嫁，必由父母，須媒妁何？遠恥防淫泆也。《詩》云：'娶妻如之何，必告父母。'又曰：'娶妻如之何，匪媒不得。'"《嫁娶》。案：毛'娶'作'取'，'取''娶'古今字。傳："必告父母廟。"與班異。箋云："'取''娶'之禮，議於生者，卜於死者，此之謂告。"毛言死時，班言生時耳。

"天子下至士，必親迎授綏。以陽下陰也，欲得其歡心示親之心也。親迎，御輪三周，下車曲顧者，防淫泆也。《詩》云：'文定厥祥，親迎于渭。造舟爲梁，不顯其光。'"仝上。

"嫁娶必以春。春，天地交通，萬物始生，陰陽交接之時也。《詩》云：'士如歸妻，迨冰未泮。'仝上。案毛傳："迨，及。泮，散。"《正義》："毛以'士如使妻來歸于己，當及冰之未散，正月以前'與此文下言'二月娶婦'者異。"箋云："冰未散，正月以前也。二月可以昏矣。"蓋以三家義長。故從之也。

"備姪娣從者，以其必不相嫉妒也。《詩》云：'姪娣從之，祁祁如雲。韓侯顧之，爛其盈門。'"仝上。

"人君及宗子無父母，自定娶，尊不主卑，賤不主貴，故自定之也。《詩》云：'文定厥祥，親迎于渭。'"仝上。案：毛傳言"太姒之有文德也"，箋云："問名之後，卜而得吉，則文王以禮定其吉祥，謂使納幣也。"亦改從三家義。

"《詩》云：'大邦有子，倪天之妹。文定厥祥，親迎于渭。'明王者娶妻必大國也。"仝上。

"婦人所以有師，學事人之道也。《詩》云：'言告師氏，言告言歸。'"仝上。

"婚姻者，昏時行禮，故謂之婚。婦人因夫而成，故曰姻。《詩》云：'不惟舊因。'謂夫也。又曰：'燕爾新婚。'謂妻也。"仝上。案：毛"惟"作"思"，《爾雅》曰："'惟'，思也，'惟''思'一也。""因"作"姻"，"燕"作"宴"，"婚"作"昏"，皆古今字。

"出婦之義，必送之，接以賓客之禮。君子絶，愈于小人之交。《詩》云：'薄送我畿。'"仝上。

"天子朱紼，諸侯赤紼。《詩》曰：'朱紼斯皇，室家君王。'又'赤紼金舄，會同有繹'，又云'赤紼在股'，皆謂諸侯也。"《紼冕》。案：毛"紼"皆作"芾"，《説文》"芾"作"市"，"芾"通"韠"，"韠"又通"紱"，"紱"又通"紼"，"芾""紼"展轉相通。

"合葬者，所以固夫婦之道也。故《詩》曰：'穀則異室，死則同穴。'"《崩薨》。

"朋友之際，五常之道，有通財之義，賑窮告急之意。'中心好之，欲飲食之'，故財幣者，所以副至意也。"《瑞贄》。案：《毛詩》《杕杜》篇"中心好之，曷飲食之"，此云欲飲食之。蓋《齊詩》"曷"作"欲"也。惟引不稱"《詩》云"，故附於此。

右《白虎通》詩説五十條，内以重文不著録者二條，其《封公侯》《喪服》篇内皆引"普天之下，莫非王土。率土之濱，莫非王臣"，既不稱"《詩》曰"，又止取便彼文不釋詩義，兹不録。謹案齊、毛大義同者十九，鄭氏箋《毛詩》有用齊申毛者，有用齊改毛者，説皆與班氏合，蓋取《通德論》爲多矣。《固傳》稱："天子會諸儒，講論五經，作《白虎通德論》，令固撰集其事。"其薈萃群言、綱集逸義，固已勤也。通《齊詩》者，舍是何以爲津筏哉？是爲考。


## 《白虎通》詩説考

### （九月分齋課超等第三名）

張增齡

《漢書·藝文志》云："漢興，魯申公爲《詩訓故》，而齊轅固、燕韓生皆爲之傳。或取《春秋》，采雜説，咸非其本義。與不得已，魯最爲近之。"夫班孟堅備見三家之書而獨稱魯最近，其進退豈偶然乎？必以其學確出於孔氏之門，洪氏亮吉《傳經表》定申公爲孔子九傳弟子。大義微言，多賴以不墜，迴非齊、韓匹也。洎乎西晉不幸淪亡，諸儒之傳，其學者復鮮，他書行於世。惟劉子政有《新序》《説苑》《列女傳》三種。後之人倘欲考厥梗概，《白虎通》其大要矣，何也？撰《白虎通》者，稱"魯最近"之孟堅也。詔於白虎觀"掌難問"者，習《魯詩》之魏君伯也。見《後漢書·儒林傳》。或倡之，或和之，申公在天之靈，實式憑之者也。且其書引《韓詩内傳》者凡四，皆直題其目。《爵》篇引《韓詩内傳》曰："諸侯世子，三年喪畢，上受爵命於天子。"《誅伐》篇引《韓詩内傳》曰："孔子爲魯司寇，先誅少正卯，謂佞道已行，亂國政也。"《王者不臣》篇引《韓詩内傳》曰："師臣者帝，友臣者王，臣臣者伯，魯臣者亡。"《姓名》篇引《韓詩内傳》曰："太子生，以桑弧蓬矢六射上下四方。明當有事天地四方也。"其第言《詩傳》《詩訓》而不言某詩者，《續漢書·輿服志》注引《白虎通》有"《魯訓》曰'和設軾者也，鸞設衡者也'"之語，今本已佚。疑《魯訓》原作《詩訓》。劉昭時《魯詩》之亡尚未久，確知此書係用《魯詩》，固引《詩訓》爲《魯訓》。至纂《藝文類聚》及《太平御覽》者，已不及見此書原文，第依《續漢志》注輯録耳。其爲《魯詩》何疑？其於徵引《詩》詞之下，綴以説解，而並不言《詩傳》《詩訓》者，其皆用《魯詩》之誼又何疑？今輯其徵引《詩》詞綴以說解者，依次疏證於左，而以所引《詩傳》《詩訓》各條附考於後，間有足以發明其爲《魯詩》之故者，其引《詩》以自圓其說，而意不在於說《詩》，如《聖人》篇云："《詩》曰'文王受命'，非聖人不能受命。"《衣裳》篇云："《詩》曰'褰裳涉溱'，所以合爲下也。"是也。與夫引《詩》而不加說解者，如《號》篇引《詩》云"愷弟君子，民之父母"，《禮樂》篇引《詩》云"奏鼓簡簡，衎我烈祖"之類。俱不與焉。

"故《詩》曰'靺韐有奭'，謂世子始行也。"論"諸侯襲爵"。

按：此《小雅·瞻彼洛矣》篇文。"奭"，《毛詩》作"奭"；《釋文》云："奭，赤貌。"《采芑》篇，毛傳云："奭，赤貌。"《一切經音義》卷十九引《字林》云："奭，赤貌。"《廣雅·釋器》云："奭，赤也。"《楚辭·大招》篇"王叔師"《章句》云："奭，赤色也。"是"奭""奭"字異而義同，作"奭"者蓋《魯詩》也。鄭康成《毛詩箋》云："此諸侯世子也。除三年之喪，服士服而來。"與此"世子始行"之說正合。康成箋《詩》間用魯義，如讀"他人是愉"之"愉"爲"偷"，讀"素衣朱繡"之"繡"爲"綃"，解"艷妻"爲厲王后，解"阮徂共"爲三國名之類，故其說偶與此合。《儀禮·士冠禮》云："爵弁服，纁裳、純衣、緇帶、靺韐。"故知靺韐爲士服也。

"《詩》云：'命此文王，于周于京。'此改號爲周，易邑爲京也。"論"三皇五帝三王五霸"。"《詩》曰：'命此文王，于周于京。'此言文王誅伐，故改號爲周，易邑爲京也。"論"商周改正誅伐先後之義"。"《詩》云：'命此文王，于周于京。'此言文王改號爲周，易邑爲京也。"論"改朔征伐先後"。

按：此《大雅·大明》篇文。上文"曰嬪于京"，毛傳云："京，大也。"《正義》引王肅述毛之說，云："唯盡其婦道於大國耳。"鄭箋云："京，周國之地，小別名也。"鄭於此句箋云："君天下於周京之地。"是毛、鄭之說與此並異，惟孫毓以爲京師差爲相合。而《正義》又以王季時不得爲京師，斥孫說爲不通。今按《篤公劉》篇云"京師之野"，公劉時得爲京師，王季時何獨不得爲京師？此自是文王易邑爲京之後，改稱如此。孫説蓋有所受也。

"《詩》云：'覃公維私。'覃子也。"論"伯子男于國中得稱公"。

按：此《衛風·碩人》篇文。"覃"，《毛詩》作"譚"。《大雅·生民》篇："實覃實訏。"《釋文》云："'覃'本或作'譚'，古'覃''譚'通，作'覃'者，蓋魯詩也。"《説文·邑部》云："鄲，國也。齊桓公之所滅。"《春秋·莊公十年》云："齊師滅譚，譚子奔莒。"是"覃""譚"皆"鄲"之假借字，曰"譚子奔莒"，則知"譚"爲子爵也。

"故詩人歌之曰：'王赫斯怒，爰整其旅。'當此之時，樂文王之怒以定天下，故樂其武也。"論"帝王禮樂"。

按：此《大雅·皇矣》篇文。《春秋繁露·楚莊王》篇引此《詩》云："當是時，紂爲無道，諸侯大亂，民樂文王之怒而詠歌之也。"即此義。

"《詩》云：'毋靡封于爾邦，惟王其崇之。'此言追誅大罪也。"論"誅大罪"。

按：此《周頌·烈文》篇文。"毋"，《毛詩》作"無"。《儀禮·士昏禮》注云："古文'毋'爲'無'。"《士相見禮》注、《公食大夫禮》注。是"無"者古文，"毋"者今文。《毛詩》古文家學，故作"無"。《魯詩》今文家學，故作"毋"也。"惟"，《毛詩》作"維"。《大雅·板》篇"价人維藩"，《漢書·王莽傳》引作"惟藩"，蓋《毛詩》作"維"者，《魯詩》俱作"惟"。班氏撰《漢書》，亦用《魯詩》也。毛傳云："封，大也，靡累也，崇立也。"《正義》引王肅云："武王得天下，因殷諸侯無大累於其國者，就立之。然則有大罪者，追而誅之。"可知矣，此與毛義互相發明。

"《詩》云：'相鼠有體，人而無禮。人而無禮，胡不遄死。'此妻諫夫之詩也。"論"妻諫夫"。

按：此《鄘風·相鼠》篇文。魏氏源《詩古微》云："其夷姜謫宣公之詩歟？"夷姜，宣公前夫人，伋之母也，故見宣公奪伋妻而以死自誓。原注《毛序》繫諸文公詩後者非,《左傳》以爲宣公蒸于夷姜者,亦非也。《史記·列女傳》以夷姜爲宣公前夫人,生伋子,無上烝之事。

"《詩》云:'於皇明周,陟其高山。'言周太平,封泰山也。""明周"舊作"時周"。盧氏文弨據王伯厚《詩考》所引校改,今謹依盧本。論"封禪之義"。

按:此《周頌·般》篇文。"明周",《毛詩》作"時周",馮氏登府《三家詩異文疏證》云:"作'明周'爲長。"竊謂此毛與魯之異文,不必云孰爲長也,或疑《獨斷》以此爲"巡守而祀四嶽河海"之所歌,與此不合。蔡中郎習《魯詩》者,《隋志》有:"一字石經《魯詩》六卷,中郎所書。"此似非《魯詩》不知封禪,亦因"巡守告祭山川"與"封禪徧祭山川"其禮本同,其義可通也。

"又曰:'墮山喬嶽,允猶翕河。'言望祭山川,百神來歸也。"同上。

按:此亦《周頌·般》篇文。"墮",《毛詩》作"隓",《説文·山部》云:"隓,山之隓隓者。"蓋毛用正字,魯用假借字也。鄭箋云:"望秩于山川,小山及高嶽皆信,案山川之圖而次序祭之。"與此義正合,下文云"敷天之下,裒時之對",則"百神來歸"之義也。

"《詩》曰:'周公東征,四國是皇。'言東征述職,周公黜陟,而天下皆正也。"論"巡守述職行國行邑義"。

按:此《豳風·破斧》篇文。《法言·先知》篇云:"昔在周公,征于東方,四國是王。"李軌注云:"王,正。"與"召伯述職,蔽芾甘棠"對舉,此言東征述職,正此義。《公羊》僖公四年《傳》:"古者周公東征則西國怨,西征則東國怨。"注云:"此道黜陟之時也。"《詩》曰:"周公東征,四國是皇。"是周公於東征行黜陟之政也。毛傳云:"皇,匡也。"《爾雅·釋言》云:"皇,匡正也,故曰天下皆正也。"

"又曰:'蔽芾甘棠,勿翦勿伐,召伯所茇。'言召公述職,親説舍於野樹之下也。"同上。

按:此《召南·甘棠》篇文。《説苑·貴德》篇云:"召公述職,當蠶桑之時，不欲變民事，故不入邑中，舍于甘棠之下而聽斷焉。陝邑之人，皆得其所，故後世思而歌詠之。"劉子政習《魯詩》者，説與此合，則此用《魯詩》説無疑。

"《詩》云：'有客有客，亦白其馬。'謂微子朝周也。"論"三不臣"。"《周頌》曰：'有客有客，亦白其馬。'此微子朝周也。"論"存二王之後"。

按：《毛詩序》云："有客，微子來見祖廟也。"義與此合。

"《詩》云：'文武受命，召公維翰。'召公，文王子也。"論"子爲父臣異説"。

按：此《大雅·江漢》篇文。《穀梁》莊公三十年《傳》："燕，周之分子也。"惠氏棟《古義》云："分子，猶別子。《禮記·大傳》云：'別子爲祖。'注云：'別子謂公子。'然則王所生者爲王子，謂之'別'者，別於世子也。《燕世家》云：'召公奭與周同姓。'譙周曰：'周之支族。'孔穎達以爲譙周考校古史，不能知其所出。皇甫謐以爲文王庶子。"今按《論衡·氣壽》篇亦以召公爲周公之兄，然則召公其文王之長庶歟？

"《詩》云：'玄王桓撥，受小國是達，受大國是達。'言湯王天下，大小國皆來見，湯能通達以禮義也。"論"諸侯朝會合符信"。

按：此《商頌·長發》篇文。"撥"，《釋文》引《韓詩》作"發"。"發""撥"一聲之轉，蓋韓作"發"，毛與魯俱作"撥"也。又毛、鄭俱以玄王爲契，此以爲湯，則魯之異於毛者。《詩疏》引《中候·我應》云"玄湯伐亂"，是湯亦得稱玄王也。

"《周頌》曰：'烈文辟公，錫茲祉福。'言武王伐紂定天下，諸侯來會，聚于京師，受法度也。"同上。

按：《毛詩序》以此詩爲成王即政時所歌，與此異。此蓋亦《魯詩》説。

"又曰：'清酒既載，騂牡既備。'言文王之牲用騂，周尚赤也。"論"改朔征伐先後"。

按：此《大雅・旱麓》篇文。《五行大義》引《感精符》云：“周感赤雀，故尚赤。”此周尚赤之義也。尚赤，故牲用騂也。

“《詩》曰：‘厥作裸將，常服黼冔。’言微子服殷之冠，助祭於周也。”論“存二王之後”。

按：此《大雅・文王》篇文。《孟子・離婁》篇引此詩，趙邠卿注云：“殷之美士，執裸暢之禮，將事于京師，若微子者。”是以此爲微子也。毛傳云：“冔，殷冠也。”鄭箋云：“殷之臣壯美而敏，來助周祭。其助祭自服殷之服。”是“服殷之冠，助祭於周也”。

“《詩》曰：‘不惟舊因。’謂夫也。又曰：‘燕爾新婚。’論婦也。論“嫁娶諸名義”。

按：此《小雅・我行其野》篇、《邶風・谷風》篇文。“不惟舊因”，《毛詩》作“不思舊姻”。《爾雅・釋詁》云：“惟思也。”《釋名・釋親屬》云：“姻，因也。惟，思。”“姻”“因”皆通假字也。“燕爾新婚”，《毛詩》作“宴爾新昏”，《列女傳・賢明》篇引作“讌爾新婚”。子政習《魯詩》者，疑此書“燕”字，原亦作“讌”，轉寫脱其言旁耳。《周禮・大宗伯》疏云：“若據男女身，則男曰昏，女曰姻。若以親言之，則女之父曰昏，壻之父曰姻。”説昏姻者，此爲最析。《詩》言“舊姻新昏”，皆所謂據男女身者。故曰“不惟舊因”謂夫也，“讌爾新婚”謂婦也。

“《詩》曰：‘朱紼斯皇，室家君王。’又曰：‘赤紼金舄，會同有繹。’又曰：‘赤紼在股。’皆謂諸侯也。”論“紼”。

按：此《小雅・斯干》篇、《車攻》篇、《采菽》篇文。“紼”，《毛詩》俱作“芾”。《三家詩異文疏證》云：“芾，韍也。”“韍”又通“紱”，“紱”又通“紼”。《采芑》篇，毛傳云：“朱芾，黃朱芾也。”《斯干》篇，鄭箋云：“芾者，天子純朱，諸侯黃朱。”蓋黃朱次於純朱，或亦稱赤。故《車攻》《采菽》二篇並言赤也。《乾鑿度》云：“困六五，文王爲紂三公。”故言困于赤紱也，是三詩皆謂諸侯之證也。

## 附考《詩傳》《詩訓》四條

"《詩傳》曰：'大夫士琴瑟御。'"論"天子諸侯佾數"。

按：此疑《魯詩·唐風·山有蓲》篇傳文。《隸釋》載《魯詩》石經"山有樞"作"山有蓲"。《公羊》隱公五年《傳》注引《魯詩傳》曰："天子食日舉樂，諸侯不釋縣，大夫、士日琴瑟。"是此《詩傳》爲《魯詩傳》無疑也。

"《詩訓》曰：'水圓如璧。'"論"辟雍泮宮"。

按：《獨斷》云："天子曰辟雍，謂流水四面如璧。"中郎習《魯詩》，說與此同。則此《詩訓》爲《魯詩訓》亦無疑。但"水圓如璧"，自是說辟雍之制者，與"思樂泮水，薄采其芹"二語無涉，疑因說泮水兼及辟雍，轉寫者乃奪其說泮水之正文耳。且《魯頌·泮水》篇無"薄采其芹"之文，陳氏立《疏證》云："作芹與三章韻俱不合。"所論極是。此處蓋頗有訛誤，無可補正，今削去上文"《詩》曰：'思樂泮水，薄采其芹。'"十字，第存其訓語於此。

"《詩傳》曰：'伯邑考、武王發、周公旦、管叔鮮、蔡叔度、曹叔振鐸、成叔處、霍叔武、康叔封、南季載。'"臧氏琳所據本無"度曹叔振"四字，見《經義雜記》。論"字"。

按：此疑《魯詩·大雅·思齊》篇傳文。《列女傳·母儀》篇說十男之次，成叔處、霍叔武互易，"南"作"聃"，其餘與此同。子政習《魯詩》，其說蓋即本此也。成叔處、霍叔武互易者，《史記·管蔡世家》成叔名武，第七；管叔名處，第八。《漢書·古今人表》成叔、霍叔之名與《史記》同，疑此傳"處"字與"武"字互訛。《列女傳》則"霍"字與"成"字互訛也。"南"作"聃"者，《史記》"南"又作"冉"。"冉""聃""南"三字皆同音，得通假也。

"《魯訓》曰：'和，設軾者也。鸞，設衡者也。'"《魯訓》當作《詩訓》，說具前。今本《白虎通》無，此據《續漢書·輿服志》注、《藝文類聚》卷七十二、《太平御覽》卷七百七十二引補。

按：此《魯詩》"和鸞雍雍，萬福攸同"傳文。《大戴禮·保傅》篇云："在衡爲鸞，在軾爲和。"《周禮·大馭》注云："鸞在衡，和在軾。"俱與此同。《禮記經解》注引《韓詩内傳》云："鸞在衡，和在軾。"前此韓之異於魯者也，《毛詩·蓼蕭》傳云："在軾曰和，在鑣曰鸞。"此毛之異於魯者也，韓、毛各與《魯訓》之半合。

# 《白虎通》詩説考

## （九月分齋課超等第四名）

周以存

陳氏奂稱班孟堅説《詩》魯最爲近，以其素習見聞而云然。案：《魯詩》盛行於兩漢，故陳有此説。臧氏琳《經義雜記》謂班氏《白虎通》詩説與毛氏多有不同，蓋皆魯説。陳氏立《白虎通疏證》亦言多《魯詩》説。今案：《白虎通》所説之《詩》六十有九，不僅用魯説，其間亦有用韓説者，又有兼用三家説者，謹就其中條而分之，得類一十有五。

一曰魯説與《毛詩》同者十二。如《爵》篇："爵人於朝者，示不私人以官，與眾共之義也。封諸侯於廟者，示不自專也，明法度皆祖之制也，舉事必告焉。《詩》云：'王命卿士，南仲太祖。'"《常武》。毛傳："王命南仲於太祖。"《正義》云："謂於太祖之廟命南仲也。"陳氏奂謂毛、魯同義。《王者不臣》篇："不臣二王之後者，遵先王，通天下之三統也。《詩》云：'有客有客，亦白其馬。'謂微子朝周也。"《有客》。《毛詩序》云："《有客》，微子來見祖廟也。"蔡邕《獨斷》云："《有客》，斥微子也。"《公羊·隱三年》"宋公和卒"注云："宋稱公者，殷後也。

王者封二王之後，地方百里，爵稱公，客待之而不臣也。《詩》曰'有客宿宿，有客信信'是也。"陳氏奐謂《魯詩》亦謂客爲微子，與《毛詩序》傳合。《三正》篇引《詩》又曰："'清酒既載，騂牡既備'，言文王之牲用騂，周尚赤也。"《旱麓》。《毛詩序》云："《旱麓》，文王此二字據《詩正義》補。《正義》云："作《旱麓》詩，言文王受其祖之功業也。"陳氏奐亦謂"受祖"之上疑有"文王"二字。受祖也。"《正義》引文十三年《公羊傳》云："'周公用白牡，魯公用騂牷，群公不毛。'然則言騂牲者、不毛者，不定用一毛而已，其牲皆用純色，故此祭用純騂也。"又云此是作者於後據周所尚而言之。陳氏奐謂此是《魯詩》義解經，"騂""牡"二字，蓋毛義，亦指文王也。又引《詩》曰："'厥作裸將，常服黼冔'，言微子服殷之冠，助祭於周也。"《文王》。毛傳於上文"殷士"訓"殷侯"，是毛亦以此爲微子也。傳又云："冔，殷冠也。"箋云："殷之臣壯美而敏，求助周祭。其助祭自服殷之服，是服殷之冠助祭於周也。"《漢書·劉向傳》疏引"孔子論《詩》，至于'殷士膚敏，裸將于京'，喟然歎曰：'大哉天命！善不可不傳于子孫，是以富貴無常。不如是，則王公其何以戒慎，民萌何以勸勉？'蓋傷微子之事周，而痛殷之亡也。"案：劉向世傳《魯詩》，此疏所用蓋《魯詩》說與此同，當是《魯詩》說。又引《周頌》曰："'有客有客，亦白其馬'，此微子朝周也。"說見前《王者不臣》篇下。《衣裳》篇："何以知婦人亦佩玉？《詩》云：'將翱將翔，佩玉將將。彼美孟姜，德音不忘。'"《同車》。毛傳："孟姜，齊之長女；將將，鳴玉而後行。"《列女傳·賢明》篇："禮，樂師擊鼓以告旦，后夫人鳴玉而去。"是婦人亦佩玉也。《通典》引劉向說曰："古者天子至于士，王后至于命婦，必佩玉，尊卑各有其制。"據此說亦是《魯詩》。《嫁娶》篇："人君及宗子無父母自定娶者，卑不主尊，賤不主貴，故自定之也。《詩》云：'文定厥祥，親迎于渭。'"《大明》。毛傳言："太姒有文德。"箋云："問名之後，卜而得吉，則文王以禮定其吉祥，謂使納幣也。"則鄭氏亦以此爲文王自定娶也。陳氏立謂此蓋《魯詩》。又："王者之娶，必先選於大國之女，禮儀備所多見。《詩》云：'大邦有子，俔天之妹。文定厥祥，親迎于渭。'"

明王者必娶大國也。"鄭箋云："大邦有子女，可以爲妃，乃求婚。"又云："賢女配圣人，得其宜，故備禮也。"《後漢·梁皇后紀》云："春秋之義，娶先大國。"與此説同。蓋今文家説也。當從陳氏立説，爲《魯詩》。又："婦人所以有師何？學事人之道也。《詩》云：'言告師氏，言告言歸。'"《葛覃》。毛傳："師，女師也。古者爲師，教以婦德、婦言、婦容、婦功。"鄭箋："我告師氏者，我見教告於女師也。教告我以適人之道，即所謂學事人之道也。"陳氏奐謂班從《魯詩》，與《毛詩》同。又："出婦之義，必送之，接以賓客之禮。君子絶，愈於小人之交。《詩》云：'薄送我畿。'"《谷風》。《毛詩序》："刺夫婦失道也。衛人化其上，淫于新昏而棄其舊室，夫婦離絶，國俗傷敗焉，是此爲出婦之詩。"《左傳》："婦人送逆不出門。"與毛傳訓"畿"爲"門内"義合，是以賓客之禮待去婦。陳氏奐謂班用《魯詩》説。《崩薨》篇："合葬者何？所以同夫婦之道也。故《詩》曰：'穀則異室，死則同穴。'"《大車》。毛傳："穀生，生在於室，則外内異。死則神合，同爲一也。"《漢書》："哀帝太后丁氏崩，上曰：'朕聞夫婦一體，《詩》曰："穀則異室，死則同穴，附葬之禮，自周興焉。"'"此西京詔書將以太后合葬定陶恭王而引此詩，足知詩所陳者，必夫婦之正禮也。陳氏立謂《列女傳》以此爲息夫人所作，蓋《魯詩》説也。

二曰魯説與《毛詩》同者九。如《號》篇："何以知即政立號也？《詩》云：'命此文王，于周于京。'此改號爲周，易邑爲京也。"《大明》。毛傳："京，大也。"疏引王肅申之謂爲大國。箋云："京，周國之地，小別名也。"此句箋云："君天下於周京之地。"則傳、箋之説與此並異。疏引孫毓以"京"爲京師，蓋本《魯詩》説。陳氏立以此爲《魯詩》説。《三軍》篇："《詩》曰：'命此文王，于周于京。'此言文王誅伐，故改號爲周，易邑爲京也。"毛傳《詩序》："文王有明德，故天復命武王，不言有誅伐之事。"與此異説。據陳氏説，此亦是《魯詩》。又："古者師出不踰時者，爲怨思也。天道一時生，一時養。人者，天之貴物也。踰時則内有怨女，外有曠夫。《詩》曰：'昔我往矣，楊柳依依。今我來思，雨雪霏霏。'"《采薇》。《毛詩序》以此爲文王時之詩，故鄭箋以此章爲"重敘其往反之時，極言其苦以説之"。《漢書・匈奴傳》："懿王時，王室遂衰，戎狄交侵，暴虐中國。中國被其苦，詩人始作，疾而歌曰：'靡室靡家，獫狁之故''豈不曰戒，獫狁孔棘'。"師古曰："此《采薇》之詩也。"案：班氏此説蓋用《魯詩》，故以爲懿王時詩，與《毛序》異。馬氏國翰《魯詩考》載此詩，引《楚辭・招魂》章云："據時所見，自傷哀也。"《諫諍》篇："賜之環則反，賜之玦則去，明君子重恥也。《詩》曰：'逝將去女，適彼樂土。'"《碩鼠》。《毛詩序》："刺重斂也。"箋云："古者三年大比，民或於是徙。"則《序》、箋之説並與此異。馬氏國翰《魯詩考》載此詩。又："妻得諫夫者，夫婦一體，榮恥共之。《詩》云：'相鼠有體，人而無禮。人而無禮，胡不遄死。'此妻諫夫之詩也。"《相鼠》。《毛詩序》："衛文公能正其群臣，而刺在位，承先君之化，無禮儀也。"與此義殊。陳氏奐、陳氏立並謂爲《魯詩》説。《王者不臣》篇："《詩》云：'文武受命，召公維翰。'召公，文王子也。"《江漢》。鄭箋云："昔文王、武王受命，召公爲之楨幹之臣。"是召公爲文王之臣也，與此説殊。陳氏奐謂其言文王子，當從《魯詩》説。《瑞贊》篇："《詩》云：'玄王桓撥，受小國是達，受大國是達。'言湯王天下，大小國皆來見，湯能通達以禮義也。"《長發》。毛傳："玄王，契也。"箋云："玄王廣大其政治，始堯封之商爲小國，舜之末年，乃益其土地爲大國，皆能達其教令。"與此説異。陳氏立謂此蓋《魯詩》説。又引《周頌》曰："'烈文辟公，錫茲祉福。'言武王伐紂定天下，諸侯來會，聚于京師受法度也。"《烈文》。《毛詩序》："成王即政，諸侯助祭也。"《詩譜正義》引服虔注《左傳》云："《烈文》，成王初即雒邑，諸侯助祭之樂歌。"並與此異。陳氏立謂此《魯詩》説。《三正》篇："《詩》曰：'命此文王，于周于京。'此言文王改號爲周，易邑爲京也。"説見前《號》篇下。

　　三曰魯説與《毛詩》通者二。如《謚》篇："死乃謚之何？《詩》

云：‘靡不有初，鮮克有終。’言人行終始不能若一，故據其終，始從可知也。”《蕩》。毛傳於此無釋，箋云：“民始皆庶幾於善道，後更化於惡俗。”與此意相發明。馬氏國翰《魯詩考》載此。《聖人》篇：“何以言文武周公皆聖人也？《詩》曰：‘文王受命。’非聖人不能受命。”《有聲》。傳、箋無釋，疏謂：“應天命者，天既命爲天子，當立天子之居，故言徙都於豐，以應天命。”此雖申鄭箋“徙都于豐，以應天命”之説，亦足與此相發明。馬氏國翰《魯詩考》載此。

　　四曰魯説與《毛詩》異字同義者三。如《號》篇：“君之爲言群也。子者，丈夫之通稱也。何以知其通稱也？以天子至于民。故《詩》云：‘愷悌君子，民之父母。’”《泂酌》。《毛詩》“愷悌”作“豈弟”，《序》謂爲“召、康公戒成王之詩”，“君子”蓋指成王而言，即天子之通稱也。馬氏國翰《魯詩考》載此，謂古文《孝經》引《詩》作“愷悌”，孔傳同。案：《孝經》用《魯詩》字。《辟雍》篇：“何以知有水也，《詩》曰：‘思樂泮水，薄采其茢。’《詩訓》曰：‘水圓如璧。’”《泮水》。《毛詩》“茢”作“芹”，傳云：“泮水，泮宮之水也。”陳氏立謂此爲《魯詩》説。《嫁娶》篇：“姪娣年雖少，猶從適人者，明人君無再娶之義也。還待年於父母之國者，未任答君子也。《詩》云：‘姪娣從之，祁祁如雲。韓侯顧之，爛其盈門。’”《韓□》。《毛詩》“姪”作“諸”。傳云：“諸娣，眾妾也。”箋云：“媵者，必娣姪從之。獨言娣者，舉其貴者。”然則毛傳言“眾妾”者，即姪娣之統稱也。馬氏國翰《魯詩考》載此，云《劉向傳》説同。

　　五曰韓説與《毛詩》同者一。如《巡狩》篇引《詩》：“又曰：‘蔽芾甘棠，勿翦勿伐，召伯所茇。’言召公述職，親説舍於野樹之下也。”《甘棠》。《毛詩序》：“美召伯也。召伯之教，明於南國。”箋云：“召伯聽男女之訟，不重煩勞百姓，止舍小棠之下而聽斷焉。”此是述職親説也。王氏伯厚《詩考》載此，於《韓詩》內引《漢書·王吉傳》云：“昔召公述職，當民事時，舍於棠下而聽斷焉，是時人皆得其所。後世思其仁，恩至虖不伐甘棠。”以吉曾學《韓詩》者也。

六曰韓説與《毛詩》異者二。如《禮樂》篇："王者有六樂者,貴公美德也,所以作供養。謂傾先王之樂。《詩》云:'奏鼓簡簡,衍我烈祖。'"《那》。毛傳:"烈祖,湯,有功烈之祖也。"《史記》注引《韓詩章句》"《商頌》,美襄公"以爲襄公祀成湯之詩也,與毛爲祀成湯之樂爲太宗時不同。陳氏立謂此蓋《韓詩》。《車旂》篇:"鸞者在衡,和者在軾,馬動則鸞鳴,鸞鳴則和應。其聲鳴曰和敬,舒則不鳴,疾則失音,明得其和也。故《詩》曰:'和鸞雍雍,萬福攸同。'《魯訓》曰:'和,設軾者也。鸞,設衡者也。'"案:此"魯"當作"韓",王氏《詩考》於《韓詩》內載《禮記經解》注引《韓詩內傳》云"鸞在衡,和在軾",與此《魯訓》説同,此《魯訓》疑誤。此雖見《後漢·輿服志》注,當從《內傳》,改"韓"爲允。《蓼蕭》。毛傳:"在軾曰和,在鑣曰鸞。"則與"在衡"之説異矣。

七曰韓説與《毛詩》異字同義者三。如《爵》篇:"世子上受爵命,衣士服何?(嫌)〔謙〕不敢自專也。故《詩》曰:'韎韐有奭。'謂世子始行也。"《瞻彼》。《毛詩》"奭"作"奭",《序》云:"思古明王能爵命諸侯。"箋云:"此諸侯世子也,除三年之喪,服士服而來,未遇爵命之時,時有征伐之事,天子以其賢,任爲將軍,始代卿士,將六軍而出。"是《毛詩》家亦以此爲"諸侯世子上受爵命"之詩也。案:《白虎通》此篇上文引《韓詩內傳》曰"諸侯世子三年喪畢"云云,與此詩説當是《韓詩》説,又《通典》五十三引《內傳》同。《三綱六紀》篇:"何謂綱紀? 綱者,張也。紀者,理也。《詩》云:'亹亹我王,綱紀四方。'"《棫樸》。《毛詩》"亹亹"作"勉勉",箋云"張之爲綱,紀之爲理",即此義也。王氏《詩考》引《韓詩外傳》"亹亹文王,綱紀四方",知此所據者《韓詩》説。《田獵》篇:"苑囿所以在東方何? 苑囿,養萬物者也。東方,物所以生也。《詩》云:'東有圃草。'"《車攻》。《毛詩》"圃"作"甫",傳云:"甫,大也。"與《文選注》引《韓詩》云"東有圃草,圃,博也,有博大之茂草也"同義。陳氏立謂此所用者《韓詩》説也。

八曰三家《詩》説與《毛詩》同者十。《封公侯》篇:"王者所以有二伯者，分職而授政，欲其亟成也。《詩》云：'蔽芾甘棠，勿翦勿伐，召伯所茇。'"《甘棠》。箋云："召公爲二伯，此美其功。"蓋用三家而爲之説。陳氏奐謂《白虎通》所引此詩之説，是《甘棠》作於武王之世。蓋三家説。《京師》篇："周家始封於何？后稷封於邰，公劉去邰之邠。《詩》曰：'即有邰家室。'"《生民》。毛傳："堯見天因邰而生后稷，故國后稷於邰。"箋云："堯改封於邰，就其成國之家室，無變更也。"與此説並同。案："邰"字，王氏《詩考·異字異義》篇作"台"，陳氏《毛詩傳疏》引《白虎通》説亦作"台"，今諸本並作"邰"，殆誤。《三軍》篇"《詩》云'周王于邁，六師及之'"下云："以爲五人爲伍，五伍爲兩，四兩爲卒，五卒爲旅，五旅爲師，師二千五百人，師爲一軍，六師一萬五千人也。"《棫樸》。毛傳："天子六軍。"箋云："二千五百人爲師，今王興師行者，殷末之制，未有周禮。"案：《鄭志》臨碩並引《詩》三處"六師"之文，以難《周禮》。鄭釋之云："春秋之兵，雖累萬之眾，皆稱師。《詩》之'六師'，謂六軍之師。"此引"六師"以證軍制，當亦以"六師"爲六軍。案：諸家皆無謂此詩爲某家者，愚意竊以三家説當之。《誅伐》篇："王者受命而起，諸侯有臣弑君而立，當誅。君身死子不得繼之者，以其逆無所承也。《詩》云：'毋封靡于爾邦，惟王其崇。'"此言尸諼然則節神者，即所以聽之視之也。此三家《詩》。

九曰三家説與《毛詩》通者七。如《禮樂》篇："合曰《大武》者，天下始樂，周之征伐行武，故詩人歌之曰：'王赫斯怒，爰整其旅。'當此之時，樂文王之怒以定天下，故樂其武也。"《皇矣》。箋云："赫然怒意。"《續漢志》注引《東觀書》載東平王議云："《元命苞》曰：'緣天地之所雜樂，爲之文典。文王之時，民樂其興師征伐，而詩人稱其武功。'"是足以發明此意。此三家《詩》。《封公侯》篇："周公不之魯何？爲周公繼武王之業也。《詩》云：'王曰叔父，建爾元子，俾侯於魯。'"《閟宮》。鄭箋云："既告周公以封伯禽之意，乃策命伯禽，使爲君於東。"蓋使伯禽紹公封於魯，而留公相周以繼武王之業，箋雖無釋,此意正相發明。此三家《詩》。《鄉射》篇:"何以知爲戒難也?《詩》曰:'四矢反兮,以禦亂兮。'"《猗嗟》。鄭箋云:"必四矢者,象其能禦四方之亂也。"此意正相發明。案:此非《韓詩》,乃齊、魯《詩》以釋文,《韓詩》反作變故也。《辟雍》篇:"天子所以有靈臺者何?所以考天人之心,察陰陽之會,撰星辰之證驗,爲萬物獲福無方之元。《詩》云:'經始靈臺。'靈臺。《毛詩序》:"文王受命,而民樂其有靈德以及鳥獸昆蟲。"則"靈德"者即"考天人之心"云云之謂也。此三家《詩》說。《巡狩》篇:"《詩》曰:'周公東征,四國是皇。'言東征述職,周公黜陟而天下皆正也。"《破斧》。毛傳:"四國,管蔡商奄也。皇,匡也。"箋云:"周公既反攝政,東伐此四國,誅其罪,正其民人而已。"此即所以"述職黜陟"之事也。陳氏奐謂據三家說,正足以申成毛義。《嫁娶》篇:"男不自專娶,女不自專嫁,必由父母、須媒妁何?遠恥防淫泆也。《詩》云:'娶妻如之何,必告父母。'又曰:'娶妻如之何,匪媒不得。'"《南山》。毛傳云:"必告父母廟。"箋云:"議於生者,卜於死者。則父母在時,告於父母。父母没,則告於廟。"即"不自專"之義也。鄭《禮》注云:"言取妻之法,必有媒妁。"即"遠恥防淫泆"義也,皆足與此相發明。此三家《詩》。又:"必親迎,御輪三周,下車曲顧者,防淫泆也。《詩》云:'文定厥祥,親迎於渭。造舟爲梁,不顯其光。'"《大明》。箋云:"賢女配圣人,得其宜。故備禮。""備禮"云者,即親迎諸禮之謂也。此三家《詩》。

十曰三家說與《毛詩》異字同義者十。如《號》篇:"何以知諸侯得稱公?《詩》云:'覃公維私。'覃子也。《春秋》'葬許穆公',許男也。"《碩人》。《毛詩》"覃"作"譚",《正義》云:《春秋》'譚子奔莒',則譚子爵。言公者,蓋依臣子之稱,便文耳。"與此義合。王氏《詩考》載此於"異字異義類"。蓋三家說。《京師》篇引《詩》:"又曰:'篤公劉,于邠斯觀。'周家五遷,其意一也。"《篤公劉》。《毛詩》"邠"作"豳","觀"作"館",傳謂"館"爲"舍"。箋言"公劉于豳地作宫室",即是遷徙初創宮觀之義。王氏《詩考》"異字異義類"載此，當是三家《詩》。《辟雍》篇："不言泮雍何？嫌但半天子制度也。《詩》云：'穆穆魯侯，克明其德。既作泮宮，淮夷作服。'"《泮水》。《毛詩》"穆穆"作"明明"。箋云："'泮'之言'半'也，半水者，蓋東西門以南通水，北無也。"此言諸侯泮宮之制半於天子也。此三家《詩》。《封禪》篇："《詩》云：'於皇明周，陟其高山。'言周太平封泰山也。又曰：'墮山喬嶽，允猶翕河。'言望祭山川百神來歸也。"《般》。《毛詩》"明"作"時"，"墮"作"墮"，《序》云："巡守而祀四嶽河海也。"箋云："望秩於山川，小山及高岳皆信，案山川之圖而次序祭之。"此詩下又云"敷天之下，哀時之對"，即"百神來歸"之義也。王氏《詩考》"異字異義類"無"墮山"句，止載"於皇明周"句。蓋此亦三家《詩》。《考黜》篇："車馬、衣服、樂則三等者，賜與其物。《詩》云：'君子來朝，何錫與之。雖無與之，路車乘馬。又何與之？玄袞及黼。'"《采菽》。《毛詩》三"與"字俱作"予"，傳云："君子，謂諸侯也。"箋云："賜諸侯以車馬。"又云："諸公之服自袞冕而下，侯伯自鷩冕而下，子男自毳冕而下。王之賜，維用有文章者。"正同此說。王氏《詩考》"異字異義類"載"何錫與之"句注云：《白虎通》知此乃三家《詩》。《三教》篇："教者何謂也？教者，效也。上為之，下效之。民有質樸，不教而成。《詩》云：'爾之教矣，欲民斯效。'"《角弓》。《毛詩》"效"作"傚"，下句作"民胥傚矣"。箋云："見女之教令無善無惡，所尚者，天下之人皆學之。言上之化下，不可不慎。"此即"上為""下效"之義。此三家《詩》作"效"。《宗族》篇："若'邢侯之姨，覃公惟私'也。"案：此文上下疑有脫誤。"覃"，今本皆作"譚"，據上《號》篇改正。說見前《號》篇下。《姓名》篇："姓者，生也，人稟天氣所以生者也。《詩》曰：'天生蒸民。'"《烝民》。《毛詩》"蒸"作"烝"，傳云："烝，眾也。"箋云："天之生眾民。"其說相合。王氏《詩考》"異字異義類"載此。《嫁娶》篇："姻者，婦人因夫而成，故曰姻。《詩》云：'不惟舊因。'謂夫也。又曰：'燕爾新婚。'謂婦也。"《我行其野》，《毛詩》

"惟"作"思","因"作"姻"。《谷風》,《毛詩》"燕"作"宴","婚"作"昏"。箋云:"婿之父曰姻。"即謂夫之義也。《爾雅·釋親》:"婦之黨爲婚兄弟。"毛、鄭於此雖無釋,其義殆亦同此,即謂婦之義也。此三家《詩》。《紼冠》篇:"天子朱紼,諸侯赤紼。《詩》曰:'朱紼斯皇,室家君王。'又云:'赤紼金舄,會同有繹。'又云:'赤紼在股。'皆謂諸侯也。"《斯干》《車攻》《采菽》,《毛詩》"紼"皆作"芾"。《斯干》,箋云:"天子純朱,諸侯黃朱也。"意以宣王之適子世爲君王,明其朱芾。《車攻》,傳云:"諸侯赤紼。"《采菽》,傳亦云然。則與此說並同也。王氏《詩考》"異字異義類"止載"赤紼金舄"及"赤紼在股"。案:當是三家《詩》。

十一曰引《詩》說而不及《詩》辭者六。如《爵》篇引《韓詩內傳》曰:"諸侯世子三年喪畢,上受爵命於天子,所以名之爲世子何?言欲其世世不絕也。"案:此當是《大雅·韓□》章"韓侯受命"傳文之語。《禮樂》篇引《詩傳》曰:"大夫士琴瑟御。"案:《公羊傳》注:"《魯詩傳》曰:天子日舉樂,諸侯不釋懸,大夫、士日琴瑟。"此當是《魯詩》說,疑爲"山有蕳,胡不日鼓瑟"傳。又:"王者食,所以有樂何?樂食天下之太平、富積之饒也。明天子至尊,非功不食,非德不飽,故傳曰:'天子食時盧氏云"時"一作"日"舉樂。'"陳氏立謂傳上脫"詩"字。案:當是《公羊傳》注所引之《魯詩傳》說。《王者不臣》篇:"不名盛德之士者,不可屈爵祿也。故《韓詩內傳》曰:'師臣者帝,交友受臣者王,臣臣者爵,魯臣者亡不行。"盧氏云"魯"當與"虜"通,《詩考》同。《姓名》篇引:"《韓詩內傳》'太子生,以桑弧蓬矢六射上下四方'。明當有事天地四方也。"王氏《詩考》"韓詩類"載此於《斯干》下,此當是"乃生男子"傳說。又《文王十子》:"《詩傳》曰:'伯邑考、武王發、周公旦、管叔鮮、蔡叔度、曹叔振鐸、成叔處、霍叔武、康叔封、南季載。'"案:《列女傳》引《詩》"太姒生十男",此當是《魯詩》"則百斯男"傳文。

十二曰引《詩》辭而兼及《詩》說者二。如《辟雍》篇:"《詩》曰:'思樂泮水,薄采其芹。'《詩訓》曰:'水圓如璧。'"《車旂》篇:"《詩曰：‘和鸞雍雍，萬福攸同。’《魯訓》曰：‘和，設軾者也。鸞，設衡者也。’”

十三曰引《詩》已逸而今補者四。如《號》篇：“《詩》云：‘靡不有初，鮮克有終。’”陳氏立云十字據《御覽》補。《郊祀》篇：“《詩》云：‘神具醉止，皇尸載起。’”陳氏立云據《通典·禮八》補。《田獵》篇：“《詩》云：‘東有圃草。’”《車旂》篇：“《詩》曰：‘和鸞雍雍，萬福攸同。’”陳氏立云：“郊社以下闕文，並莊氏述祖補。”

十四曰引《詩》重見者十有六。如《號》篇引：“《詩》云：‘命此文王，于周于京。’”《三軍》篇引：“《詩》曰：‘命此文王，于周于京。’”《三正》篇引：“《詩》曰：‘命此文王，于周于京。’”凡三見。《封公侯》篇引：“《詩》云：‘蔽芾甘棠，勿翦勿伐，召伯所芨。’”《巡狩》篇引：“《詩》曰：‘蔽芾甘棠，勿翦勿伐，召伯所芨。’”凡兩見。《封公侯》篇引：“《詩》云：‘王曰叔父，建爾元子，俾侯于魯。’”《考黜》篇引：“《詩》云：‘王曰叔父，建爾元子，俾侯于魯。’”《王者不臣》篇引：“《詩》云：‘王曰叔父。’”凡三見。《王者不臣》篇引：“《詩》云：‘有客有客，亦白其馬。’”《三正》篇引：“《周頌》曰：‘有客有客，亦白其馬。’”凡兩見。《號》篇引：“《詩》云：‘覃公維私。’”《宗族》篇引：“《詩》：‘邢侯之姨，覃公維私。’”凡兩見。《嫁娶》篇引：“《詩》云：‘文定厥祥，親迎于渭。造舟為梁，不顯其光。’”又引：“《詩》云：‘文定厥祥，親迎于渭。’”又引：“《詩》云：‘大邦有子，俔天之妹。文定厥祥，親迎于渭。’”凡三見。

十五曰引《詩》而不稱“《詩》曰”者一。如《宗族》引“邢侯之姨，覃公維私”是也。

然則《白虎通》之引《詩》固兼三家之説，特惜三家久亡，不能舉其説而盡析之，願以俟博雅之君子焉。

# 《白虎通》詩說考

## （九月分齋課超等第五名）

姚　虞

　　班固《白虎通義》引《詩》及《詩傳》《詩訓》者凡六十餘則，今彙輯之而疏其文與義之異毛者，餘亦依次附録焉。

　　《爵》篇云："封諸侯于廟者，示不自專也。明法度皆祖之制也，舉事必告焉。《詩》曰：'王命卿士，南仲太祖。'"《大雅・常武》文。又云："《韓詩內傳》曰：'諸侯世子三年喪畢，上受爵命于天子。所以名之爲世子何？言欲其世世不絶也。'"此《大雅・韓□》篇"韓侯受命"傳文下二語，《文選注》引作"所以爲世子何，言其世世不絶也"，毛傳云："受命，受命爲侯伯也。"不言世子喪畢事，此異。又云："世子上受爵命，衣士服何？謙不敢自專也。故《詩》曰：'鞹鞃有靶。'謂世子始行也。"此《小雅・瞻彼洛矣》文。《毛詩》作"奭"，此作"靶"，異。

　　《號》篇云："何以知其通偁也，以天子至于庶民。故《詩》云：'愷悌君子，民之父母。'"《大雅・泂酌》文，《毛詩》作"豈弟"。又云："何以知即政立號也。《詩》云：'命此文王，于周于京。'此改號爲周，易邑爲京也。"此《大雅・大明》文。毛傳云："京，大也。"箋云："君天下於周京之地。"并與此異訓。《三軍》《三正》篇并引此文，後不復録。又云："何以知諸侯得偁公？《詩》云：'覃公惟私。'覃子也。"《衛風・碩人》文。《毛詩》"覃"作"譚"，"惟"作"維"，此異。《宗族》篇引"邢侯之姨，覃公惟私"，不復録。

　　《諡》篇云："死乃諡之何？《詩》云：'靡不有初，鮮克有終。'言人行始終不能若一，故據其終，始從可知也。"《大雅・蕩》篇文。

　　《禮樂》篇云："周公曰酌者，言周公輔成王，能斟酌文武之道而成之也。"此未稱《詩》，然實《周頌・酌》篇説也。《毛詩敘》云"酌，告成《大武》也"。此以爲周公之樂與英韶夏濩并言，義與毛殊。又云："合曰《大武》者，天下始樂周之征伐行武,故詩人歌之曰:'王赫斯怒,爰整其旅。'當此之時,樂文王之怒以定天下,故樂其武也。"此《大雅·皇矣》文。《春秋繁露·楚莊王》篇云:"文王作武。《詩》云:'文王受命,有此武功,既伐于崇,作邑于豐。'樂之風也。又曰:'王赫斯怒,爰整其旅。'當是時,紂爲無道,諸侯大亂,民樂文王之怒而歌詠之也。周人德已洽於太平,反本以爲樂,謂之《大武》。"班義本此,與毛鄭傳箋説異。又云:"《詩傳》曰:'大夫士琴瑟御。'"此《魯詩·唐風·山有蓲》篇"何不日鼓瑟"傳文。《公羊》隱五年《傳》注引《魯詩傳》曰:"天子食日舉樂,諸侯不釋縣,大夫、士日琴瑟御。"又云:"所以作四夷之樂何? 德廣及之也。《詩》云:'奏鼓簡簡,衎我烈祖。'"《商頌·那》篇文。又云:"王者食,所以有樂何? 樂食天下之太平、富積之饒也。明天子至尊,非功不食,非德不飽,故傳曰:'天子食時舉樂。'"此亦《魯詩》,傳文見前。

《封公侯》篇云:"王者所以有二伯者,分職而授政,欲其亟成也。《詩》云:'蔽芾甘棠,勿翦勿伐,邵伯所茇。'"《召南·甘棠》文。《毛詩》"邵"作"召",《序》云:"《甘棠》,美召伯也,召伯之教,明於南國。"本書《巡狩篇》引此文云:"邵公述職,親説舍於野樹之下也。"説與毛異,則此文亦非用《毛詩》。後引《詩》不復録。又云:"周公之不之魯何? 爲周公繼武王之業也。《詩》云:'王曰叔父,建爾元子,俾侯于魯。'"《魯頌·閟宮》文。《考黜》篇引"此文王"者,《不臣》篇引首句,皆因文取證,後不復録。又云:"周家始封于何? 后稷封于台,公劉去台之邰。《詩》曰:'即有台家室。'又曰:'篤公劉,于邰斯觀。'周家五遷,其意一也,皆欲成其道也。"此《大雅·生民》及《篤公劉》文。《毛詩》"台"作"邰","邰"作"豳","觀"作"館",此並異。

《三軍》篇云:"何以言有三軍也? 《論語》曰:'子行三軍,則誰與。'《詩》云:'周王于邁,六師及之。'三軍者何? 法天地人也。以爲五人爲伍,五伍爲兩,四兩爲卒,五卒爲旅,五旅爲師,師二千五百人,師爲一軍,六師一萬五千人也。"此《大雅·棫樸》文。陳氏《疏證》本"五旅爲師"以下作"五師爲軍,萬二千五百人爲一軍,三軍三萬七千五百人也"。此依舊本。毛傳云"天子六軍",班意以文王不得僭天子之制,故以六師爲一萬五千人,説與毛殊。又云:"古者師出不踰時者,爲怨思也。天道一時生,一時養。人者，天之貴物也。踰時則内有怨女，外有曠夫。《詩》云：'昔我往矣，楊柳依依。今我來思，雨雪霏霏。'"《小雅·采薇》文，《毛詩敘》以此爲文王時詩。《漢書·匈奴傳》引《采薇》詩以爲周懿王時作，此引爲"師出踰時"之證，當亦謂懿王時詩。蓋三家説與毛異。

《誅伐》篇云："王者受命而起，諸侯有臣弑君而立，當誅。君身死，子不得繼之者，以其逆無所承也。《詩》云：'毋封靡于爾邦，惟王其崇之。'此言追誅大罪也。"《周頌·烈文》篇文。《毛詩》"惟"作"維"，傳云："封，大也。靡，累也。崇，立也。"箋云："無大累於女國，謂諸侯治國無罪惡也。王其厚之，增其爵土也。"義與此正相反。又云："佞人當誅何？爲其亂善行，傾覆國政。《韓詩内傳》曰：'孔子爲魯司寇，先誅少正卯。'謂佞道已行，亂國政也。佞道未行，章明遠之而已。"此《韓詩·小雅·巷伯》篇"投彼有北"傳文，《通志·氏族略》引《内傳》云："魯大夫有少正卯，仲尼誅之。"

《諫諍》篇云："《詩》曰：'逝將去女，適彼樂土。'"《魏風·碩鼠》文。又云："妻得諫夫者，夫婦一體，榮恥共之。《詩》云：'相鼠有體，人而無禮。人而無禮，胡不遄死。'此妻諫夫之詩也。"《鄘風·相鼠》文。《毛詩敘》云："《相鼠》，刺無禮也。衛文公能正其群臣，而刺在位承先君之化無禮儀也。"與此異義。

《鄉射》篇云："何以知爲戒難也？《詩》曰：'四矢反兮，以禦亂兮。'"《齊風·猗嗟》文。

《辟雍》篇云："何以知有水也？《詩》曰：'思樂泮水，薄采其茆。'《詩訓》曰：'水圓如璧。'"此《魯頌·泮水》文，《毛詩》"茆"作"芹"，本書宋影鈔本亦作"芹"。《詩訓》疑《魯詩·文王有聲》篇"鎬京辟雍"傳文也。"不言泮雍何？嫌但半天子制度也。《詩》云：'穆穆魯侯，克明其德。既作泮宫，淮夷攸服。'"亦《魯頌·泮水》文，此前引《魯訓》當皆據《魯詩》。又云："天子所以有靈臺何？所以考天人之心，察陰陽之會，揆星辰之證驗，爲萬物獲福無方之元。《詩》云：'經始靈臺。'"《大雅·靈臺》文。毛傳云："神之精明者偁靈，四方而高曰臺。"孔疏謂毛説"靈臺不足以監視"。義與此殊。

《封禪》篇云："《詩》云：'於皇明周，陟其高山。'言周太平封泰山也。又曰：'墮山喬嶽，允猶翕河。'言望祭山川，百神來歸也。"并《周頌·般》文。《毛詩》"明"作"時"，"墮"作"隨"，此異。

《巡狩》篇云："《詩》曰：'周公東征，四國是皇。'言東征述職，周公黜陟而天下皆正也。"《豳風·破斧》文，《毛詩》家以此詩爲東征管叔時作，此異。

《考黜》篇云："車馬、衣服、樂則三等者，賜與其物。《詩》云：'君子來朝，何錫與之。雖無與之，路車乘馬。又何與之？玄袞及黼。'"《小雅·采菽》文，《毛詩》"與"并作"予"。

《王者不臣》篇云："不臣二王之後者，尊先王，通天下之三統也。《詩》云：'有客有客，亦白其馬。'謂微子朝周也。"《周頌·有客》文。又云："子得爲父臣者，不遺善之義也。《詩》云：'文武受命，召公維翰。'召公，文王子也。"《大雅·江漢》文。又云："《韓詩內傳》曰：'師臣者帝，友臣者王，臣臣者伯，魯臣者亡。'"此《韓詩·大雅·文王有聲》篇"皇王維辟"傳文。《唐會要》卷七引作"師臣者帝，交友受臣者王，臣臣者霸，魯臣者亡。"《聖人》篇云："何以言文武周公皆聖人也？《詩》曰：'文王受命。'非聖不能受命。"《大雅·文王有聲》文。

《瑞贄》篇云："王者始立，諸侯皆見何？當受法稟正教也。《詩》云：'玄王桓撥，受小國是達，受大國是達。'言湯王天下，大小國皆來見。湯能通達以義禮也。"《商頌·長發》文。毛傳："玄王，契也。"鄭箋："玄王，廣大其政治，始堯封之商爲小國，舜末年乃益其土地爲大國，皆能達其政令。"義與此殊。又云："《周頌》曰：'烈文辟公，錫茲祉福。'言武王伐紂定天下，諸侯來會，聚于京師，受法度也。"《烈文》篇文。《三正》篇云："文家先改正，質家先伐何？改正者文，伐者質，文家先其文，質者先其質。《詩》曰：'命此文王，于周于京。'此言文王改號爲周，易邑爲京也。又曰：'清酒既載，騂牡既備。'言文王之牲用騂，周尚赤也。”前引《詩・大明》文，説見上。後《大雅・旱麓》文，毛傳云：“言年豐畜碩也。”此别爲一義。又云：“《詩》曰：‘厥作祼將，常服黼冔。’言微子服殷之冠，助祭于周也。”《大雅・文王》文，下引“有客”詩已見前，不録。

《三教》篇云：“教者何謂也？教者，效也。上爲之，下效之。民有質樸，不教而成。《詩》云：‘爾之效矣，欲民斯效。’”《小雅・角弓》文，《毛詩》作“民胥傚矣”。

《三綱六紀》篇云：“是以綱紀爲化，若羅網之有紀綱，而萬目張也。《詩》云：‘亹亹文王，綱紀四方。’”《大雅・棫樸》文，《毛詩》作“勉勉我王”。又云：“姊尊妹卑，其禮異也。《詩》云：‘問我諸姑，遂及伯姊。’”《邶風・泉水》文。

《姓名》篇云：“殷姓子氏，祖以玄鳥子生也。周姓姬氏，祖以履大人跡生也。”此未偁《詩》，亦三家《生民》《玄鳥》詩説，與毛異義，故録之。又云：“《韓詩内傳》曰：‘太子生，以桑弧蓬矢六射上下四方，明當有事天地四方也。’”此《韓詩・小雅・斯干》“乃生男子”傳文，《文選》卷二十九《雜詩》李善注引同。又云：“文王十子。《詩傳》曰：‘伯邑考、武王發、周公旦、管叔鮮、蔡叔度、曹叔振鐸、成叔處、霍叔武、康叔封、南季載。’”此《魯詩・大雅・思齊》“則百斯男”傳文，《列女傳》略同，盧氏文弨又以爲《韓詩傳》，疑莫能定也。

《衣裳》篇云：“何以知上爲衣，下爲裳，以其先言衣也。《詩》曰：‘褰裳涉溱。’所以合爲下也。”《鄭風・褰裳》文。又云：“何以知婦人亦佩玉？《詩》云：‘將翱將翔，佩玉將將。彼美孟姜，德音不忘。’”《鄭風・同車》文。

《嫁娶》篇云：“男不自專娶，女不自專嫁，必由父母、須媒妁何？遠恥防淫泆也。《詩》云：‘娶妻如之何，必告父母。’又曰：‘娶妻如之何，匪媒不得。’”《齊風・南山》文。又云：“必親迎，御輪三周，下車曲顧者，防淫泆也。《詩》云：‘文定厥祥，親迎于渭。造舟爲梁，不顯其光。’”《大雅・大明》文。《毛詩》家以文王親迎爲王季在日事，本書後引此詩為"人君無父母,自定娶"之證,是以為王季没後事,説與毛殊。後兩引此詩,不復錄。又云:"嫁娶必以春何?春者,天地交通,萬物始生,陰陽交接之時也。《詩》云:'士如歸妻,迨冰未泮。'《邶風·匏有苦葉》文。毛氏言昏期以九月至正月止,與《韓詩傳》"霜降逆女,冰泮殺止"説合,此云嫁娶以春,與毛、韓并異。又云:"姪娣年雖少,猶從適人者何?明人君無再娶之義也。還待年於父母之國者,未任答君子也。《詩》云:'姪娣從之,祁祁如雲。韓侯顧之,爛其盈門。'"《大雅·韓□》文。又云:"婦人所以有師何?學事人之道也。《詩》云:'言告師氏,言告言歸。'"《周南·葛覃》文。又云:"出婦之義,必送之,接以賓客之禮。君子絶,愈于小人之交。《詩》云:'薄送我畿。'"《邶風·谷風》文。又云:"姻者,婦人因夫而成,故曰姻。《詩》云:'不惟舊因。'謂夫也。又曰:'燕爾新婚。'謂婦也。"《小雅·我行其野》及《邶風·谷風》文,《毛詩》作"不思舊姻""宴爾新昏",此異。

《紼冕》篇云:"天子朱紼,諸侯赤紼。《詩》曰:'朱紼斯皇,室家君王。'又云:'赤紼金舄,會同有繹。'又云:'赤紼在股。'皆謂諸侯也。"《小雅·斯干》《車攻》《采菽》文,《毛詩》"紼"作"芾"。

《崩薨》篇云:"合葬者何?所以同夫婦之道也。故《詩》曰:'穀則異室,死則同穴。'"《王風·大車》文,《列女傳》以為息夫人作,或《魯詩》説。

《宗廟》篇云:"故座尸而食之,毁損其饌,欣然若親之飽,尸醉若神之醉矣。《詩》云:'神具醉止,皇尸載起。'"《小雅·楚茨》文。

《車旂》篇云:"鸞者在衡,和者在軾,馬動則鸞鳴,鸞鳴則和應。其聲鳴曰和敬,舒則不鳴,疾則失音,明得其和也。故《詩》云:'和鸞雍雍,萬福攸同。'《魯訓》曰:'和,設軾者也。鸞,設衡者也。'"《小雅·蓼蕭》文,《毛詩》作"鸘鸘",所引《魯訓》,又見《後漢書·輿服志》。

《田獵》篇云:"苑囿所以在東方何?苑囿,養萬物者也。東方,物所以生也。《詩》云:'東有圃草。'"《小雅·車攻》文。《毛詩》作"甫草",云:"甫,大也。"此以為苑囿,名義異。

謹案:《後漢書》班固本傳言固學無常師,而是編又撰集當時諸儒講義,非班氏一家之言,故篇中《詩》説有同毛義者,有偁《魯訓》者,有偁《韓内傳》者,《齊詩》雖無可見,而《性情》篇言"喜在西方,怒在東方,好在北方,惡在南方,哀在上,樂在下"云云,實本《齊詩》"六情"之義。齊説見《漢書·翼奉傳》。則未可以經師家法求也。近世若臧氏琳、馮氏登府臧説見《經藝雜記》,馮説見《三家詩異文疏證》以《藝文志》有"魯爲最近"之説,遂以是編所説爲《魯詩》。而馬氏國翰則據班伯受《詩》師丹見《漢書·敘傳》,謂固世爲齊學,是編所説者皆《齊詩》。見所輯《齊詩傳》。是皆偏執之論而已。夫三家久亡,佚文墜義既無可徵而見諸本書者,其爲魯爲韓爲齊爲毛,復兼收并采,若是則其異毛而無證者,又烏可以一家泥之哉?茲第疏其異同,而其説之所自出,概不敢以己意爲斷。非好爲立異,庶幾闕疑之義,無所違戾云爾。

# 千乘之國解

## (十月分齋課超等第一名)

姚　虞

《論語》"千乘之國",馬、包異説。馬云:"《司馬法》:'六尺爲步,步百爲畝,畝百爲夫,夫三爲屋,屋三爲井,井十爲通,通十爲成,成出革車一乘。'然則千乘之賦,其地千成,居地方三百一十六里有畸,唯公侯之封乃能容之,雖大國之賦亦不是過焉。"包云:"千乘之國者,百里之國也。古者方里爲井,十井爲乘,百里之國,適千乘也。"何晏《集解》謂融依《周禮》,包依《王制》。《孟子》疑不能決,因兩存之。邢昺疏亦各爲之釋,無所折衷。鄭康成注云:"《司馬法》：‘步百爲畝，畝百爲夫，夫三爲屋，屋三爲井，井十爲通，通十爲成，成方十里出革車一乘，甲士三人，步卒七十二人。’公侯之封乃能容之，雖大國之賦亦不是過焉。”此亦用馬氏説。朱子嘗疑一乘非十井八十家所能給，而注《孟子》又言“地方百里，出車千乘”，則仍主包説。

案：《春秋》書魯成公“作邱甲，邱十六井”也，以十六井出一甸之賦猶且不可，乃使十井出一乘，其虐不更甚於邱甲乎？包説本不足信，而後儒多惑之。近世若毛氏奇齡、金氏鶚尤力持斯議者，皆泥於《王制》《孟子》之文謂大國不過百里耳，不知《王制》言公侯皆方百里，伯七十里，子男五十里。鄭注及賈公彦《周禮·職方》疏皆以爲夏制。蓋夏制五等之爵，三等受地。殷變爵爲三等，合伯子男爲一，其受地亦三等。説詳《白虎通·爵》篇。武王克商，復增子男爵爲五等。而是時九州之界尚狹，故受地仍三等，與夏殷同。及周公攝政，致太平，斥大九州之界，制禮，成武王之意，封王者之後爲公，及有功諸侯，大者方五百里，其次四百里，其次三百里，其次二百里，其次百里。《周禮·大司徒》及《職方》所云是也。以上並鄭、賈義。周之建國，與夏殷異。百里男，國之小者。焉有公侯而僅百里乎？孟子答北宮錡云云，亦以夏制爲周制，觀其言曰某也嘗聞其略，則爲傳聞約略之詞，非有載紀明據，可知王氏與之云。孟子見戰國爭雄，壤地廣袤，遂援百里、七十里、五十里之制，以抑當時并吞無已之心。若今之偏州下邑，奚啻百里？《周禮》所載不爲過也。斯言蓋得其情矣。即《孟子》云：齊魯之封，儉於百里。蓋亦據初制而言，迨後成王以周公有功，廣地且七百里。《明堂位》所記是矣。奚止百里乎？或曰《左傳》襄二十五年子產適晉獻捷，言天子之地一圻，列國之地一同。圻方千里，同方百里。此與《王制》《孟子》合，奚不可據曰子產所云亦救時之談，非核實之論。如以爲制本如是，則圻方千里爲方百里者百，是時晉之地且數圻矣。雖有兼併，未聞滅國。若是之眾且如包氏説一同之地車當千乘，數圻之地車當數十萬乘，何以叔向僅言寡君有甲車四千乘乎？觀於是則知子産之言不足據，而《王制》《孟子》公侯百里之説，其非周制無疑。包説不待辨而絀矣。

或曰《周禮》言封域包山陵、林麓、川澤、溝洫、城郭、宮室、涂巷及附庸在内，其所謂"里"，乃廣長之"里"。《王制》《孟子》言禄制當紀實田，其所謂"里"乃方里，而井之"里"二者名異實同。軍賦當依實田起征。包云"百里之國，適千乘"，此亦舉實田計之，若加以山陵、林麓諸地及附庸之國，則所云"百里"亦即《周禮》之"公五百里、侯四百里"者奚不可通。曰此亦自來相沿之謬説，其實《周禮》與《王制》《孟子》所言斷不可牽合爲一。諸儒特未深考耳。《王制》言方百里者爲田九十億畝，山陵、林麓、川澤、溝瀆、城郭、宮室、塗巷三分去一，其餘六十億畝。是凡一國之中，山陵諸地僅居三分之一。若謂《周禮》《王制》《孟子》所言文異實同，則試以公國論之，方五百里者爲方百者二十五，而實田僅百里，是山陵、林麓諸地居二十五分之二十四矣。以侯國論之，方四百里者爲方百者十六，而實田僅百里，是山陵、林麓諸地居十六分之十五矣。即加以附庸之國，亦不應五百里、四百里者，其實田僅百里。《王制》《孟子》之説，烏可通《周禮》而一之哉。《王制》《孟子》之説既不可通《周禮》而一之，則馬之依《周禮》者可信而包之依《王制》《孟子》者不可信何？則以周之建國公侯田不僅百里，包所依者，其説已先不可依也。

夫不辨《周禮》《王制》《孟子》之是非，則無以決包、馬之是非。今既明《王制》《孟子》不可依，馬説爲可信矣。顧《周禮》言公五百里、侯四百里、伯三百里，馬云地方三百一十六里有畸，非公侯之封不能容之，似與《周禮》不符者何？曰：《周禮》所言者封域，馬所言者田數。封域有山陵、林麓諸地及附庸在内，田數則悉除去以三分去一之法，計之必五百里、四百里之封域而後可得此方三百有餘里之實田，故曰非公侯之封莫能容。馬説之合於《周禮》者正以此，豈有不符者歟！

至《司馬法》原有二文，其一云：“六尺爲步，步百爲畝，畝百爲夫，夫三爲屋，屋三爲井，井十爲通，通爲匹馬三十、家士一人，徒二人。通十爲成，成百井，三百家，革車一乘，士十人，徒二十人，十成爲終。終千井，三千家，革車十乘，士百人，徒二百人，十終爲同。同方百里，萬井，三萬家，革車百乘，士千人，徒二千人。”此鄭君《小司徒》注所引《小雅·甫田》，箋亦用之者也。一云：“四井爲邑，四邑爲邱，有戎馬一匹、牛三頭，是曰匹馬邱牛。四邱爲甸，甸六十四井，出長轂一乘，馬四匹，牛十二頭，甲士三人，步卒七十二人，戈楯具備，謂之乘馬。”此服虔《左傳》注所引，見於《小雅·信南山》正義者也。《漢書·刑法志》略與此同，不言《司馬法》。一言百井出一乘，一言六十四井出一乘，説者多疑其矛盾，不知鄭君《小司徒》注云：“甸方八里，旁加一里。”謂四旁各加一里。則方十里爲一成，積百井，九百夫。其中“六十四井五百七十六夫出田稅，三十六井三百二十四夫治溝洫”，是言通言成者，通旁加治溝洫井夫計之，言邱言甸者，除旁加治溝洫井夫計之。一成之田，出田稅軍賦者六十四井，不出田稅軍賦而治溝洫者三十六井。云甸云成，兩者互明，實仍一法。其士徒三十人，士卒七十五人，一乘而人數不同者，則《小司徒》賈疏所謂“畿外邦國甲士三人，步卒七十二人，甲士少，步卒多；畿內采地士十人、徒二十人，甲士多，步卒少，內外有異故耳”。《論語》所言亦畿外之邦國。而馬注引《司馬法》爲通爲成云云，以明大國實有之田數。鄭復參合《司馬法》二文而一之，以明其非畿內采地。於此可見二注之精核，而世猶惑於包注百里之説。然則《魯頌》言“公車千乘”，豈僖公之世魯地僅方百里耶？《明堂位》言“革車千乘”，豈彼文所云地方七百里者爲羨文譌文耶？《明堂位》言：“封周公於曲阜，地方七百里，革車千乘。"七百里較公侯之封更大，而車止千乘，可知馬、鄭云"雖大國之賦亦不是過者"語皆有據。我知其不可通矣。

# 千乘之國解

## （十月分齋課超等第二名）

陳培庚

《論語》道"千乘之國"，馬注以爲百井出一乘，包注以爲十井出一乘。馬曰："成出革車一乘，千乘之國其地千成，居地方三百一十六里有奇。"包曰："方里而井，十井一乘，百里之國適千乘也。"何氏《集解》兩説并存，謂馬依《周禮》，包依《王制》《孟子》。

案《周禮·小司徒》："乃經土地而井牧其田野。九夫爲井，四井爲邑，四邑爲邱，四邱爲甸，四甸爲縣，四縣爲都。以任地事而受貢賦凡税斂之事。"鄭注引《司馬法》曰："步百爲畮，畮百爲夫，夫三爲屋，屋三爲井，井十爲通。通爲匹馬，三十家，士一人，徒二人。通十爲成，成百井，三百家，革車一乘，士十人，徒二十人。"馬云："成出革車一乘，本《司馬法》，《周禮》無此文也。"《漢書·刑法志》云："四井爲邑，四邑爲邱，邱十六井也。戎馬一匹，牛三頭。四邱爲甸，甸六十四井也，有戎馬四匹、兵車一乘、牛十二頭、甲士三人、卒七十二人。甸方八里，即是成之十里。"鄭注《周官·匠人》謂"方十里爲成，中容一甸，甸方八里，出田租，緣邊一里，治洫"。《小司徒》"甸方八里，旁加一里，則方十里爲一成，積百井，九百夫，其間六十四井五百七十六夫出田税，三十六井三百二十四夫治溝洫"。是一成之中出車者實止一甸六十四井也。鄭云"治溝洫"，班則謂"除山川沈斥、城池邑居、園囿術路"，微不同耳。而志説亦《司馬法》，是亦馬氏所本，其云"居地三百一十六里有奇"，即志云"一封三百一十六里，提封十萬井"也。鄭君《周禮》注及注《論語》此文即用師説，此古文家説也。包氏蓋今文學，其云"方里而井"，實本《孟子》以侯國爲百里，亦與《王制》《孟子》合。何休《公羊傳》注亦云"軍賦十井不過一乘"，又云"十井爲一乘，公侯封百里，凡千乘"，此今文家説同也。今參較二説，則包氏爲近。

案:《王制》"州建百里之國三十"，《孟子》"公侯皆方百里"，是大國以百里爲斷。《春秋》襄二十五年《傳》子産言"列國一同"，《周官·匠人》"方百里爲同，同萬井"，是百里以萬井爲率，十井出車一乘，百里萬井出車千乘。《孟子》言"魯地方百里"，《魯頌》數其公車適曰千乘，此一證也。其國之山川附庸及沈斥城池等，皆不在此百里内。而授田又有不易、一易、再易之分。不易之田井九百畝，一易者二而當一，再易者三而當一。鄭《小司徒》注"隰皋之地，九夫爲牧，二牧而當一井"，故一井不必盡九百畝，萬井不必盡在百里中。但以方田之法算之，或九百畝爲一井，或二牧當一井畸零折配，皆謂之方里。計足萬井，謂之百里。《明堂位》言魯地"七百里，革車千乘"，則其不盡田及田而折配者多矣。近人金氏鶚謂百里之國不謂封疆其里非廣長之里，又云《周禮》五百里、四百里之説《大司徒》《職方氏》皆言公五百里，侯四百里。兼言山川附庸。《孟子》百里專言穀土，其説是也。

或疑一乘士卒七十人，牛馬芻茭具備，非八十家所能供。然八家七十五人，既不過"家一人""唯田及追胥竭作"，則越境出車必不盡行。《司馬法》有一乘三十人者，江慎修云七十五人者，邱乘之常法三十人者，調遣之通制。《魯頌》云"公車千乘，公徒三萬"，正與江氏言合。此卒不盡行之證也。古者材木取之公家山林，而無禁牛馬畜之，民間皆受質於官中，則造車出牛馬也不難，然亦未嘗盡數徵發。《春秋》出車或三百乘，或六百乘、七百乘，多亦八百乘而止，此車馬不盡行之證也。至於芻茭則固民所易具，又何不給之足慮乎?《周禮》"鄉遂出軍而不出車，都鄙出車而不出軍"。賈公彦

《小司徒》疏云："大國三軍，次國二軍，小國一軍。"皆出於鄉，猶不足，徧境出之。則出車出卒，非皆責之十井，不足而後徧發其三十人，此亦事之可行者也。包氏之説，證之經傳正文無不可通。若馬以成出兵車，則一同百乘爲大夫采地，異於子産所云矣。故曰十井出車，包氏爲近也。

# 千乘之國解

### （十月分齋課超等第三名）

張增齡

　　經義有自古異説足以考今古文家法之殊而不能强合爲一，亦無所庸其偏祖者。千乘之國，其一端也。何平叔《論語・學而》篇《集解》載馬季長之説云："《司馬法》：'六尺爲步，步百爲畝，畝百爲夫，夫三爲屋，屋三爲井，井十爲通，通十爲成，成出革車一乘。'然則千乘之賦其地千成，居地方三百一十六里有畸，唯公侯之封乃能容之，雖大國之賦亦不是過焉。"又載包子良陸元朗《釋文・序録》云：包咸，字子長。此依《後漢書・儒林傳》。説云："千乘之國，百里之國也。古者井田方里爲井，十井爲乘。百里之國，適千乘也。"

　　今按《集解序》云："《古論》唯博士孔安國爲之訓解，而世不傳。至順帝時，南郡太守馬融亦爲之訓説。"《釋文・序録》亦云："古《論語》者，出自孔氏壁中，凡二十一篇，有兩《子張》，篇次不與齊、魯論同。孔安國爲傳，後漢馬融注之。"是季長所習者古《論》，古文家學也。劉叔俛師云："據融傳但言注《論語》，而此序以爲《古論》者，以融注他經多爲古文，故意所注《論語》，亦是《古論》。其後康成取《古論》校正《魯論》，當亦受之融者也。皇侃疏《隋經籍志》，謂馬融亦注《魯論》，似未然。"《集解序》又云："安昌侯張禹，本受《魯論》，兼講齊説。善者從之，號曰《張侯論》，爲世所貴。包氏、周氏章句出焉。"《釋文·序錄》亦云鄭□"就《魯論》張、包、周之篇章,考之齊、古,爲之注焉。"
是子良所習者《魯論》,今文家學也。《後漢書·儒林傳》稱:"子良師事博士
右師細君,習《魯詩》,《魯詩》亦今文家學。

《漢書·刑法志》云:"一封三百一十六里,提封十萬井。定出
賦六萬四千井,戎馬四千匹,兵車千乘,此諸侯之大者也。是謂千
乘之國。"班孟堅之撰《漢書》,多用古文家學。觀《地理志》之載古文《禹
貢》可見,説見陳氏壽祺《左海經辨》。其説與馬適合。此馬説之爲古文家
學之明證也。《詩·小雅·信南山》篇《正義》引服子慎《左傳》成元年注云:"四
邱爲甸,甸六十四井,出長轂一乘。"由馬之説,則百井出一乘。此言六十四井出一
乘者,即《刑法志》所謂"提封十萬井,定出賦六萬四千井"。一通溝洫言之,一據出
賦言之。其義一也。左氏爲古文家學,此亦馬説爲古文家學之明證。《公羊》宣
十五年《傳》注云:十井共出兵車一乘。哀十二年《傳》注亦云:"軍賦十井,
不過一乘。"《公羊》本今文家,何邵公又精於今文學者,其説與包適
合。此包説之爲今文家學之明證也。

善乎平叔之言曰:"融依《周禮》,包依《王制》《孟子》義。疑故
兩存焉。"如以馬説爲非,勢必以《周禮》爲不可信。如以包説爲非,
不又將以《王制》《孟子》爲俱不可信乎? 皇侃、邢昺之疏,各如文釋
之。不特識疏不破注之體,亦深知其義之不可強合,且無庸偏袒
也。其欲合二説爲一者,每謂《王制》《孟子》以穀土言,故大國僅百
里;《周禮》以封域言,故有五百里、四百里之説。不知《王制》所言
者夏殷之制此鄭康成説,本與《周禮》無涉。《孟子》所言者周初之制,
尚在"周公攝政,致太平,斥大九州之界"之先。傳聞約略,亦非載
籍之明據。焉用是喋喋爲之強合爲耶! 其祖馬者,曰使十井出一
甸之賦,則其虐又過於成公之邱甲。不知古制邱本無甲,自成公而
始作邱甲。杜元凱謂使邱出甸賦,非是。前人辨之屢矣。故説者以爲屬民
之舉。向使一乘之賦,出於十井,乃自古相沿之制,又何虐之足云?
金氏鶚《求古錄》力持包説,謂百里千乘不爲屬民,所言亦自有理。其祖包者曰:

馬氏之説據《司馬法》，信《司馬法》，何如信《孟子》。不知齊威王使其大夫追論古者司馬兵法見《史記·司馬穰苴列傳》，是爲《司馬法》。因附穰苴於其中，故亦名《司馬穰苴兵法》。其書之出，不在《孟子》後，安見《孟子》之必可信，而《司馬法》之必可疑？且《孟子》之所以得尊爲經者，尊其正人心、息邪説耳。豈尊其紀載之獨實哉？

　　此皆偏祖之弊也。此其故宋之朱子知之，其《诗·魯頌·閟宮》篇《集傳》云：“千乘之地，則三百十六里有奇也。”馬注：“居地方三百一十六里有畸。”“畸”，皇侃《義疏》本正作“奇”。用馬説也。《毛詩》者，古文家學，《集傳》之體應爾也。其《孟子·梁惠王》篇《集注》云：“千乘之家者，天子之公卿，采地方百里，出車千乘也。”用包説也。《孟子》者，今文家學，《集注》之體應爾也。朱子論貢舉治經，謂宜討論諸家之説，各立家法。朱子蓋深明乎家法者。然而後之學者，鮮可以語此矣。


# 千乘之國解

## （十月分齋課超等第四名）

熊汝明

　　千乘之國，見於《論語》《孟子》，解之者祖分左右。《論語》馬氏融注云：“《司馬法》：‘六尺爲步，步百爲畮，畮百爲夫，夫三爲屋，屋三爲井，井十爲通，通十爲成，成出兵車一乘。’然則千乘之賦其地千成，方三百一十六里有奇，惟公侯之國乃能容之，雖大國之賦亦不是過焉。”包氏咸注云：“千乘國者，百里之國也。古者井田方里而井，十井爲乘，百里之國，過千乘也。”馬氏依《周禮》，包氏依《王制》《孟子》，故不同。今試推衍兩家之説。

　　馬氏所據者《司馬法》，然《司馬法》有兩。其《漢書·刑法志》

所引有“四井爲邑，四邑爲邱，邱十六井，戎馬一匹，牛三頭。四邱爲甸，甸六十四井也，戎馬四匹，兵車一乘，牛十二頭，甲士三人，卒七十二人”，此一《司馬法》也。鄭氏《周官》注所引有“六尺爲步，步百爲畮，畮百爲夫，夫三爲屋，屋三爲井，井十爲通，通爲匹馬三十，家士一人，徒二人。通十爲成，成爲百井，三百家，革車一乘，士十人，徒二十人”，此又一《司馬法》也。鄭氏酌斟二説而兼蹖之，學者多不見信。又馬氏不主《王制》《孟子》而主《周官》者，蓋謂甸六十四井出一乘，則百里止出一百五十六乘；成百井出一乘，則百里止出百乘。故千乘之國當不止百里，必三百一十六里有奇，方足千乘之數。於是宗馬氏者復申之曰：包氏以十井爲乘，百里之國應千乘，然使十井出一甸之賦，其虐不過於成公之邱甲乎？又鄭氏以《王制》爲夏制，五等之爵，三等受地，至殷變爵爲三等，合伯與子男爲一，其地仍三等不變。《白虎通》詳言之武王克商，復增子男爵爲五等，其受地則與夏殷三等同。齊魯之封，皆在武王之世。《孟子》所謂“地非不足，而儉於百里”者，大都據初制而言。賈氏公彦《職方》疏謂其時九州之地尚狹，至周公身致太平，斥大九州，於是五等之爵以五等受地。則《周官·大司徒》所云“諸公五百里，諸侯四百里，諸伯三百里，諸子二百里，諸男一百里”者是也。《左氏傳》言“不過半天子之軍”，《坊記》言“不過千乘”，“不過”云者，謂軍賦以是爲限，非地止三百一十六里。故馬氏云：“大國亦不是過。”《史記》云：“周封伯禽於魯地，方四百里。”《明堂位》則以成王欲廣魯於天下，故封周公於曲阜，地方七百里。然其言魯之賦亦不過革車千乘而已。若孟子對北宫錡所云，此以夏制爲周制者，曰“嘗聞其略”，則爲傳聞約略之詞，而非載籍之明證可知。想孟子見戰國爭雄，壞地廣裒，遂援“邑，奚啻百里”。《周禮》所載不爲過也。蓋千乘其地千成，則九萬井有餘，其爲百里已九有奇矣。尚得以爲百里乎？

由斯以譚，似乎包氏之説不足信。然宗包氏之説者，復理之曰：侯國以百里爲斷，百里之地，以開方計之，實得萬里。《孟子》"方里而井"，萬里者，萬井也。乃以甸出一乘計之，甸方八里，實得六十四井。以成出一乘計之，成方十里，實得百井。百井出一乘，則萬夫止百乘。六十四井出一乘，則萬夫止出一百五十有六乘矣。雖爲之辨者曰：成之十里，即是甸之八里。以八里之外，尚有治溝洫之夫，各受一井得二里，不出車賦，仍是十里。然其與千乘之賦，則總不合。馬氏謂侯封不止百里，鄭氏直據《周禮》謂公五百里、侯四百里、伯三百里、子二百里、男一百里，以求合於成甸出車之數。不知列爵惟五，分土惟三，真周制也。公侯百里，伯七十里，子男五十里，《王制》之等也。故《易》曰"震驚百里"，言建侯象雷震地止百里。而《春秋傳》曰"列國一同"，一同者，百里之地。《孟子》謂周公、太公其始封俱止百里，非地有不足，而限制如此。此在漢後五經諸家如何休、張苞、范甯輩皆歷爲是説，而乃以五等班禄亂周家三等之制，以一人之書盡反《易》《春秋》《尚書》《孟子》《王制》諸經傳之文，不可訓也。

　　究而言之，以經釋經，差爲可據。《論語》云"方六七十"，如五六十、六七十里爲小國，則千乘大國的是百里。《孟子》言"大國地方百里"，則千乘之國爲百里，又無可疑者。此以經解經之確證也。


## 千乘之國解

### （十月分齋課超等第五名）

錢桂笙

　　千乘之制，《司馬法》言之甚明，其曰："六尺爲步，步百爲畝，畝百爲夫，夫三爲屋，屋三爲井，井十爲通，通爲匹馬三十，家士一人，徒二人。通十爲成，成百井，三百家，革車一乘，士十人，徒二十人。十成爲終，終千井，三千家，革車十乘，士百人，徒二百人。十終爲同，同方百里，萬井，三萬家，革車百乘，士千人，徒二千人者。"見《周禮·小司徒》注及《小雅·甫田》箋。

賈公彦《周禮·小司徒》疏以爲畿内采地之法是也，其曰："四井爲邑，四邑爲邱，有戎馬一匹，牛三頭，是曰匹馬邱牛。四邱爲甸，甸六十四井，出長轂一乘，馬四匹，牛十二頭，甲士三人，步卒七十二人，戈楯具備，謂之乘馬者。"見《小雅·信南山》正義。賈疏以爲畿外邦國之法是也。孔穎達《左傳》成元年正義亦同此説。其實成百井出一乘，與甸六十四井出一乘仍是一法，特士卒多寡，有畿内畿外之異耳。奚以明其然也。

鄭君《小司徒》注云："甸方八里，旁加一里。謂四旁各加一里，此開方法。則方十里爲一成，積百井九百夫，其中六十四井五百七十六夫出田税，三十六井三百二十四夫治洫。"是言成者通治溝洫之夫計之，明井田之實數；言甸者除治溝洫之夫計之，明軍賦出税之實數。古井田之法，治溝洫者不出賦，出賦者不治溝洫，所以均勞役也。二者互見，文異而實同矣。由是推千乘之制，當六萬四千井合旁加治溝洫之夫，當十萬井。《漢書·刑法志》所謂一封者也。《志》言方里爲井，井十爲通，通十爲成，成十爲終，終十爲同，同十爲封。一同百里，提封萬井，除山川沈斥、城池邑居、園囿術路三千六百井，定出賦六千四百井，戎馬四百匹，兵車百乘。一封三百一十六里，提封十萬井，定出賦六萬四千井，戎馬四千匹，兵車千乘。此亦依《司馬法》起算，但云除山川沈斥之類三千六百井者，其説非是此二千六百井，乃旁加治溝洫之夫。若《王制》所言山陵、林麓、川澤、溝瀆、城郭、宮室、涂巷之類，三分去一者，不在此數。一封之田方三百一十六里有畸，開方法詳邢昺《論語》疏。非《周禮》侯國莫能容。

何則《周禮·大司徒》《職方》並言公五百里、侯四百里、伯三百里、子二百里、男百里？皆統舉封域而論。今以四百里封域計之，方四百里爲田，當十六萬井，依《王制》山陵、林麓、川澤、溝瀆、城郭、宮室、涂巷三分去一，當得十萬六千六百六十六井有畸，除一封十萬井出車千乘，餘六千六百六十六井，尚當出六十餘乘。而經傳但云千乘者，或舉成數，或餘爲附庸之田，說皆可通。故《論語》“千乘之國”，馬、鄭注皆本《司馬法》言之，謂非公侯之封莫能容。注當云唯侯國之封乃能容之，兼言公者，蓋公雖五百里，賦亦不過千乘，故並公言之。而下復云雖大國之賦，亦不是過也。以其居地必方三百一十六里有畸焉。爾夫千乘之國，依《司馬法》計之，爲《周禮》侯國之封。《漢志》、馬鄭《論語》注均無可疑。自何休注《公羊傳》“初稅畝”云：“聖人制井田之法，十井共出兵車一乘。”包咸注《論語》因之，後儒遂咸惑其說，謂《王制》《孟子》皆言公侯百里。子產言天子一圻，列國一同，同亦百里，無由得三百一十六里之田。《周禮》所言特封域，與《王制》《孟子》言實田者名異實同。《司馬法》不足信也。

案：《魯頌·閟宮》序言“頌僖公能復周公之宇”。周公封魯。《明堂位》以爲地方七百里，《史記·魯世家》以爲地方四百里，而《魯頌》言公車千乘，《明堂位》言革車千乘，豈七百里、四百里之地而田僅方百里乎？《孟子》言周公封魯爲方百里，此或據武王初制而言。鄭君《王制》注謂武王克商，更立五等之爵，而九州之界尚狹，受地猶因殷制，追周公攝政，致太平，斥大九州之界，封王者之後及有功諸侯，大者五百里，其次四百里，其次三百里，其次二百里，其次百里，可知初制與後時改定之制不同。魯作邱甲，《春秋》譏之以一邱出一甸之賦，猶且不可，杜預云四邑爲邱，邱十六井出戎馬一匹，牛三頭。四邱爲甸，甸六十四井，出長轂一乘，馬四匹，牛十二頭，甲士三人，步卒七十二人，此甸所賦，今魯使邱出之，譏重斂，故書。矧十井而出一乘乎？《王制》所言鄭注及孔、賈疏賈疏見《小司徒》，皆以爲夏制。《孟子》對北宮錡云云，則王氏與之，謂見戰國爭雄，壤地廣袤，遂援百里、七十、五十之制以抑當時并吞無已之心者，其言當矣。子產言天子一圻，列國一同，亦抑晉之詞。若謂周制如是，則下云晉地數圻，皆侵小所得。以開方法計之，一圻百同，數圻當數百同，晉滅國豈若是之多乎？彼方自以爲略而可據以證，包説之是乎？若謂《王制》《孟子》紀實田，與《周禮》言封域者名異實同。則百里之田加山陵、林麓諸地亦不過百五十里，方合《王制》三分去一之例。揆諸《周禮》子國之封，尚不足，子二百里爲方百里者四，爲田四萬井，三分去一，猶餘二萬六千六百六十六井。而以爲公侯大國其亦不思之甚矣，紅之蒐革車亦千乘。然則斯時魯地僅百里乎哉？叔向言"寡君有甲車四千乘"，然則是時晉地僅四同乎哉？是故言千乘者，必以《司馬法》及《漢志》馬、鄭之注爲斷。

# 《易》書不盡言言不盡意説

## （十一月分齋課超等第一名）

陳培庚

《易》傳曰："書不盡言，言不盡意。"古義惟虞注僅存。惠定宇、張皋文用虞義，而芸臺阮氏之説獨異。仲翔曰："謂書《易》之動，九六之變，不足以盡《易》之所言，言之，亦不足盡庖犧之意也。"惠疏云："'書'謂書《易》，'動'謂爻也。書《易》所載六爻之動，九六之變，不足以盡《易》之所言，即言之，亦不足以盡庖犧之意也。"此謂爻不盡言，言不盡意也。阮氏説云："書，六書也，六書出於八卦，舍易卦無以生六書，非六書無以傳庖犧之意與言。"此謂書爲八卦之字，不能盡言，言爲其字之音讀，不能盡意也。

今案：未有六書先有八卦。八卦初成，有乾坎艮震巽離坤兑之畫，無乾坎艮震巽離坤兑之文；有乾坎艮震巽離坤兑之意，無乾坎艮震巽離坤兑之言。文字肇興，聲均亦出，其言之合於堮音者爲坎，合於唇音者爲巽。阮氏所稱是也，一字止達一音，一音止寄一意。制作之恉，纖而未宏。故夫子曰："聖人之意，其不可見乎。"又曰："聖人立象以盡意，設卦以盡情偽，繫辭焉以盡其言。"蓋惟六九之效未備，元亨之體無端，雖陰陽成列而壹壺未宣，書固不能盡言，言固不能盡意也。后聖有作衍為六十四卦，推為三百八十四爻，極數定象，累言成辭，庖犧之蘊亦可窺矣。如仲翔之說，六爻既動，九六既變，猶難盡微言，達宏恉，則豈所謂終不可見者也。阮氏直謂為六書，斯文字初興，聲讀始萌，因端究委，自古為難，不盡宜矣。案《說文》："意，志也。""察言而知意也。"故意寄於言。又曰："直言曰言。"徐鍇引《爾雅》釋"言"，注曰："凡言者，謂直言無所指引借譬也。"乾直言為乾，坤直言為坤。直指本事，比類未宏，則言不盡意矣。《說文》又曰："箸亏竹帛，謂之書，書，如也。"謂如言以書之也，乾書之為乾，坤書之為坤，依類象形，未遑孳乳，則書不盡言矣。聖人繫之以辭。辭，詞也。《說文》辭不受也，此段借為言詞之詞。《釋名》："詞，嗣也，令撰善言相嗣續。"善言相嗣，故言盡矣。立之以象，象象此也。此則凡文王、周公之所作皆是也。故意盡矣，如是為盡書。故夫子復曰："《易》之為書，廣大悉備也。"繇是言之，文字既興，乾坤乃名，語言相續，壹壺乃出，言竭意宣，得天之天。阮氏所說，從其朔矣。

## 《易》書不盡言言不盡意說

### （十一月分齋課超等第二名）

張增齡

《通卦驗》云："蒼牙通靈，昌之成。"蒼牙者，伏羲也。昌者，文王也。此言《易》之為書，伏羲創之，而文王踵成之也。《參同契》亦云：

伏羲畫卦，文王演辭。然而伏羲仰觀於天，俯察於地，近取諸身，遠取諸物，畫爲八卦，因而重之爲六十四。孔穎達《正義序》論重卦之人凡有四説，而終依王輔嗣，屬之伏羲。今按其辨孫盛、史遷之誤，當矣。其謂鄭□之徒以爲神農，疑其欲推重輔嗣，因誣康成。蓋《乾鑿度》云："垂皇策者羲。"詳觀其文，明以重卦屬之伏羲。康成曾注之，必不以爲神農也。其時文字未興，《孝經援神契》云"三皇無文"。意所欲，言不能盡也。遲之既久，而有文王焉，拘於羑里，作卦爻辭。卦爻辭皆出自文王，周秦、先漢并同此説。《正義序》謂馬融、陸績以爲卦辭文王作，爻辭周公作。所據四事，俱非的證。辨見王鳳喈《蛾術編》、孫詒穀《讀書脞録》。其言詳矣。然而孔穎達《左傳正義》云："伏羲作十言之教，曰乾坤震巽坎離艮兑消息。"此蓋《易》緯文，"消息"二字，即總括其餘五十六卦在内，不必疑伏羲於八卦外惟增"消息"二字，以爲未曾重卦之證。又此十言之教在伏羲時皆有音無字，亦不必以三皇無文，遂疑此爲荒誕之説也。彼卦辭爻辭，曾不一言及乎消息也。是言之而仍不盡伏羲之意也。

　　孔子曰："書不盡言，言不盡意。"殆爲二聖發歟？故下文即繼之云"立象以盡意""八卦成列，象在其中"。象者，伏羲所立也。曰"立象以盡意"，則不盡言者之謂伏羲可知也。又云："繫辭焉，以盡其言。"《繫辭傳》今本無"傳"字，《釋文》王肅本有"傳"字，有"傳"字者是。稱繫辭者五，曰"繫辭焉而明吉凶"，曰"繫辭焉以斷其吉凶"，曰"繫辭焉所以告也"，曰"繫辭焉而命之"，合此爲五。皆指卦爻辭而言。單稱之曰卦辭、爻辭，統稱之則曰繫辭。卦辭又名象辭，爻辭又名象辭。孔子既各爲之傳矣，至此又統爲之傳，故曰《繫辭傳》，今徑稱《繫辭傳》爲繫辭，致與卦爻辭之統稱混。繫辭者，文王所爲也。曰繫辭焉，以"盡其言則不盡意者"之謂文王可知也。

　　然則若何而後意言兩盡也？"鼓之舞之以盡神"是也。虞仲翔云："陽息震爲鼓，陰消巽爲舞。"見李鼎祚《集解》。言明乎消息，乃兩盡之道也。此孔子十翼之作，所以不容於已也。剥之《象傳》云："君子尚消息盈虛。"此明言消息者也。《繫辭傳》云："變通配四時。"《集解》載仲翔注云："變通趨時，謂十二月消息也。"《説卦傳》云："數往者順，知來者逆。"《集解》載仲翔云："謂坤消從午至亥，上下故順也。乾息從子至巳，下上故逆也。"皆言消息也，推而廣之，十翼之中，發明消息之義者，不下數十則。張皋文、虞氏消息所採皆是。意言之兩盡，賴乎此矣。

曰"書不盡言，言不盡意"，孔子其自言所以作十翼之故乎？疑者曰：黃帝之史倉頡初造書契，伏羲時未有書也。偽孔《書序》謂書契起於伏羲，司馬貞《三皇本紀》、劉恕《外紀》、陳桱《外紀》皆本之，非是。謂伏羲之畫卦，無文字以輔之，不能盡其意似也，何以曰"書不盡意"也。不知賈公彥《周禮疏》云："三皇雖無文，以有文字之後，仰錄三皇時事，故云掌三皇之書也。"以仰錄三皇時事者，尚得追稱之曰三皇之書，豈以創於伏羲之《易》而不得以爲伏羲之書乎？此"書不盡言"之說之無可疑也。疑者又曰：聖人無不知也，知之無不言也。以文王之聖而不能盡伏羲之意，豈有所不知乎，抑知之而故不言乎，文王曾何樂乎"言不盡意"乎？不知伏羲之意，有餘於卦爻之外者。文王作卦爻之辭，其體在闡發卦爻之意，其卦爻外之意，勢有所不能盡也。且前聖作之，後聖述之。向使有其作之無待於述，則人之所以尊孔子者，又何以亘萬世而不少衰也。此"言不盡意"之說之無可疑也。《漢書·藝文志》云："《易》道深矣，人更三聖。"唯伏羲不盡言，文王不盡意，此人之所以更三聖歟！

# 《易》書不盡言言不盡意說

## （十一月分齋課超等第四名）

楊介康

惠定宇述虞義以"六爻之動，九六之變"爲言，此仲翔以六爻說象與以旁通說象象同，王伯申所謂"顯與經違"也。毛大可謂："繫辭者,書也。繫辭而爲書,即言也。"亦與下文"立象以盡意"句有戾。唯阮芸台以"'書'爲六書之'書',六書出於八卦,舍《易》卦無以生六書,非六書無以傳庖犧之意"與言,此爲得之。然亦只言卦畫及坎巽二音,於《易經》小學源流尚未詳也。茲乃斟酌文義,鈎鈲聲類,推而爲説,得三條焉。

一、文字。如"日月爲易,蜥易爲易"《説文》是爲象形,"坤坎爲牟牽,震巽爲鼇斃"《歸藏易》是爲變體之類是也。鳥跡出於羲畫,籒篆出於科斗,憲象既著,孳乳浸繁。其後若京氏、孟氏引于《説文》,荀、虞、馬、鄭見于《釋文》,古文異字,靡可殫述。

二、訓詁。如《彖》《象》解經多本昔訓,《説卦》《序卦》《雜卦》繫易多存古義之類是也。需須晉進,則依聲得義。履禮離麗,則以義爲聲。彖材爻效,以音近爲義。解緩姤遇,以音轉爲義。通段既宩,怕意斯章,其它若蒙者蒙也,比者比也,即系乎本字,不煩引申也。

三、音韻。如《説卦》言"乾健、坤順、坎陷、離麗"多取譄聲,《彖》《象》《文言》《繫辭》《説卦》《序卦》《雜卦》多用古韵之類是也。震動爲雙聲,異入爲合韵,乾彖形成貞甯等字皆從天韵。以天淵二字,古與真諄同韵也。無妄災牛二字爲韵,以"牛"讀作"疑",古音"灰"與"支"通也。清濁殊,方緩急異,讀方言既通古,均以準其它。若叶,儀爲俄叶,畜爲毒叶,離爲羅叶,陸爲逵,雖係叶韵,實剗音近也。

蓋古者一畫庫開,始造書契,著亏竹帛,迺謂之書。非六書不盡宓義之意,故聖人立象以盡之天地雷風水火山澤之類是也。非六書不盡宓義之言,故聖人《繫辭》以盡之健順動入陷麗止説之類是也。此後世文字之權輿、音學之檢度也。即如書從聿者,聲訓爲箸,言從口辛,聲訓爲直言,俱爲諧聲。音從心,音訓爲志,是爲會意。亦六書之恉也。信乎古人釋《易》亦宗小學,不遑肛説矣。

# 《易》書不盡言言不盡意説

## （十一月分齋課超等第五名）

常兆璜

　　説《易》者夥矣，自虞氏仲翔出，而《易》之奧義以宣。惜其書今不傳，其單詞碎語散見於群籍者復艱深樸抈，後人不能悉通耳。吾讀《繫辭傳》"書不盡言，言不盡意"而竊有會焉。仲翔之説，此云："謂書《易》之動，九六之變，不足以盡《易》之所言，言之不足以盡庖犧之意也。"此説存於唐李鼎祚《周易集解》。申之者云：下傳云《易》之爲書"也，故知書爲書《易》。見惠松厓《周易述》。夫使此所謂"書"即書契之"書"，則自是指《易》而言，無煩解説。何也？此固《易》之繫辭也，仲翔顧如此詞費乎？且以"書"爲書契，則"書《易》之動"未免不詞。今按《儀禮·士冠禮》云"卒筮書卦，執以示主人"，鄭康成注云："書卦者，筮人以方寫所得之卦也。"書卦者，筮所必有之事，疑即爲當時相傳之恒言，至不言筮而單言書卦，亦無不可。知其爲筮者，《易》猶"卦"也。析言之，則曰"卦"；渾言之，則曰《易》。"書《易》"蓋猶言"書卦"也，"動"猶"爻"也。言其體則曰"爻"，言其用則曰"動"，"書《易》之動"蓋猶言書卦之爻也。仲翔以爲孔子當日慨"夫不知《易》者"，既視《易》爲卜筮之書。而當其書卦之時，又第求之於九六之變，而不深究其本卦之理，則不足以盡其卦之所言。曰"書不盡言"者，此也。既第求九六之變矣，則其所津津言之者，皆爻外之意，而不足以盡庖犧之意。曰"言不盡意"者，此也。

　　然則言何以盡也，下文"《繫辭》焉以盡其言"是也。繫辭非今之所謂繫辭，即文王之卦辭爻辭也。不從文王作卦辭、周公作爻辭之説者，第六章"聖人有以見天下之動，而觀其會通，以行其典禮，繫辭焉以斷其吉凶"。《集解》引仲翔注云："重言聖人，謂文王也。"是仲翔以繫辭專屬文王也。此用虞氏一家之言。其辭各據其卦爻而言，故足以盡《易》之所言也。

然則意何以盡也，下文"立象以盡意"是也。圣人設卦觀象，就其卦以觀其象，則一卦必有一卦之象，一爻必有一爻之象。就其象以爲之言，而庖犧之意顯矣。故足以盡庖犧之意也。知此"書"字爲書卦之"書"，則二句之義不煩言而解矣。吾故以虞注爲最得作《易》者立言之旨，而深惜其爲後人所晦者之多也，此其一端也。

# 卷三　論著

## 荀卿論

### （二月分齋課超等第一名）

陳培庚

　　聖人之道大矣。七十子之徒，顏、曾、冉、閔，具體而微。其餘若宰我、子貢、子夏、子游、子張之徒，則學僅聖人之一體，而言亦不盡醇。天之生人，上知者不常見。而游、夏中人之才，時接迹於天下，其見道固未全，其爲言亦易過。若荀卿者，亦其人與。自七十子没，微言幾絕。孟子始出而振之，荀子稍後孟子。其書亦言仁義而宗周孔，不可謂不知。

　　然宋以前猶荀孟并稱。程子始斥荀子。蘇子瞻又以李斯之禍府罪其師，而咎卿著書之不善。夫蘇子之言，誠不免文致矣。而程之論荀，抑亦絕之己甚也與。且夫人之異於物者，性也。人性之異於物性者，善也。夫人攘臂而能言之也，聖人以爲凡人之生，則固有知愚强弱之不齊矣，則固有生而不可教訓者矣。故其言曰"性相近，習相遠"，又曰"惟上知下愚不移"，聖人之言如是，其不自主也。至孟子始專言性善，後儒宗之。然言之不能無疑者，亦往往在也。荀子更言性惡，則尤駭天下之耳目，而授言者以柄。然謂之偏見過論可矣，必以爲概未聞道何也。荀子之言曰："凡性者，天之所就也，不可學，不可事。禮義者，聖人之所生也，人之所學而能，所爲而成者也。不可學、不可事而在人者，謂之性。可學而能、可事而成之在人者，謂之僞。"若是則性僞之分，爲與不爲之異耳。非即反乎真之謂矣。當是時，思孟之學盛行。或有持性善之説，任自然而廢學者，故極言性之不可恃。而禮義者，先王之所以教也。率乎禮，循乎義，而爲之不已，則爲堯舜。蔑乎禮，違乎義，而縱恣無制，則爲桀紂。故《荀子》三十三篇，無慮皆勸學之書也。至激而曰性惡，則言之過甚者爾。而遂以辜其罪可與。嘗謂聖人之道猶天，然後學者不能徧觀盡識，則各以所見言之。孟子言性善，荀子言性惡，皆各言所見也。見出於後人之獨，而遂以古先聖人之意爲必如是，形之論説，筆之於所著書。其實得聖人之意者，固聖人之功臣矣。其不得聖人之意，則將陷於罪戾而不自知。吾不責荀子之言性惡也，吾甚惡其以一人之意，遂自信爲聖人之意也。吾尤惡其以一人之言，遂欲頓易從古聖人之言也。故主持太過，此固荀子之無所逃責者也。雖然，使荀子而生聖門，則其言將有所範，而其才足以躋游、夏諸子無難也。愚故罪其主持太過，而不敢輕絶之於聖人與。

# 荀卿論

（二月分齋課超等第二名）

楊介康

往讀蘇子瞻《荀卿論》，竊怪彼以李斯亂天下。其學出於荀卿，何其過也。而姚惜抱氏特辨之，以爲荀卿閒有得失，大體得治世之要。其與昌黎韓子所謂不精不詳，大醇小疵者有合焉。今有人於此，暴戾恣睢，多行不義，彼將盡以爲受教之不善乎哉？況李斯相秦，本未嘗用荀卿之學耶。

夫蘇子者，固感於所激云爾，而不知荀卿亦有所激而爲之也。方周之季，邪説徧天下，百家者流，各挾其説惑世。聖人之道或息，荀卿蹶起蘭陵。上自王道，下至儒術，以迄禮樂、名物、器數之屬，靡不研究而表章之。辭氣之間，閒有不粹於道者，猶有戰國之習者存也。

且夫聖人之道之在天地，散而必有所屬也。禮樂以爲之養，政教以爲之道，刑法以爲之防。相維相制，歷久而不變。是故無禮樂、政教、刑法，吾知其未有濟也。然禮樂、政教、刑法之名，寄於天地而成於上下。上焉者既無能行之，而下焉又無以述之。不惟不述，又從而肴亂之。

噫！後之人苟欲淑世而正人心也，其道曷繇。今觀荀卿所著書十二卷，鑿然确然，必衷諸理。取其意義之精者粹者，足以入董生大戴之奧，而启有宋諸儒之門。其偏堯舜非思孟而性桀紂也，是其見理未宷，觸於所見而然。不自意其言之已甚而槧也，乃其所爲疵也。漢興以來，承學之士多尊之。巍乎與孟軻氏較德而量賢。自昌黎韓子始論定之，至云要其歸與孔子異者鮮。同時楊倞亦謂其根極理要，羽翼六經，誠有重乎其人。而方望溪氏乃以爲中有不足者，意以其發言指事，雖擬於聖人之道與。荀卿之學，使得親受業於孔氏，進而與七十子之徒，講明切究，其成就或未可限。而卒無以底於至聖之域者，豈非以其晚出乎哉！然則如之何而可也。其諸昌黎韓子所云削其不合者，附於聖人之籍，夫亦庶乎其可也。

# 荀卿論

## （二月分齋課超等第三名）

錢桂笙

是非，天下之大公也。天下非之，而吾曰是。世猶議其黨天下，僉曰是，而吾非，焉有安之者矣。自史公作記，劉向校書，皆孟苟並俦。而蘇子論卿，獨以李斯之獄歸之，此蘇子之刻也。

　　夫李斯者，荀卿之罪人也。卿尊周孔，而斯變法，燔六經。卿述仁義、禮樂，而斯慘暴，任術數刑名。凡其所以事秦，皆卿所不及料者也。昔吳起受業於曾子，而陳良之門有陳相學焉，而倍其師若李斯者眾矣。如蘇子之說，則古大賢豪傑如曾參、陳良，皆宜無所逃咎，而獨以責卿可乎哉？

　　夫卿之學，其源出孔氏，其言雖不粹，其恉歸異於圣人者卒鮮，韓子所謂小疵而大醇者也。戰國之際，政亡國亂，君相不遂於大道，而卿獨爲之陳王制。百家橫議，縱橫捭闔之徒相與滑稽而亂俗，而卿獨爲之明儒效。斯所謂狂瀾之砥柱，而言不合於當時，卒終於下吏末僚，功業不得見於世。此子政之所哀而賈涕者。千載以後，讀其書，又復瑕疵其爲人，而責以亂天下之禍。嗟乎，若卿者，亦何不幸如斯耶！

　　雖然蘇子之議卿也，以其非思孟、言性惡。其非思孟，乃李斯、韓非等所偽託。其人有辨之者矣。其言性惡，雖由憤世疾俗之深，然君子之立言也，宜有擇焉。將以範世而垂教，則與爲其厚，勿俾天下後世以予言爲口實。而卿弗之慎也。烏虖！是則荀子之疏也，是則蘇子諸人之所不能諒也。

# 荀卿論

## （二月分齋課超等第四名）

張增齡

　　世之詆荀卿者，吾知之矣。曰性惡之說顯與孟子性善之旨背也，《非十二子》而有子思、孟子也。吾謂是烏足爲荀卿累哉！

荀卿之去孟子時，又數十年，人心之偷、世俗之薄，更甚於孟子之所目見耳聞者。孟子方邪説暴行初作之際，欲從容而施其挽回之術，故曰性善，將以誘一世之人於爲善也。荀卿則目擊當時惡者千百，善者十一，由是發爲激切之論，冀世有聞風而起者。困心衡慮，務反其惡以歸於善，其用心不可謂不苦。卿之言曰："人之性惡，其善則僞也。"其言"僞"，蓋非矯僞詐僞之謂。古"爲""僞"字通，用"僞"者猶言"作爲"也。故旋又自解其義云："可學而能、可事而成之在人者，謂之僞。"荀卿救世之苦心，至是蓋畢露於楮墨閒矣。

《韓詩外傳》引荀卿説詩至四十餘條之夥，皆首尾完具，無殘闕迹。而於所非之十二子，獨無子思、孟子。夫嬰豈欲預爲荀卿解免耶，亦豈諱言二賢過失耶！意其時去荀卿尚邇，必所見之本有如此者也。王伯厚疑訾議二賢之語乃韓非、李斯輩附益於其後，良非無識。蓋當日者，荀卿之名洋溢，至使人喜字爲卿。則其嚮慕之私，略可想見。韓非者流，自以爲因時制宜，欲尚法律而廢詩書，其勢不得不以子思、孟子爲罪。以子思、孟子爲罪，而出乎一己之口，又恐無以號召乎天下。計惟陰託其説於荀卿，夫而後可以肆行其志。狡譎者之智謀，固恒有出此者。況李斯又嘗受學於荀卿之門，竄易其書，尤易爲力乎！

然則荀卿性惡之説，其立言未免過中，而其用心可諒也。其《堯問》篇末有"爲説者曰"一段，稱孫卿宜爲帝王。楊倞注以爲弟子之詞，則礭有竹益。王氏之言尤信而有徵，固未可輕以相詆。若夫李斯之出於其門，自荀卿之不幸。蘇氏文致之詞，更不必辨矣。

# 荀卿論

## （二月分齋課超等第五名）

陳曾望

司馬遷作荀卿傳，謂其推儒墨道德之行事，著數萬言而卒。嗚呼若荀卿者，吾不暇與之論儒墨之異同矣。

論荀卿，荀卿爲人非能躬行實踐卓卓有所表見者也。年五十始遊齊，三爲祭酒，適楚爲蘭陵令，皆無聞其才。尚不如騶衍、□于髠之屬，各挾所長以自著其學。於子思、孟子，更相去秦越。但以文字論説籠罩天下士。天下方厭儒術，姑學墨氏言，驚其奇異，於是往往試爲高論，沛其文章。文章益自意其儒言也耶，其墨言也耶。然而漸聞孔子之言、七十子之言，似不如此，乃漸援儒以入墨。齒漸長，名漸成，從游之士之貌而言儒與貌而言墨者，亦漸歸附，則意氣益自矜。計師教之盛，未有盛於孔子，乃時時稱道孔子以自比。若孔子蒙其鑒賞，試竊其旁文賸義以詁儒書，頗動人聽聞。於是謗儒之躬行實踐者，不如其善擇術且善盜名也。又欲諱其文詞所自出，益牽合墨氏以爲言，以求勝於孔子、七十子之徒。無如其不可諱而不能勝也。則莫如反攻之，乃敢無忌憚而謗儒矣。孔子之道大而名著，將假之以爲引重，不欲謗。謗子思、孟子。孟子即孔子，謗孟子即謗孔子也。於是并其稱道孔子之初心，而自誣自訟不可以自解。聞儒之闢墨，有義正而詞嚴者，疑焉惡焉怯焉阻焉悔焉。其從墨無可諱，則又謗墨矣。墨翟之外，如它囂、魏牟、陳仲、史鰌、宋鈃、慎到、田駢、惠施、鄧析，或近墨，或不必近墨，而但能自立爲彼所不若者，皆謗之曰"飾邪説，文姦言，以梟亂天下，欺惑愚衆，矞宇嵬瑣，使天下混然不知是非治亂之所存"。是言也，其謂人者耶，抑其自謂者耶。墨翟諸人則受謗，子思、孟子則又受謗，言儒謗儒，言墨謗墨，兩不見收。天地雖大，無可容。其心險，其識拙，其居失，其舌反覆，其踝旁皇，其神惝恍，其學無所宗。如嬰兒之失於道，丐夫之僵於野。自蘭陵放廢而荀卿耄矣，無能爲，仍託文章家自遁。

不儒不墨，人如其文焉，文又如其人焉。昌黎曰荀與楊也，大醇而小疵。雖但論文，猶非篤論。蘇軾曰："李斯師荀卿，凡其相秦焚書之禍，皆荀卿。"遣之雖深，文實定論，其旨固本於馬遷者也。然則遷作列傳，獨以荀卿并孟子名篇者何哉？遷被放廢，自傷其無所表見，致與荀卿等。而著書之志，又自比於孟子而難於言，故特以荀況自況耳。夫至以不儒不墨之荀況自況，則史公之心傷矣，傳之旨微哉。

# 荀卿論

（二月分齋課超等第十名）

尹家楣

世每譏《宋史》不應分道學、儒林爲二傳。然則聖門四科何以分哉？道學者，德行之科也。儒林者，文學之科也。是二者未始不相須，然始或各因其性之所近，而卒所成就又不無純駁淺深焉。故其勢不得不分，而要其有益於世，有功於聖人。則一而已矣。聖門德行，數顏、閔、二冉。曾子以年少後於諸賢，然獨得其宗。及曾氏之再傳而有孟子焉。聖門文學數游、夏。而發明章句，子夏爲多，其門徒亦最盛。數傳之後而有荀卿焉。

荀卿述禮樂，明王道，時有駁語，其純粹頗遜於孟子，而其傳

《詩》、傳《易》、傳《禮》、傳《春秋》，經學賴以不墜。則聖門文學之宗派，而漢經師家法之所從出也。當戰國時，異端蠭起，處士橫議。縱橫若蘇、張，攻戰若孫、吳，刑名若申、韓，荒誕若衍、奭，滑稽善辨若過、髡，空虛無實若蒙莊，充塞仁義若楊朱、墨翟。及其他博奧奇詭之材，人自爲説，家自爲書。六經委諸榛莽，其不絶如千鈞之繋一髮。非荀卿守之而傳之，則百家之説皆有授受，而六經獨無。更秦火之餘，其孰從而求之哉。然則荀卿之功，固不在孟子下也。自司馬遷以孟、荀合傳，而牽率多士，蔓引錯敘，所以明二子爲當時必不可少之人。及劉向、揚雄，亦并尊孟、荀。下逮唐楊倞、韓愈皆然，愈稱孟子醇乎醇者也；荀與揚也，大醇而小疵。殆百世之定論歟。

至有宋諸儒，始痛繩荀卿，謂不足以與於道。噫！亦過矣。漢重訓詁，其源半出荀卿，詳見汪氏中《荀卿子通論》。故多美荀卿。宋專性理，實有以上接孟氏之統，故獨推孟子。然漢無訓詁，宋儒生二千餘年後，何所稟承？荀卿不述六經以傳於世，雖以孟子之盡力衛道，後人亦將不之信也。夫訓詁自游、夏以及荀卿，而漢鄭氏繼焉。性理自顏、曾以及孟子，而宋朱子繼焉。《漢書》但傳儒林，而《宋史》別崇道學，謂此耳。嗟乎！後之尊朱子者，固未嘗廢康成而不用矣。即安得棄荀卿於孟子外哉！

# 賈讓《治河策》書後

## （三月分齋課超等第十二名）

黃覲恩

完隄障水，千古不易之良法。讓乃以爲下策者何耶？《禹貢》"九澤既陂"，乃隄防之始。讓又謂隄防之作起自戰國者何耶？戰國時齊、趙、魏皆作隄遏河以自富强，此曲防隣國爲壑之隄，正孟子所以斥白圭者也。後世傚而效之，貪一時之利，而無塞口止啼之戒。讓時黎陽故隄固猶是也，故讓以爲河之不能暢厥流以歸海而善決也，曲防之爲之，民之爲曲防，而且不知爲長隄，張水門也。與水争咫尺之地，各以自利，此真不見眉睫之病，直等諸下策也云爾。且夫水之就下，水之性也。高岸爲谷，深谷爲陵，所謂高下亦不一其勢也。順水爲隄，束之使不汎濫，此亦行所無事。雖大禹復生，弗是過也。自周以來，河流已數徙，而隄防不廢，抑亦勢所必至，理有固然也。夫水之橫決汎濫，敗壞城郭、田廬、冢墓，傷人民，往往而在天爲之也。當衝之民，自恐陷溺爲魚鼈，不待命而他徙，人自爲之也。若自我爲之，而眾騷然矣。

　　然則讓所謂上策，或不可行。而爲長隄，張水門，使河順行入海，民亦收填淤之利，乃當時急務，不可不行。然亦治河常法，無所謂上也。抑吾更有説焉。黃流濁而善淤，淤則水勢上浮。完守故隄，準水增培。多者數十年，少則數年，河身且高於平地。偶一潰決，近河之地已爲深淵，而水亦不復能歸故瀆矣。故治河者，不徒兢兢於培隄，而疏瀹之功實其要也。然昔之瀹河者，動役民夫數十萬以力開之，其費不貲，而事亦不可常。宋時創用木杷疏水。王安石力主其説，而功竟不就。然則欲其成功易而用省，西人機器勢不得不用矣。平地數百里，可成巨浸，行輪船。傚其法以瀹河，其事必易。果能歲一疏瀹，使泥沙不内壅，泉流騰漲，亦闊深有容。縱有潰決，水落仍歸故道，以河身低故也。如此庶乎河不移易，而國家亦紆於補救也。

# 經學家法論

## （五月分齋課超等第四名）

朱筠聲

宣尼既没，微言幾絶。秦燔群籍，存者十一。漢興，各以家法相承，顯名當時。言《易》則田何，傳其學者項生、丁寬、施讎、孟喜諸家。言《書》則伏生、孔氏，傳伏學者張生、歐陽生、大小夏侯、李尋、張無故諸家，傳孔學者胡常、桑欽、張霸諸家。言《詩》魯則申培公，傳其學者孔安國、周霸、韋賢、褚少孫諸家；齊則轅固，傳其學者后蒼、翼奉、蕭望之、匡衡諸家；燕則韓嬰，傳其學者王吉、長孫順、張就諸家。至於傳《毛詩》，則皆本之解延年、徐敖諸人。言《禮》則高堂生，傳其學者徐生、孟卿、大小戴諸家。言《春秋》則胡母生，傳其學者《公羊》有嚴顔之學，《穀梁》有申章昌曼君之學，《左氏》有翟方進、房鳳之學。自兹專門遞述，家法昌明。

質帝詔云："舉明經者，令詣太學，通經各隨家法。"左雄上言郡國所舉孝廉，皆請詣公府諸生試，家法可見。漢代崇儒，家法之嚴，徐防疏云："伏見太學試博士弟子，皆以意説，不修家法。"誠非詔書實選本意。劉歆移書讓太常博士，亦云是末師而非往古，此漢人嚴背家法之證。

西晉承兩漢而後猶置五經十九人。永嘉之亂或減爲九人，或增爲十六人，不復分列五經。王弼注出而《易》亂，僞孔安國傳出而《書》亂，杜預《集解》出而《春秋》亂。使《詩》無二劉，《禮》無徐熊謹守師法，則亦蕩然矣。李延壽約簡深蕪之論，豈真爲知言者哉！夫家法不明，則流派不著。流派不著，則經學之衍別不可知，文字之同異不可考。先儒之授受不可分，周秦之古義不可識，不亦重可慨哉！

# 經學家法論

## （五月分齋課超等第五名）

張增齡

兩漢經學之盛，家法爲之也。家法者，守其師一家之説，懍乎若法度之昭垂，銖釐不敢有所變亂。某以某家之學授之某某，從某受某家學，自一再傳，以至於數十傳，靡不歷歷可數，可不謂密與。迨持之既久，而有通儒興焉。合家法而融貫之，而經學之盛，至此而極。極盛之後，遂有非通儒而貌爲通儒者出焉。舉家法而渾殽之，而經學於是乎自盛而之衰。此雖亦氣運之常，而其視家法爲升降，則昭然可灼見矣。

烏呼！暴秦滅學，六籍灰飛。其幸存於世者，類皆不完之冊。方是時，學者苟各以意説，不修家法。勢必有疑爲闕文而移者。疑彼此不可互通，而屈彼以就此，或屈此以就彼者。天下之大，爲學者之多，補之移之，屈而就之之後，不足以盡服天下學者之心而箝其口也。於是補之不已，而更補之。移之不已，而更移之。屈就之不已，至盡没其古誼而以臆説先之。吾恐秦之餘燼不數百年而掃地盡矣。縱天之未喪斯文，誕生諸大儒以承其後，亦將剖析無術，補救無方。恨不能卓然有所樹立。又安望其囊括眾經，集一代之成而定萬世之準哉！

夫守先待後之學，大賢以下，所當勉而躋之。人之精神材質，可自度也。惟致力於力之所能至，而不必妄冀其所不能。覆車在前，良可鑒也。夫世有聖人，而後無可無不可。下之則循繩守墨，猶不失爲篤行謹飭之士。若既非聖人，復不甘循繩守墨，則蕩檢踰閑而已矣。蕩檢踰閑者之去聖人，與循繩守墨者之去聖人，孰近孰遠，豈待智者而後知之，家法亦猶是耳。人之言曰：大儒而必守家法，則學散；末流而妄效大儒，則學亂。其斯爲知言乎？其斯爲知言乎？

# 經學家法論

## （五月分齋課超等第六名）

婁正寅

文學設科，而後經必有師。漢興，立五經博士，開弟子員。初，《書》唯有歐陽、《禮》后、《易》楊、《春秋》公羊而已。後復立大小夏侯《尚書》，大小戴《禮》，施、孟、梁邱《易》，穀梁《春秋》。京氏《易》、左氏《春秋》、《毛詩》、逸《禮》、古文《尚書》又繼立焉。然理取其是，事求其實而已。門户之見，不必存也。梁邱賀從京房受《易》，更事田王孫。夏侯都尉從濟南張生受《尚書》，傳至勝，又事同郡簡卿。勝傳建，建又事歐陽高，遂分爲大小夏侯之學。豈拘守一家之言哉！

況所授受者在此，而所得力者在彼。胡常受《尚書》於庸生，乃以明《穀梁》爲博士。韓嬰以《詩》傳於燕趙，其裔孫乃謂《韓詩》不如韓氏《易》深。孟卿善爲《禮》《春秋》以授后蒼疏廣，而使其子從田王孫受《易》。父子師弟之間，所業各別，安所謂家法哉！

蓋其時導源未遠，指歸易明，不必矜言家法。人有言家法者，反取侮而道不尊。施讎、孟喜、梁邱賀同事田生者也。施讎謙讓，不教授。梁邱賀遣子臨分將門人張禹等從讎問。孟喜好自稱譽，言師田生且死，枕喜（郄）［膝］，獨傳喜。賀乃證明其詳。蓋私立門户，適以啟人之攻也。案：梁邱賀從京房受《易》，京房受《易》於梁人焦延壽，延壽云嘗從孟喜問《易》，房以爲延壽《易》即孟氏學，則賀乃孟氏四傳弟子矣。謂賀與喜同受學於田王孫，而賀又攻許喜，史策所記不無可疑。王式以《詩》數篇授唐生、褚生，曰："聞之於師，具是矣，自潤色之。"而《詩》卒有唐、褚之學。若許商以《尚書》教授，乃號其門人若者爲德行，若者爲言語、政事、文學。自比於聖人，不綦妄哉！

　　昔人謂秦燔經而經存，漢窮經而經亡。以門户之見，亦自漢人開之也。然東京之盛，一師教授恒數百人或千餘人。乃至曹曾受歐陽《書》，門徒三千。張興弟子著録萬人，教愈廣，途愈岐，妄誕之徒必有倍師説而別創新義。故有識者必囊括古義，折衷於鄭氏家法之嚴，爲末流爲之也。況乎經六朝以及唐宋，信心蔑古者代興，寡識之士又從而和之。經術之蕪，遂不可復。理欲求家法，或恐無從。總之漢氏以前有師法而無家法。家法之説，學術之岐也。漢氏以後，有家法乃可以言師法嚴於家法，而古義遂可存也。此亦可以概古今學術之變矣。

# 經學家法論

## （五月分齋課超等第九名）

周以存

　　漢儒所習之經有七，曰《易》，曰《尚書》，曰《詩》，曰《禮》，曰《春秋》，曰《孝經》，曰《論語》。而所著之書有十四，曰傳，曰説，曰故，曰微，曰注，曰箋，曰述，曰疏，曰章句，曰解故，曰傳記，曰微傳，曰訓纂，曰故訓。

　　傳其所授之法有三，曰正文字，曰審音讀，曰明訓詁。而總不外於守家法。《易》之家法有六，曰田何，曰施讎，曰孟喜，曰梁邱，曰京房,曰費直。《尚書》之家法有五,曰伏生,曰孔安國,曰歐陽,曰大夏侯,曰小夏侯。《詩》之家法有四,曰毛公,曰魯申公,曰齊轅固生,曰韓嬰。《禮》分爲三,曰《周禮》,曰《儀禮》,曰《禮記》。其家法有八,曰高堂生,曰魯徐生,曰后蒼,曰戴聖,曰戴德,曰慶普,曰馬融,曰鄭康成。《春秋》亦分爲三,曰《左氏》,曰《公羊》,曰《穀梁》。其家法有九,曰胡母生,曰董仲舒,曰嚴彭祖,曰顏安樂,曰瑕邱江公,曰魯榮廣,曰劉向,曰張蒼,曰張禹。《孝經》之家法有四,曰顏芝,曰江翁,曰翼奉,曰孔安國。《論》分爲三,曰《魯論語》,曰《齊論語》,曰《古論語》。其家法有八,曰龔奮,曰韋賢,曰蕭望之,曰王吉,曰貢禹,曰王陽,曰孔安國,曰包咸。其閒或立學官,設博士以廣其傳,或教授鄉里,各守師說以名其家。其有不守家法者,則眾共鄙之。如趙賓之以明夷爲荄,茲爲世所訕笑是也。故人各從其一家之言以爲學,至于老而不敢背,抑何嚴歟。

　　夫家法明,然後可以知眾儒之淵源。知淵源,然後可以識經學之流別。識流別,然後可以參經文之同異。參同異,然後可以得周秦之古誼。探乎聖賢立言之本,達乎六經取義之方。則經學之成,易易也。秦燔詩書、坑儒士,而《易》以卜筮獨存,傳授不絕于世。時無章句之學,第以《彖》《象》《繫辭》《文言》解上下經,或專以陰陽災異爲說,致有古文、中古文之分。其餘他經悉從口授,傳之既久,驕駁斯出,解說亦紛。遂令一經之學,彼此乖異。猶幸各守師傳,無相沿襲。樸實以說理,固執以求通,缺疑以徵信,教授以暢流。雖迄四百年,中如高曾之于晜,仍支分派衍而不離其宗。上之人又能尊師重學,廣立五經博士,開弟子員,設科射策,勸以官祿。故自武帝至元始百餘年間,傳業者寖盛,支葉蕃滋。一經說至百餘萬言,大師至千餘人。及光武即位,篤好經術,博士凡十四人,而說經之士尤眾。士謂東京經術遠過西都。雖皆下之師說能明,抑亦在上者激勸鼓舞,有其道也。

考之家法之名，始于後漢。前漢則謂師法。《前漢書·張禹傳》"蕭望之奏禹經學精習有師法"。《翼奉傳》元帝問"善日邪時，孰與邪日善時"，奉對引師法。《後漢書·質帝本紀》本初元年"令郡國舉明經詣太學，自大將軍至六百石，皆遣子受業，四姓小侯先能通經者，各令隨家法"。《左雄傳》"雄上言'郡國所舉孝廉，請皆詣公府，諸生試家法'"。蓋師法者，溯其源；家法者，衍其流。其實不外一家之言，能守家法則上之可以至卿相，下亦不失爲經師。不能守，雖仕不能致通顯，教則士類且不齒，人何憚而不爲此哉？漢世經學之盛職是故也。及至永嘉亂後，典籍散亡，博士或立或不立，即立亦不過數十餘人，而五經又不分授，家法于是盡湮。家法湮則各出臆説以非往古，務多得而鮮成功。其平日讀書考業之功，盡以佐其攻訐搏擊之用，而經學于是大壞。六經幾同虛器，無復過而問焉者矣。則家法之有關經學，不綦重哉！

# 讀韓昌黎《守戒》書後

## （六月分齋課超等第一名）

李文藻

嗟乎！古今之勢殊，則備禦之術異。而其當守，則一而已矣。昌黎當日有見於通都大邑，介於屈强，預知藩鎮之必爲禍，而作《守戒》。譬之猛獸穿窬，當高柴楥，峻垣墻，外施窨穽以待之，内固扃鐍以防之。而歸其要曰得人。厥後裴度平蔡，昌黎之言驗矣。然使其早爲之備，則戎心不啓，而後之勞師糜餉，亦不至若彼之極。則甚矣守之不可緩也。今如有人焉，養猛獸若牲畜，接穿窬若賓客，納諸柴楥之中，處諸垣墻之内。窨穽無所施，而扃鐍不足固。

猶且泄泄沓沓，幸彼之暫爲我馴。而信其可恃，而彼搏殺人竊人之心，究未嘗一日忘也。此其當戒豈不什伯於昌黎所云者哉！

凡人受病，莫大於腹心之疾，而癰疽次之。癰疽由外達內，得所治法，則毒無自入。腹心之疾，非有以治之於先。待其毒發，攻之則傷正，補之則滋邪。雖有扁鵲，無能爲矣。彼猛獸在家，日習吾豚犬馬牛，久而見不爲怪。穿窬之詐，且以其小忠小信，結吾奴隸，使感其私恩。而又深悉吾勇怯之氣，虛實之情。一旦小有釁瑕，乘間勃發，猝不及防。吾之所恃以爲左右者，或且反噬而助之餤。念及此，有心人莫不引爲己憂。而謂任世道之責者，可以坐視而不爲之所耶？

竊嘗深惟始終，既不能驅虎豹犀象而遠之，使晉國之盜逃奔於秦，則其制之之法，卒亦無以易昌黎得人之說。而所以得人則更有難焉者。昌黎所言得人，將材猶足以當之。若上所陳者，不獨資乎將材而已。隆學校、重貢舉、慎詮選，自朝廷宰輔部寺科道，外而疆吏以至守令，才各稱其位，用各當其職。久之上下信服，民生富庶，風俗茂美。徐蹈其機而奪其氣，使豺狼化爲仁獸，盜賊化爲良民。內患不作，則夫邊塞之侵削益無所事其慮矣。然而非一朝夕之故也。


# 勸樹桑議

## （七月分齋課超等第三名）

黃覲恩

古農桑並重。今楚地桑不如農，蓋風氣使然，非土宜所係也。往方菊人方伯守武昌，常購置浙桑，令民間學種。其觀察襄陽也，亦然。以此楚中桑利漸廣，然未能徧行各郡縣也。夫衣食之源，人所並急。利之所在，民爭趨之。諸郡縣之緩於種樹，豈不爲衣食計與。毋亦勸課之不先，而民或未見其利與。考湖北十郡，黃州最富。然蠶桑之利，實甲諸郡。武昌亦稱沃饒，其利茶葛獨居大半，皆桑類也。德安爲瘠土，往者布商盛行，西通秦晉，東通豫章，居人亦足自給，今則布利微而民生困矣。即三郡觀之，養民於耒耜，固必求助於女紅。且他郡爲吾不及知者，其事理亦略可覩也。然則勸之之道奈何？

一曰諭教。種桑飼蠶，鄉愚易曉，然其事月餘可畢而勤苦甚至，又或慮其妨農也。故民鮮業之者，抑思畝禾不過數斗，畝桑或可數金。終歲勤苦，不知愛惜，乃反畏此經月之宴眠畚起乎？故其名爲憚勞，而其實爲惜費。蓋桑少葉稀，常須購采，子母相權，爲利有限，因之自阻者此耳。今若告以種植之利，又給以嘉種，使民自勸。刊布方公《桑蠶提要》、清河桑蠶局章程，官以勸士，士以勸農，講求數年，必有成效矣。

二曰捐助。桑植，楚不如魯，魯不如浙。欲得嘉種，必須遠購。今擬官爲出費，就近采買，轉行各縣。縣中市鎮有自願設廠買放者，亦聽自捐。又延僱浙匠以爲教民接桑繅蠶之用，其直受於官。若紳民或招致，但爲具食而已。

三曰經始。小民趨利若鶩，當其未成，常多觀望。今俟勸諭後，民有願領桑本者，自往縣中報名。官隨爲注明里居、姓氏，俟各鄉具有成數，然後鄉擇其士之公正者，使統受之，以散給民戶。其勤惰生息，即令以時察舉，務使名實相副乃已。此外或有官中隙地，悉垣之以爲官園，招貧民無業而男女勤謹者，使種樹其中。初令少得種菜，以爲養贍。二年之後，桑長葉繁，可收蠶利，則改菜園爲桑畦。歲種桑秧以資散給，官可不煩遠購矣。

四曰推廣。接種之法，繅采之利，提要之言詳矣。如其言而力行之效，必不謬。是此後之聞風而起者，將未有艾也。官宜隨其利便廣與桑種，山澤之閒，富將不貲，足民足國，利何可言。今楚民窮苦極矣，歉收不能自給，或遁而種罌粟者，所在皆有。桑利若興，而民將享自然之利，其猶有冒不韙之法，以圖飽煖者，當不然矣。是興利而亦可除害也。然則今日之急務，不即在此哉！

# 科舉論

## （八月分齋課超等第八名）

高崇煦

科舉與學校，相表裏者也。學校盛，科舉亦盛；學校衰，科舉亦衰。此自然之理也。顧亭林曰：“今日欲革科舉之弊，必先示以讀書學問之法。暫停考試數年而後行之，然後可以得人。”駁之者曰：此非揣本言也。余曰：此駁之者之不知本，而非顧氏之不知本也。

科舉之本，果何在乎？必曰在讀書，在學問。今之爲科舉之學者，其真讀書、真學問之人乎？抑不盡真讀書、真學問之人乎？五經四書，視猶傳舍。馬、班、范、陳之史，束之高閣而不觀。聲音訓詁之不知，典章制度之不考，而惟帖括之是尚。幸而擢巍科，享厚秩，又易其摩擬勦竊之技，而試之於刑名法術。恣其意之所欲爲，一切悍然而不顧。於是士風愈壞，人心愈薄，而不可以挽回於萬一。然則本實撥，而猶謂其末之不顛者，未之有也。

古昔先王之治天下者，必首重學校。學校者，天下之元氣也。自科舉之興，而學校之法之不講者，蓋千有餘年。經義、論策，其名非不正也，而空疎無具者託之。聲律、對偶，其法非不密也，而鈔襲餖飣者便之。經學、孝廉、鴻博特科非不重也，而資格門第與夫鑽營干謁之弊，又往往而有。則夫讀書學問之法之不明於天下，而欲求科舉之得人，是猶航斷港絕，潢而求至于海也。豈不難哉！豈不難哉！

則停試之説，亦可從乎？曰：是又不然。因噎而廢食，食廢而噎仍不愈，不如調變其食之所宜，而徐而治其氣之逆。上之責成有司，以廣其作育之方。下之慎選師儒，以神其化導之術。取之以至嚴，而待之以不次。如黃（犂州）〔梨洲〕變法分科之説，而又行之以實心實力，人材其或者勃然興乎！

# 科舉論

## （八月分齋課超等第十二名）

嚴用彬

所貴乎科舉者，何也？以其得人也。夫科舉果可以得人乎哉？聚天下智勇才辯之士，敝精神、耗心目，以角其所爲帖括之學。一再試而不售，則又思遁而之他。其狡且黠者，干犯名教。弄法舞文，毒害鄉曲。其愿樸而迂拘者，則皓首矻矻，與鰥寡孤獨窮民而無告者等。其倖而博一第選一官者，則又侈然自張，驕奢淫靡，敗壞風俗，甘受笑罵而不辭。於此而謂科舉可以得人，夫誰信之。

雖然，自有科舉而人材又未嘗不出乎其中。循門第，科舉一弊也。而漢之蘇武、唐之李德裕，皆以門第，不可謂非得人也。受請託，科舉又一弊也。而梁蕭之進崔詳，吳武陵之進杜牧之，令狐綯之進李商隱，李德裕之進盧肇，皆以請託，不可謂非得人也。本朝三百年來，魁壘耆艾特達之士，或精研經術，或博綜史法，或文章典麗，或時務曉暢。其餘天算地輿、鐘律金石之學，號稱專家，誠不乏人。揆其始進之途,大半出於科舉。於此而謂科舉之必不得人,又孰從而信之。

然則科舉之設,亦視乎上之操取舍者之賢否何如。而下之應之者,又自有淺深高下之不同。帖括之學,蓋其驗焉者也。姜西溟氏之言曰:後世無論賢良、文學、孝弟、力田諸科,一概試之以文墨,亦其勢然也。及其甚也,則魏科厚秩,皆取決于方寸之紙。而竟不復問其立身之本末矣。是其末流之弊,愈趨而愈遠。以至于無可如何者也。烏虖! 由姜氏之言思之,當無可如何之勢,而欲挽末流之弊,豈不積重而難返哉! 然而因其勢而權衡之,變通之,又存乎其人矣。

# 科舉論

## (八月分齋課特等第一名)

李心地

科舉興而人材濫,自隋唐以來皆然。而舉世皆重之,何也? 其有聰明俊偉之士,力能自振拔者,亦陽賤其名而陰貴其實,故其弊至寡廉鮮恥、上下相欺而不以為怪,烏乎! 是可概也。今之工為科舉之學者,時文、試帖、小楷而已。時文、試帖、小楷之士,揣摩而已,剽竊而已,勦襲而已。揣摩、剽竊、勦襲而猶不得,則又務出於鑽營、干謁、賄賂,以其所諂人者驕人。而科舉之途愈寬,人材愈奸欺苟賤而不可問。

然則科舉尚足見重於世乎哉? 馬貴與曰:"科目、銓選二者,越數百年而不得一更,一或更之,則蕩無法度,而澆濫者愈不可澄清。"是説也,亦調停之説也。天下本無無弊之法,然亦視其法之何如耳？漢用賢良，用孝廉，未嘗無弊。而漢之經術，終非唐宋以來所及。唐用明經，用進士，用博學鴻詞，未嘗無弊。而唐之詩賦，亦非宋元明所及。

然則舉四海之大、山林之僻，一概以科舉之法繩之，其有當乎，其無當乎？所不得而知也。黃太沖氏之言曰："六經之道，昭如日星。科舉之學，力能亡經。"方望溪氏之言曰："自科舉之興，人心蔽陷於此者千有餘年。"顧氏亭林則謂："八股之害，等於焚書，而敗壞人材有甚於咸陽之郊，所坑者但四百六十餘人也。"顧氏之論較之黃氏、方氏，誠不免過激。然科舉之弊，亦概可想矣。夫國家以科舉取士，其所責於士者，至大而至遠。而卒不免出於欺之一術，則又何也。

# 科舉論

## （八月分齋課特等第四名）

蕭樹聲

烏乎，科舉所以取士也，而果可以取士乎哉！唐虞三代之用人尚已。三代以降，漢之選舉以郡邑，曹魏六代以中正，始於揚汰，終於浮濫，褻薄天寵、流觴媮競者，往往弊自上開。而當其嚴整，猶有差別之足紀焉。隋承陳、梁之末造，其曼聲曳趾，挑綺拾英之流習，濫於崇朝。科目之興，尋遠古則然。世會所爭，不能逆流而泝之上矣。因緣其軌，欲以稍靜天下者，固當心載大公，較隆天秩，則異非所異，而寵非所寵，猶可以徐俟和平，來附人心，而明貴賤之級。流及於宋，竊竊然唯恐異心也。師武氏之智，開籠絡之術，廣進士、明經、學究之科，推郊祀、任子、異姓、甥婿、門客之恩，搖蕩誘餌天下

於堂陛嫌微之際。而當時桀黠者，亦微測上旨，倒持來去，以邀榮
膴，不得則李巨川、張元、吳昊之流憤起而播其亂。其君臣之間，猶
發篋行篋之相爲禁持，故和平去心，而粹白失性。心之俗者，亦有
以開其源也。明代之爲政者，蹕而用之，增文學，益解額，倍制科，
升乙榜，推恩鄉貢。職名不足，綴尤員、速資格以濟之。而天下之
怨亦由是而興。

夫天下，恩之不勝恩也，怨之不勝怨也。而以天地之恩，鬻販
人民而膠飴其心，施天下以私而責其公報。吁！亦良難矣。《詩》
曰："鳲鳩在桑，其子七兮。"淑人君子，均平專一，而風流雛鷇，無私
之謂也。故孔子射於矍相之圃，退者十九，早知不能而使退，故法
嚴而怨不起。今廣其科舉於此，人倖得焉，而得者百一，則怨一矣。
捷其資格於此，人倖速焉，而速者十一，則怨二矣。兩者皆以恩天
下也，而貿其怨，故士自受經成讀，昧偏旁，盲語助，老死童子者，皆
有怨心。如之何其可哉！

計惟先其甚難而後稍授以易。先其所難，則知不能者退矣，猶
矍相之射也，廢然而無妒媚之心矣。設使裁生徒，節貢舉，省進士，
謹資格，持之以難，擇之以慎，天下乃曉然知上所尊尚之旨，其不容
苟且徼倖如此，而抑歡然奉養於長吏孝秀而永謝其望心。故差其
所養，別其所教，執相成而功相倚也。王者規天道，長萬族，順其所
從，珍其所寵，則性命正矣。忘恩以遠怨，則和平臻矣。革宋鬻販
之私，則大公行矣。百年之內，乘千歲之弊，仍科舉而減其額，核資
格而難其選，則始基立矣。然後抑浮藻，登德行，立庠序，講正學，
厲廉恥，易科舉，升孝秀，俟之必世之後而天氣清，人維固，懿鑠乎。
唐虞三代之盛也，奚必沾沾科舉云爾哉！

# 經義治事異同論

## （九月分齋課超等第六名）

石　超

　　莫陋於調停之説，而其弊自學術始。學術中有兩涂，對待而立者，苟非如邪正之不相入。論者必爲持平之説，曰：是必相須，是當兼講，是不可偏廢。此其説非不美。然而人之資性各有所近，嗜好各有所偏，才力不能相兼。業以嫥攻而有成，術以岐趨而致誤。使天下之士兼攻並治務廣而荒，卒至一無所成者，調停之説誤之也。

　　今夫明體達用者，美談也。然而言明體，必於窮經稽古諸事豪無遺憾。言達用，又必當世之務熟悉於心。而且欲以窮經稽古所尋者見諸實用，是蓋曠數十世而無一人焉。孔子之門，文學與政事分科，游、夏之徒習於詩書禮樂，冉有、季路不過爲宰治賦之才。初非有如後儒所講格致、誠正、修齊、治平諸事，必一以貫之。而其時湛深經術者，亦不聞以唐虞夏商之制推行於世，如後之習《周官》者也。何則？誠見夫人之資性各有所近，即視其所近而成就之。而朝廷任官百司庶職之事，亦不嫥責之一人也。

　　然則經學之與經濟分涂，其來久矣。安定湖學設立經義、治事二齋，令學者分居而各肄業，誠有見於古人之所以爲教也。議者曰：居經義齋者，嫥明經義而不通曉世務，不將爲俗儒乎？居治事齋者，嫥習庶務而不能推原古制，不將爲俗吏乎？解之者曰：安定亦使二齋之人迭居而互習之，俾體用該備而已。吾獨以爲不然，人之心力貴乎嫥致，朝夕互易之，則不精。若各竢其以成而改業，則又有所不必也。今夫廟堂之典禮，學校之掌教，皆必須深通經術者任之。嫥明經義者,未始無用也。至於天文、律算、農田、水利、兵政、刑名、簿書、會計諸事,需才不一,原不必盡待禮樂之儒爲之也。若如論者之意,不過欲使天下之士無所不通,盡爲宰相才耳。

夫天下之士而可盡期以宰相之事乎?況乎宰相之德器,又有出於科條講習之外者哉?今之學者又以偏習一技爲恥,吾觀劉歆《七略》分箸九流,是皆古人之卓然名家者也。班氏於各流之後,箸之曰其原出於古某官。縱可知三代之所以爲教其事不一,其時學者亦不擇。古何科以爲高,而要期於有裨當時之務,如兵家,如農家,如法家,如名家,如陰陽家、天文算術家,名不虛立,皆佐治之具。昔之各攻其業者,志在濟世,不聞以小就爲恥。及其成就,亦卒與儒家並立。自古籍燔亡,各家之學不傳,獨儒家存,而又失其真。後世獨貴儒家,不知儒家者,九流之一耳,本不能兼百家之事。亦如朝廷建百官,宰相不能兼庶職耳。後人舉百家之事,盡歸之儒,以爲博儒既雜而不精且無用,爲世詬病。吾嘗病後世儒術雜,不若分析之,仍楲爲百家,使天下之人各習其事。庶不視爲詞章記誦之資,而各嫥精以期實用。則三代爲學之法,再見於今日矣。然無能任此者,蓋戞戞乎其難哉!

然學校之中,若尋仿安定之法,推行之,或亦三代之所以爲教也。至於欲合經義治事爲一者,必曰先經義而後治事。無論如今日之經義空疏無實,即使銳意講求漢學,吹秦坑之冷灰,剔汲冢之爛簡,參互鉤稽,自小學始,將有白首鑽研不盡者,而何暇於治事哉!經義不可荒賚之於沈潛之士,時務尤當急期之於通達之才。兩齋講求各有實用,真百代不易之法也。宋仁宗時曾採取湖學科條爲太學程,行之未久,而以安石之法亂之,殊可惜也。元明以來,用安石之經義,而不行安定之法,抑歟何哉!

# 經義治事異同論

## （九月分齋課超等第七名）

陳曾望

生民以來，有聖人之事，然後有聖人之經。則經義固所以治事，而治事外無經義也。三代之教子弟，十五入大學。惟以躬行實踐爲務，無有見聞之雜、記誦之煩、辭章之靡濫、功利之馳逐，而但使之明其理、復其性，以成其才。其大端則堯舜禹相傳之一中，其節目則父子、君臣、兄弟、夫婦、朋友之宜，修身、齊家、治國、平天下之序。而人無異見，家無異習，國無異尚，故學無異名。

自秦火以後，王道不行。五霸功利之術，愈漬愈深，愈趨愈下。上不以先王之教爲教，下不以先王之學爲學。雖有智能之士，皆不免於習俗。而漢宋諸儒，振興古學，未嘗無補於人心風俗。而五霸功利之毒，淪浹人之心髓。而王道迂闊，卒無以堅世主之信，而便其陰謀霸天下之心。此經義治事之所以分，既分而不可以復合者，蓋幾千年矣。中間詩賦之學、詞曲之學、製藝之學，紛紛籍籍，萬徑千蹊，如入優孟之場。舍己之性情，姑效他人之言語。剝掠脫誤，摹擬偵倒，如醉如瘵，終身從事無用之虛文。即間有自立之士，不爲空疏謬妄所誤，講求實濟，終不過五霸功利之術。而堯、舜、禹、湯、文、武、周公之治，孔門七十子之微言大誼，卒不可以復見於天下。間嘗深求其故，則由於名實不相赴。名則慕王道，實則便霸功，歷代祖宗之立法，與君相之用人，皆坐此病。豈盡講學者之誤哉。

漢未嘗無賈、董，而漢不能用。宋未嘗無程、朱，而宋又不能用。豈得謂賈、董、程、朱之不足以致用哉。雖然，上世之禮樂不用於後世，商周之質文不襲於虞夏。其初非聖人制之耶。而後之聖人革之不以爲歉。夫亦因時順勢而已矣。以鄉飲酒之禮而理亂秦之市，以干戚之舞而解平城之圍，固知其不可得也。宋胡瑗教士，立經義、治事爲二齋，亦有見於三代下之事，不能盡治以三代上之經，而欲通經者之寠能致用已爾。

# 義利辨

## （十月分齋課超等第二名）

陳培庚

粉而白，墨而黑，此人所易知也。白其白，無使誤於黑。黑其黑，無使擬於白。此又五尺之童所得以共見也。然此猶曰目之明也。至於蒙翳之生，蔽未甚者，其視黑白少懵焉。蔽甚者則懵亦甚焉。蔽又甚者而白乃疑於黑焉。然非至於青盲僮昏，固未有但知黑而不知白者也。吾心之於義利也，何獨不然。公而義，私而利，隨在而能言之也。當其瑩然涣然也，其於公私固炳如矣。及欲動情生，則義利之見始而游移，甚而迷罔，又甚而摇奪。然非大愚不靈盡喪其本體之明，亦未有以義爲利，以利爲義者也。由是觀之，義利之分，如黑白之判然兩物。其明也，其自不混也。其蔽也，於是始有游移迷罔摇奪之境以漸而生。夫以至易明之物，而使至於游移迷罔摇奪，此之不可不早辨也。

子曰：“無適也，無莫也。義之與比。”又曰：“義者，宜也。”孟子曰：“義也者，宜也。”又曰：“言不必信，行不必果，惟義所在。”是則義惟其宜，而爲無所爲之謂也。今試問於人曰：“有子焠掌、蘇秦刺股，其勤學有以異乎。”則必曰異，有子爲義，而蘇子爲利也。又問於人曰："三代行井田，商鞅開阡陌，其足用有以異乎?"則必曰異，三代爲義，而商鞅爲利也。乃至其爲學行政也，則日蹈蘇秦、商鞅之轍而不自知。何者? 彼其心皆有所爲。雖襲先王之迹，而無非爲功名禄位之謀。譬之心受寒疾，因至於瑟縮其體，以囁嚅其口者，其執然也。故今人所爲降心抑志，以爲盡所當爲者，皆古人所謂揣摩迎合而囁嚅瑟縮者也。其號爲學聖賢，行三代，而實則縱橫游説之不若，豈不以此也哉!

蓋天下之事機固萬變矣，有前爲義而後爲利者，有後爲義而前爲利者，有此爲義而彼爲利者，有名義實利，有名利實義者。冉子之請粟也，夫子以爲繼富。原思之辭粟也，夫子曰毋。止子張之干禄，而使漆雕開仕。詩書所載如此類者，不可勝數也。將以粟必不可請，而禄必不可受與。則固無解於原思、漆雕開也。將以粟不可辭，而仕不可已與，則又無解於冉子、子張也。故事有宜有不宜，心有有爲有無爲。出乎此則入乎彼，故君子之爲學行政也，豈惟便其情而已。固將以推闡乎天理，斟酌乎人情者也。物色白黑之見，先定於中。事之既至，各隨其類，以爲向背，而不至懵於其猝。夫然後可得而無蔽矣。夫君子小人之别，其後若天淵也。究其始，則但起於自爲。而義利之間，失之游移，又甚而迷罔，又甚而搖奪顛倒者也。義利之辨，人所不欲分。而君子小人之别，人所必欲趨必欲避者也。夫苟究乎君子小人之終始，而猶不知趨義而避利，是必大愚不靈則然耳。如其非也，則黑白之判然者，固人所易知矣。

# 義利辨

## （十月分齋課超等第六名）

陳登庸

君子小人之分途，義利界之而已。其幾之發也至微，而其竟也至岐。摧而言之，其端有萬，即精其説者爲之辨。義中之利，利中之義，猶非可更僕數。昧者聞之而不析。其巧者且得竊其言以爲掩飾遷就之緒。將欲辨之，何從而辨之？

孔子曰："君子喻義，小人喻利。"此並舉義利兩端以示人也。孟子曰："亦有仁義而已矣。何必曰利。"此黜利而誘人以義也。然七十子之徒，子張學干禄。學，義也。禄，利也。子張，賢者也，聖門高弟也，而不能淡然於利。故孔子曰："三年學不志於穀，不易得也。"夫人之生各具耳目口鼻心思，得以食息生長於天地之間，即人之義也。故爲人者，能仰事俯畜，不飢不寒，無好無惡，斯足以配天地而列爲三才矣。其智者治人食於人，亦不過能使人仰事俯畜，食息於天地之間，相安於無事，亦未見有以自異於人也。故古之帝者，松棟雲牖，老則傳之賢，不知天子之爲貴。其民亦渾渾噩噩，不知民之爲不貴。而自好者欲授之以帝位，則洗耳而不願聞焉。蓋斯時純乎義而已，無所謂利也。禹傳子猶之傳賢，義也。至子又傳子，以不賢人介其間，而利之説起焉。一變而爲征伐，又易其名曰"逆取順守"。而篡賊之禍，遂相尋而未有底。

自三代以還，一以利爲。國君以利爲國。而爲之臣者，亦小貴則小利，大貴則大利。孟子所謂"我得志弗爲"者。當時且群以此相高。群相高以利，於是轉以利爲義。宮室之美，妻妾之奉，曰吾義所當得也。其不能致身富貴者，則以爲不智。不足於鮮衣美食者，則以爲無能。非義之所宜矣。雖豪傑之士起於其間，亦浸漬而自化。識者觀之，蓋有即義即利，假義以射利。伏闕上書，義也，即利也。閉戶養望，義也，即利也。挾詩書，談道藝，以文章名一世，義也，即利也。求所謂純乎義者，吾未之或見焉。蓋天下一利之天下。人不知營利，則不足以爲人，而在耳目口鼻之數矣。而謂賢者免乎哉？

雖然，天下之利有盡，而人之嗜利無窮。於是愈求利而愈覺無所爲利，而國貧民貧，群不足於利之說又起焉。夫至不足於利，無以給其好利之心，而人庶幾廢然自返矣。天生人，即生水、火、金、木、土、穀以利人，利何不足之有。設令天不生，地不長，人民張口而無所得食，枯坐以待盡，斯真窮矣。若猶生長百物，飢者得以飽，寒者得以煖，則何貧之與有。且夫天子以四海爲家，玉食萬方，不可謂貧。仕宦者以一人居其職，而不耕不織，鮮衣美食，仰而待給者，或數十人數百人數千人，不可謂貧。編戶之民，其所出猶足以供上之所求，亦不可謂貧。誠嗜利者一反其不足之心，而謂如是已足。吾恐貨財尚有如山之積而無所用也。吾聞黃老之徒，以渾成爲道，以淡泊無爲爲教，其說頗謬於聖人。而歷數千百年而不滅其說者，毋抑可以救儒術之窮。學儒而僞，反不如學黃老而真耶。然則欲使人爲君子，勿爲小人，示之以義利之所歸，得兩言以斷之曰：歸真返樸爲義，競仕宦談功名爲利。

# 讀《張楊園先生全集》書後

## （十月分齋課超等第一名）

姚　虞

先生之學出劉蕺山，蕺山大旨宗陽明。而先生晚年則篤守程朱，故所言大都以居敬窮理爲本，而務體諸人倫日用之間。論者謂先生在明爲薛、胡之後勁，在本朝爲陸清獻之先聲，非虛譽矣。先生嘗言學者舍稼穡別無謀生之道，能稼穡則無求於人而廉恥立。知稼穡艱難，則不敢妄取於人，而禮讓興、廉恥立。禮讓興而世道可以復古。故集中《農書》言力田習勤之事特詳，皆得諸身試者。而世病其瑣屑，謂無與於學，此不然也。

夫古之學者耕且讀，三年而通一經。蓋在三代盛時，農之秀者即爲士。士未有不習於農者也。自後世士與農分，學者恥言小人之事，而士於是益貧。貧無以爲生，則將裂規矩，犯名義。凡可以詭得苟取者，無不爲。即不貧，而亦營營焉爲此。詭得苟取者，厚自封殖，以爲室家久遠之計。蓋人未有不思所以謀生者也。農謀生於農，工謀生於工，商謀生於商。而士別無所以謀生，則亦將謀之於其所業。烏虖！士所業者何事，而使竊取以爲謀生之資，則豈惟士習之憂哉！人才之壞，風化之衰，蓋靡不由此。無惑乎世道之不能復古也。昔許白雲教人必令學者先治生，蓋不治生而治心，此惟聖賢豪傑能爲之，下此未有不爲詭得苟取以自贍者。治生而舍稼穡，是仍詭得苟取之術而已。

先生斯集，皆儒家言。末坿是書，類農家者流，疑無與於學。余故推論其所以然，以質當世之讀斯集者。

# 卷四　詩賦

## 擬韓昌黎《感春》四首

### （三月分齋課超等第一名）

陳培庚

　　我所思兮在遠方，年華老大同悲傷。平生少艾自約結，雲龍左右扶明堂。青春如擲去幾許，十年贏得鬢眉蒼。東風著物變妍惡，嫣紅姹紫生容光。我今憔悴竟誰語，頹然且覆青椵觴。

　　洛陽三月桃李新，名都妓女留行人。痛擲黃金買歌舞，青絲寶絡凝香塵。我來江陵積時日，陰氣晦昧淹芳春。惜哉江頭良宴會，空齋繭足甯堪嗔。願招豐隆命屏翳，下作人間蹄與輪，鸞翔鳳翥效驂駕，敖遊八極全吾真。何爲浮空蔽白日，使我欲出常逡巡。

　　朝就一隅食，暮就一隅臥。文書兀相撐，清詩聊自課。鰥鰥嬾詣人，時復貪客過。誰爲平生親，應是陳驚坐。

　　山農父世居崔嵬，衣食自給無嫌猜。竹煙花雨恣調笑，白雲勸酒青山隈。吾生落拓悔遊學，窮年負累趨塵埃。一身束縛不得出，未知林卉誰當開。庭前惡木眾鳥棄，三春希睹黃鶯來。惟餘官事坐自累，遮渠差似輿與臺。良朋遏絕妻子遠，一樽獨酌誰相陪。花時寂寞尚如此，秋風蕭索甯勝哀。

# 擬韓昌黎《感春》四首

## （三月分齋課超等第十四名）

陳之茂

按《昌黎集》，《感春》詩凡三見，前四首作於江陵，後五首作於東都，又後三首作於長安，四詩爲憲宗元和元年掾江陵時作。初德宗貞元十九年，公以監察御史上《天旱人飢疏》，貶陽山令。及順宗永貞元年，自陽山徙掾江陵。詩作於次年春，年甫四十，而云髮禿齒墮，參之《進學解》，公蓋早衰也。陶詩云"日月擲人去，有志不獲騁"，公同此感。篇中藉看花飲酒反覆致意，忠愛之情，千載下猶可想見云。

我所思兮我亦何所思，長安不見兮我心悲。千江萬山遠相望，留滯江陵歸不歸。春光一夕度萬里，紅英燦燦珊瑚枝。人生失意苦多感，況復搖落春風吹。

宛宛春風舊相識，長安看花記疇昔。從軍入幕旋登朝，簪筆彤廷作司直。雲閒鎩翮神鷽孤，投荒遠甚賈生謫。陽山去歲移荆蠻，險阻千端一身歷。青袍白髮埃塵趨，幸免棰楚傷摧抑。一牀暝臥空齋寒，故人不來春寂寂。幸有天意憐幽棲，特放花光照四壁。京國舊遊詎可忘，獨對春叢感春色。

有花不厭貧，有酒能醉人。看花復飲酒，趁茲豔陽晨。東風何事獨無賴，紅雨紛紛吹作塵。不堪對明鏡，那得留青春，我年四十遽如許，髮禿齒墮嗟沈淪。

胡不歸田歸去來，受韈俯首如駑駘。我材有用既生我，未必泥淖終沈埋。已見陽澤潤枯朽，復聞聖律吹然灰。一出皇都近十載，瞻雲嶺表空徘徊。汴州倡亂竝淮蔡，嘯聚尤多狼與豺。萬方多難難未已,請纓磨盾需吾儕。顛倒窮愁死不惜,平生懷抱安在哉。嗣皇堯舜新御極,巍巍丹闕雲中開。白日光輝照草木,陰崖破凍陽春回,巖花勸我無事且長飲,一日傾盡花前三百杯。

# 擬韓昌黎《感春》四首

## (三月分齋課超等第十五名)

李文熙

拔劍倚柱忽長歎,我生何爲兮遘多難。波濤汩濔山崚嶒,安得盧敖兮游汗漫。江南三月天氣新,草長鶯飛雜花亂。金尊斗酒且盡歡,世事浮雲何足算。

春日之日樂未央,奔走太暤驅句芒。蒼龍狡獪弄晴雨,斗覺大塊輝文章,花鬚柳眼各明媚。繚亂游絲十丈長,危冠終日對書史,時有感喟來中腸。徑須典裘沽美酒,臨風爛醉三千場。大兒小兒俱已矣,晴川萋草空芬芳。嗟哉宣尼倘可作,自應提瑟升高堂。嵇生幽憤阮生哭,可憐若輩焉能狂。

志士尚不羈,達人貴知化。朝騎瘦馬行,暮促羸車駕。狂歌妻孥笑,散髮仆隸罵。平生磊落胸,茲言胡可詫。

男兒不封萬户侯,便當射虎南山頭。不然躬耕向隴畝,赤腳倒騎烏牸牛。烹羊置酒日爲樂,衣食粗足吾何憂。無端下帷習經史,鎚鑿肝腎苦不休。蟲魚篆刻竟何用,咄哉壯夫良足羞。足跡狂走半天下,刺字漶滅誰可投。不如頹然便就醉,此中即是逍遙游。摧瓶挈榼買春去,吾其老矣惟糟邱。

# 擬韓昌黎《感春》四首

## （三月分齋課特等第十三名）

夏良材

眇綿綿兮我所思，側身四顧將何之。江陵去國幾千里，掾曹久處庸嗟卑。春風一夜度江潯，谿壑遠近回春姿。酌酒花下不能飲，我心憂傷知爲誰。

致身青雲苦不早，我今四十髮已皓。長安看花曾幾時，流落乃在江陵道。江花紅蕚芬菲菲，笑我衰容獨枯槁。昔者屈原傷離憂，日暮汀洲采芳草。賈生痛哭亦何爲，生逢盛世年未老。元和天子今紀元，恩光遠被八荒表。丹鳳城闕春雲深，獨立江天望蒼昊。

蒼昊不可攀，江上幾時還。京華遠復遠，荊門山又山。蹀躞風塵內，漂泊江湖間。江湖苦憔悴，素髮彫朱顏。

疾霆破山風捲河，誰哉憤起揮天戈。橫海長鯨爲君截，歸來散髮嬉春波。天遙路遠阻霄漢，懷此鬱鬱當奈何。十年勤學讀書史，識字庸知憂患多。一官冷曹隨俯仰，不如綠野披煙蓑。梅花欲落春已晚，去我堂堂羲與娥。那可閒居便愁絕，取醉還傾金叵羅。

# 謁曾文正公祠 五言排律十二韻

## （五月分齋課超等第二名）

陳曾望

回首兒時事，家居在帝京。一官依祖父，命我拜先生。曾識鬚眉古，翻嗟歲月更。神歸衡嶽表，德被鄂王城。漢水旌旗影，江濤鼓角聲。山川皆手澤，孺婦盡知名。偶爾披遺疏，依然見至誠。奇功非管樂，吾學本朱程。天特褒元老，人咸詠太平。祠堂今日像，俎豆故鄉情。海國方多事，朝廷重息兵。絳侯猶有子，勳業總能成。

# 謁曾文正公祠 五言排律四十韻

## （五月分齋課超等第四名）

朱筠聲

一代通侯爵，千秋相國祠。勳名垂史策，膏澤被蒼黎。憶昔鯨鯢亂，曾興鵝鸛師。軍符雖火急，蔓草已潛滋。寇盜紛無數，東南漸不支。衝鋒良將失，餽饟計臣疲。烽火多驚竄，流離孰撫綏。沖霄迷翳障，寓目盡瘡痍。天子神明鑒，先生龍鳳姿。未懸都統印，且建五牙旗。榷稅供征調，材官聽指麾。揚帆開戰艦，列騎出長圍。制勝惟知慎，成功不好奇。搗巢吳會疊，扼要楚江湄。半壁勞撐拒，中朝仗保釐。天心銷彗孛，寶劍挺神芝。百戰梟狐獍，三軍集虎貔。江淮歸枕席，齊蔡等芟夷。將士沅湘盛，勳名李郭追。志堪扶社稷，才豈僅皋夔。況有謙沖度，從無鄙吝私。賓僚羅儁彥，幕府艷珠綦。集議虛能納，容非口不訾。求賢常若渴，說士竟如飴。遂爾人才盛，都為柱石資。大材經琢斲，美玉賴磨治。師恰還陶侃，金宜鑄范蠡。十年事戎馬，數載直綸扉。遽料騎驥返，頓添朝野悲。詔書頻惋惜，祭葬極威儀。祠廟連吳楚，馨香答歲時。君恩深似海，逝者已如斯。曠典襃忠藎，殊榮感聖慈。群工悉砥礪，億兆共歔欷。望古難為匹，于今更數誰。元戎勤奏績，仲氏善吹篪。學大經綸裕，功高嶽麓卑。每傷公去速，轉恨我生遲。再拜瞻遺像，千回獻酒巵。願憑靈爽赫，長為奠西陲。

# 謁曾文正公祠 五言排律十二韻

## （五月分齋課超等第七名）

陳之茂

一代風雲會，千秋俎豆光。湖山環鄂渚，伏臘祀湘鄉。如此人才少，惟公將略長。讀書增學問，仗鉞筦封疆。羽扇綸巾度，金戈鐵馬場。孤軍屯勁旅，百戰縛名王。清儉衣猶布，勤勞鬢已霜。功勳高潞國，福澤讓汾陽。地近神仙府，祠成宰相堂。森森留柏蔭，馥馥薦蘋香。麟閣人誰畫，鯨波海又揚。弓刀靈爽在，下拜意徬徨。

# 謁曾文正公祠 五言排律十二韻

## （五月分齋課超等第八名）

朱希文

書劍滯三楚，蝸蠻愁四方。安危思將相，感慨拜祠堂。登第文章貴，出師旗鼓張。地都還版籍，星旱掃欃槍。萬里山河壯，千秋俎豆香。勳名班定遠，壽考郭汾陽。楚北英靈在，江南治績彰。中原無戰伐，宿將有凋傷。事往風雲會，時清日月光。腐儒空涕泣，名德舊烝嘗。花木春光麗，園亭夏日長。采蘋還自薦，煙水望瀟湘。

# 謁曾文正公祠 五言排律十二韻

## （五月分齋課超等第十名）

舒福清

黃鵠磯頭望，巍祠鎮武昌。傾心殷拜謁，稽首肅趨蹌。人震勳

197

名盛,吾欽著述藏。沅湘鐘閟氣,衡嶽發奇光。身自詞垣出,兵先義旅倡。止戈平粵逆,戰艦固江防。鈞秉三朝重,旄麾十省忙。性功傳閩洛,詩事軼蘇黃。鄂渚忠魂護,希文美諡彰。和戎非得已,招謗有何傷。吟撫祠堂柏,陰留故國棠。精誠應鑒格,聊爲進椒觴。

# 擬杜工部《諸將》五首

## （六月分齋課超等第二名）

黃覲恩

天山八月草芊芊,胡騎憑陵遠盜邊。早日金繒輸熱海,祇今烽火照甘泉。大論馬上長陵瓦,台吉車中內府錢。旌斾太原遺烈在,何年校尉更屯田。

受降城闕聳青霄,誰使三邊擅動搖。宮側飽嘶回紇馬,樓頭醉解羯胡貂。潼關秋老防兵減,渭水塵昏虜氣驕。盡掃腥羶殲蝨介,至今空臆霍嫖姚。

兩京村落半邱墟,瑣尾流離失故居。安得父兄如僕射,惟聞子弟怨哥舒。雄藩尚自輕王化,轉運何緣裕國儲。賴有九重寬大詔,不教搜括到蓬廬。

越裳消息近何如,橫海猶聞阻捷書。豈爲炎洲求翡翠,記曾春殿賜金魚。侍中已建監軍節,司馬新乘使者車。交趾日南唐郡縣,冥冥氛祲望全除。

松保傳聞陷虜庭,當年僕射駐籌箄。軍符惕息行諸部,堠火平安報驛亭。佛國旃檀都入貢,劍門風雨疾書銘。益州天險休輕失,好向中垣策將星。

# 擬杜工部《諸將》五首 集唐人句

## （六月分齋課超等第六名）

劉景琳

牧馬攢花溢萬群盧綸《餞從叔歸嵩陽故居》，煙郊四望夕陽曛陳上美《咸陽有懷》。空聞虎旅傳宵柝李商隱《馬嵬》，但見龍城起暮雲王涯《塞下曲》。膽大欲欺姜伯約韓翃《送劉將軍》，功成惟有李將軍耿湋《上將行》。秋深雪滿黃金塞潘咸《主客圖》，錦字迴文一贈君駱賓王《艷情代郭氏答盧照鄰》。

韓公創築受降城白居易《城鹽州》，曉角初吹客夢驚賈島《上邠甯邢司徒》。金海珠韜乘月讀殷文圭《和友送衛尚書赴池陽副車》，雕鞍玉勒照花明羅鄴《公子行》。五年空帶風塵色劉長卿《賊平後送范倫歸安州》，四面唯聞刁斗聲皎然《武源行贈邱卿岑》。自顧勤勞甘百戰曹唐《送嚴大夫再領容府》，那堪歲晏又無成羅鄴《冬夕江上言事》。

彎弓征戰作男兒杜牧《題木蘭廟》，難入幽風七月詩張立《詠蜀都城上芙蓉花》。早是有家歸未得無名氏《雜詩》，誰憐登隴不勝悲劉希夷《搗衣篇》。樓高雉堞千師壘李紳《憶萬歲樓登金山》，雪臥龍庭猛將碑司空圖《南北史感遇》。聞道玉關烽火滅鮑溶《寄李都護》，蒸藜炊黍餉東菑王維《積雨輞川莊作》。

陰雲萬里晝漫漫戎昱《早春雪中》，斷續風中鼓角殘韋莊《登漢高廟閑眺》。列國山河分雁序陳陶《賀容府韋中丞賢兄除黔南經略》，六州蕃落從戎鞍薛逢《送靈州田尚書》。秦川楚塞煙波隔劉滄《春日旅遊》，銅柱朱崖道路難張謂《贈杜侍御送貢物》。此去加飧須努力白居易《送敏中歸幽甯幕》，穰苴門戶慣登壇薛逢《送田尚書》。

長戟如霜大旆紅司空曙《送人歸黔府》，連年出塞躡沙蓬唐紀夫《驄馬曲》。多才自有雲霄望錢起《送裴侍御使蜀》，飛檄曾傳朔漠空厲元《送黃明府岳州赴任》，壯志未酬三尺劍李蘋《春日思歸》。征途仍借九花驄徐賁《送王校書往清源》。光芒六合無泥滓本集《荊南兵馬使太常卿趙公大食刀歌》，頃刻麟臺第一功李九齡《代邊將》。


## 苦熱行 七古，用昌黎《山石》韻

### （七月分齋課超等第一名）

王家鳳

祝融權重顓頊微，清露罷滴赤雲飛。毒氛旦夕時發作，漫空障蔽煙霏霏。大廈深簷不避日，影度簾隙窺雙飛。昨夜箕伯奮神勇，戰敗歸穴如絆羈。熱客從來喜附勢，顧此炎威趨亦稀。侏儒癯瘦且畏苦，慢膚癰腫愁腰肥。烹茗縱飲不償汗，飽食蒸胃豈如飢。槐清竹潤皆譌語，偃仰松身空十圍。羽扇手揮無停指，輕颸那足侵羅衣。會當飛騰跨北貊，假招涼玉長不歸。


## 苦熱行 七古，用昌黎《山石》韻

### （七月分齋課超等第三名）

黃覬恩

赤龍蜿蜒天際飛，赤日照壁成珠圍。炎帝動爐鑄九鼎，雨師風伯扃巖扉。火雲流汁百物沸，嗟我蟣蝨生已微。頭焦背汗不足道，可憐久旱禾苗稀。上田龜坼下田涸，雖有嘉種無由肥。邇來河患徧陳鄭，中原千里常苦飢。山川滌滌復此厄，挺走肯受勒與羈。茅齋十日愁不寐，朝朝熾炭薰龍衣。故園田畝已蕪没，遠謀菽水庸敢歸。且攜詩卷出門去，城隅漠漠湖煙霏。

## 擬左太沖《招隱詩》二首

（八月分齋課超等第三名）

石　超

彼姝者誰子，乃在山之陲。重巖結茅廬，巨石爲門楣。麋鹿相與友，不求達者知。疏峯入庭軒，白雲與心期。沈沈萬籟寂，流泉通妙思。日暮劚黄精，持歸足療飢。我欲從之遊，高舉躡涼飂。彈琴答遥響，談笑足忘疲。

昔年居匡廬，五老共晨夕。鬱鬱山上松，葱葱澗底柏。挺秀任巖霜，託根在磐石。榮華不關心，巖穴豈爲宅。奄苒忽三秋，頓與清谿隔。思欲從曩人，惆悵空杖策。聖人順時中，豈在尋遺迹。巢由不再出，委蛇從所適。

## 擬左太沖《招隱詩》二首

（八月分齋課超等第六名）

陳培庚

昊天閟靈曜，冥霧纏秋空。前途念修阻，欲出迷西東。故人山中信，爲我陳華嵩。飛雲結華宇，皎月開瓊宮。巖花閱寒暑，竹柏長青葱。陽崖賓出日，旭采何曈曚。流昀丹霞間，玉女顔微紅。安期及羨門，拂袖揚清風。君今墮塵窟，何不乘長虹。矯首青雲外，徑路天門通。

踽足嵩華間，夷然睇清曠。蠻觸謝戰争，煙雲相揖讓。中阿十畝田，耕種足可養。耒耜及春興，葵筍時相餉。甘雨澤靈壇，豐年拜嘉貺。事畜有餘糧，浩歌聊自放。頗謂沮溺賢，甯笑接輿妄。何爲學孔老，風塵徒悵悵。


# 擬左太沖《招隱詩》二首

## （八月分齋課超等第十一名）

王家鳳

良朋遊京路，舉足登天閶。出入張華蓋，意氣何揚揚。故人隔千里，林壑耽翱翔。朝采首山蕨，夕釣涎溪魴。野性狎麋鹿，晦迹託耕桑。俯仰得所歡，陶然塵慮忘。王侯多葅醢，圭爵伏禍殃。願言從吾好，脱屣歸故鄉。

南山入崟崥，萬古煙霞封。中有岩栖子，結廬倚青松。撫軫寫飛泉，采藥躋高峰。乘興一長嘯，焂然驚潛龍。好鳥相酬答，和聲鳴喈喈。群芳供寂賞，蘭蕙彙丰茸。境幽絶塵跡，心逸愜素悰。焉能棄林壑，入世求遭逢。


# 擬左太沖《招隱詩》二首

## （八月分齋課超等第十四名）

陳嗣賢

東皋零雨滋，攜鋤自耘植。惠然來好風，雲霽見朝日。秋菊色更佳，蘼蕪初結實。澹此景物情，澄懷倍清逸。稚子挈樽至，俛仰聊自適。三益胡不來，開窗坐虛室。

鳳凰潔毛羽，自寵賀世姿。一食必竹實，一棲必桐枝。千仞得所翔，德輝方下之。苟不慎躕躇，倏化安可知。腐鼠彼謂甘，莫受鴟鳥欺。枋榆彼謂樂，莫逐鶯鳩飛。

## 擬左太沖《招隱詩》二首
### （八月分齋課超等第十五名）

姚汝説

平生少壯日，結想嶔奇人。幽蘭不見采，芳情發孤根。零落長安道，空谷寥以芬。馨香滿懷抱，何用恒苦辛。解顏謝軒冕，達人識其真。茅茨欣有託，種樹已成村。娟娟庭前竹，榮榮窗下茵。悠然松石間，貞白相與敦。

古木亦有陰，流泉亦成趣。有客過園林，依回不能去。見之思悄然，言君還且住。萬籟涵孤襟，當風送餘慕。朝采南山芝，夕憩西池樹。漱石枕寒溪，鳴禽下春霧。念彼塵海中，安能知其故。持此寄知己，相要樂吾素。

## 擬左太沖《招隱詩》二首
### （八月分齋課特等第十四名）

萬縈

蘿月隱磐石，兀坐橫瑶琴。賞心招隱士，宥然太古音。飛聲遏雲雁，餘響答山岑。白雲懸河漢，良夜清沈沈。微颷發庭柯，涼露沾衣襟。楚客愛幽蘭，生意滿寒林。悽悽秋士懷，默默靜者心。嘯歌呼成連，移情亦何深。

薄宦不如隱，遠行不如歸。巖穴色葱蒨，林屋開荊扉。竹柏棲殘露，野水通斜暉。蕭然田畝下，未覺生事微。首陽有賢人，高歌吟采薇。雖無儋石儲，餐菊忘朝飢。達哉張季鷹，解戀蓴鱸肥。秋風颯然來，飄飄吹我衣。

# 擬陶淵明《讀山海經詩》一首

## （九月分齋課超等第二名）

陳培庚

達士謝塵慮，田家多宴眠。長羸雖見困，形暇神自全。秧畦足新水，吐穎青盈阡。秀實未可億，敢即希豐年。夷然釋耒坐，俯仰惟陳編。洞瞭周王傳，樂觀山海篇。僵僴日色暝，乳燕隨風還。中庭照明月，浩浩真吾天。斗酒自娛樂，一醉方陶然。

# 擬陶淵明《讀山海經詩》一首

## （九月分齋課超等第五名）

姚　虞

軒轅民多壽，夭亦及彭籛。吾生若旦暮，百憂況熬煎。何如但飲酒，塵慮謝緾牽。醉臥北窗下，醒復觀簡篇。緬懷蓬萊島，遐想崑崙巔。出入驂鸞鳳，遨遊偕上仙。飢餐甘華實，渴斟溫谷泉。庶以駐顏色，常此保齡年。

## 苦寒 效昌黎即次其韻

（十一月分齋課超等第一名）

陳培庚

二氣苟不敵，常爲彊者兼。孱弱自沮退，信讓非真廉。伏陰幾何徒，未用惟柔謙。神柄竊顓頊，淬厲青雲尖。凶心利物死，食肉專肥甜。山中荃芷莖，一一加裁砭。皤腹瀉淫霧，蒙翳纏烏蟾。常儀持結璘，不得穿廬覘。奇寒切肌骨，朝暾甯復炎。簷端雪片落，襟上冰花沾。撥水漬跟肘，詰曲如鉤鐮。賁育膚忽撓，枚馬毫愁拈。平生雄萬夫，宿頸同遭箝。蛗廉助惡稔，號令傳雲籤。方良及女魃，六甲神丁添。揚威發屋瓦，片片飛縞縑。牆頹木盡拔，蟄隱驚幽潛。覆巢鳥墮鷞，攪窟龍泂髯。元化適不存，未即卿曹殲。敝袍自矯厲，吾生已微纖。削章奏上帝，奈此蓬蒿淹。坐視蹩远群，凍斃供炰燖。豈無麟與凰，治亂常所占。畏避不汝省，似持朋黨嫌。寥寥天宇闊，蓋覆無爲苦。悲憤塞匈肊，寢食難安□。便趣訪戴駕，欲出徑已漸。太乙憫夐獨，然藜下顧瞻。謂言數所極，調燮窮梅鹽。變盡當自反，有時誅壬憸。東皇御殿坐，玉女搴珠簾。青旂易元幟，寶珞垂堂簷。一綫生機存，凍破膏仍黏。動族徧牛螕，植物聯蘭蒹。欣欣向榮意，各蔽天王襜。吾非紇干雀，何爲號無厭。

## 苦寒 效昌黎次原韻

（十一月分齋課超等第三名）

李心地

閶闔森凌兢，煥鬱非所兼。霜雪沍重深，羲御阻堂廉。赤熛不

敢怒,霽顏鳴謙謙。蟄蟲首其穴,槎枒摧勾尖。顒頊喜梢殺,林莽
闔黑甜。埶坎以司罰,萬物齊針砭。日窟僵金烏,月竇踣玉蟾。霧
埃塞中宸,俯仰失闠閾。群妖邁冶夷,百靈戒附炎。而我守厥素,
又復困塗露。洴澼悟兵法,摩娑腰下鐮。飛霓大如掌,皸瘃不得
拑。曖曖目喪精,斷斷齒含箝。籠爐謝百事,几案塵軸籤。凍瓶知
未減,海水知已添。嘼橐非云溫,矧乃無餘縑。炎駒既逃匿,水犀
亦遯潛。鶊火折赤翼,天龍墮蒼髯。黑后不快意,馮生難盡殲。老
驥伏皁轆,蝟縮毛纖纖。伸頸以長嘶,所冀宣滯淹。幸入鱗獸爨,
揚燔親蒸燖。因之叩汾淩,維魚兆其占。賜火蘇民命,龍忌無所
嫌。余心沸勺瀁,枕寢編菅苫。擥涕長淒欷,誓志養與□。松燧擘
謖謖,燃石敲漸漸。垠漢開晻靄,六龍下顧瞻。譬彼拭金錦,洗濯
賴魚鹽。胚渾抉块軋,鬱蓊黜昏憸。綿區轉昒昕,虹霓翼幬簾。榑
桑挂銅鉦,朱雀鳴前簷。圓象鑒初爍,方儀膏且黏。蘭芷競和惠,
何況贊莨蒹。丹林赫扈扈,翠裗曳襜襜。天乎睠吾忱,禍亂故
所厭。


## 擬宋玉《釣賦》

### (二月分齋課超等第一名)

陳培庚

楚人有能以弱竿纖餌出三尺之魚於數仞之淵者,宋玉與唐勒
往問之曰:"夫子之釣也,八尺之竿,十尺之綸,鉤若芒刺,餌若輕
塵,而以出魴鯉於積素之波,意者亦有術乎?"楚人曰:"吾何術乎。
始吾之釣也,手足浮動,志意躁急,大鮪小鉅,期在必得,竿乍揄而更
揚,漚甫動而遽掣,如是而竿折綸絕者,屢矣。已而黜聰明,返視聽,

傀焉儽焉，不爲利動，委蛇容與，唯水所適，用心至一，而不以預期。蓋吾意中，未嘗有魚而亦無非魚也。夫是以獲之，而何術之有？"

宋玉曰："是可學乎？"楚人曰："是不足學也。吾聞之師曰'愚者釣釣，知者釣民'，二子爲國近臣，將進王以釣民之道，而奚自惰於水濱之役夫乎？"

宋玉曰："釣民若何，亦可得而聞乎？"楚人曰："可。昔者堯舜以從欲治，湯武以順人興。故禹皋、伊旦者，彊竿也；仕義道德者，韌綸也；兵刑政事者，均鉤也；爵禄施設者，芳餌也。四者咸具，猶不遽取，乃復俯察好惡，洞燭幽微，和以禮樂，須以歲時，揖讓之成，可謂紆矣。觀天心之順逆，覘衆志之從違，諸侯勸進而未許，遠人日至而猶疑，征伐之行，可謂需矣。今吾觀諸侯之於民也，若薙氏之除草；其爭國也，若宋獵者之捕鹿。是吾昔者所以竿折綸絶者也。何怪天下之不投吾網乎？若從吾言而忍之，黜威隳力，養晦待時。及其解弛也，出洪竿，攄修綸，致鯨鯤於滴池，散之以祀聖王之廟。東取臨甾，北連三晉，西收巴蜀，九澤四瀆，將爲吾有其爲釣術也，不亦大乎！"

宋玉曰："善。"於是與唐勒言之頃襄王，王使迎之，則煙波浩渺而釣者終不復見。

# 擬宋玉《釣賦》

錢桂笙

楚襄王釣於雲夢之渚，宋玉、景差從。襄王曰："子聞詹何之釣乎？折荆爲竿，剖粒爲餌，綸以獨繭，鉤以芒刺，臨乎百仞之淵，而盈車之鰥可致。寡人學之莃年，未能有其技也。"景差對曰："詹何

之釣善矣。未若任公。”王曰:“任公何如?”景差曰:“任公爲大鉤巨
錙,縛五十犗,蹲乎會稽之陰,投諸東海之外。若魚食焉,陷鉤而下,
揚鬐奮鬣,溟渤震蕩,濤涌風驅,聲侔神鬼,憚赫萬夫。任公得魚腊
之,自淛河以東,蒼梧之地,莫不鼓腹含哺,飫若膏而饜若蔵。是其
所施者隆,所挟者豐,故能以一釣勝眾釣也。”

　　宋玉曰:“唏!彼皆知釣之爲釣,不知非釣之爲釣。奚其善?”
王曰:“非釣之釣奈何?”宋玉曰:“昔吕望釣於茲泉,文王勞而問焉。
吕望曰:‘魚求於餌乃牽其緡,人食於禄乃服於君。故小釣釣川,中
釣釣國。以餌取魚,魚可殺;以禄食人,人可竭。’由是觀之,鯿鮒之
快口腹,不若髦儁之爲羽翼也。王若以高爵爲絲,厚粞爲蟥,虛心爲
竹,誠信爲鍼,迎澗阿之偶,引林泉之叟,爲弼爲丞,如賓如友,是能以
非釣釣也。彼江漢之英,沅灃之傑,孰非大王之所獲乎?故曰無餌之
釣不可集修鱗,無禮之遇不可得賢臣。王苟操末而忘本,勤小而忽
大,雖擅詹何任公之能,奚以致明良之交泰哉?且臣聞穆天子遊於珠
澤,漁於流水,霜絲爲繩,餌以丹鯉,倚姑鯀之神木,起潛虬於河涘。
般樂怠荒,萬機失理,鎬洛之業衰焉,厲幽之患萌矣,以視翹翹。後車
尚父斯聘,寶玉鈐之秘文,開興王之景運者,其得失可以鑒也。”

　　襄王曰:“善!”乃賜玉雲夢之田以旌其言。


# 擬宋玉《釣賦》有序

## (二月分齋課超等第五名)

陳曾望

　　若夫大人所事,君子之懷,魚其萬姓,沼其八垓,此得志於時者
之所爲也,是亦有命矣。余家淛川,門臨大湖,時有釣徒相與爲樂,

名利既淡，痼寐清醒，一絲一竿，頗得佳趣。偶讀宋玉《釣賦》，聊復擬之，各述所遭，無嫌異旨，賦曰：

公子歸來兮上都，白雲浩浩兮如我無求。望美人兮何處，託一藝兮奚憂。舍南舍北兮皆春水，忘富貴兮從我遊。老屋兮數閒，幽僻兮避世。朝把卷兮窗明，夕舉杯兮月霽。兒蓬頭兮逐鳥，婦椎髻兮呼觥。聞漁父兮招予，將持竿兮共逝。有綸兮獨繭，聯之兮琳琅；鈎屈兮寸金，刺文波兮有芒。桂子兮蘭蕊，雜馨蟲兮餌芳。側笠兮春陰，披衫兮飛絮。竹起伏兮如弓，人恭敬兮若馭。與鷗鷺兮忘機，魚之來兮不去。登盤兮奕脆，入饌兮濃香。調五味兮西戎蒜，和二氣兮南夷薑。合家人兮斯享，將以遺兮所尊。年復年兮作釣，樂莫樂兮斯人。


## 擬宋玉《釣賦》

### （二月分齋課超等第七名）

張極翔

宋玉既賦高唐，卜宅湘渚，棲神洞屬之天，稅駕廣莫之野。唐勒、景差聞而造焉，曰："君子佩蘭紉蕙，欱際沈藏，既粉糅其將落羌，失時而鮮當。何不跨巨壑，理洪網，吸乎咸池，以濯扶桑。"玉曰："唯唯，雖然，余病未能也。當與子見滄浪漁父而決之。"至，則漁父方坐釣石而歌也。於是屏息幽岑，敬聆清音。歌曰："乾坤爲綸兮，日月爲餌。虹霓爲竿兮，風雲爲翼。餐烟飲露兮，繫蛟龍若鰕鯉。"

二子進曰："吾子之歌，何其夸也。翠綸桂繳不可以得魚，玉餌金鈎不可以爲巧，彼造化之所藏，豈人力之所到？"漁父逌爾而哂曰："夫釣亦多術矣。儀秦之倫，舌如芒鍼，戈印獲組，一縱一橫，此游説之釣也。髡衍之儔，歡齲餔糟，辨雕萬物，文竿是揄，此滑稽之釣也。亦有孫吳，爭魚者濡，剖璜于渭，起家陰符，此戰士之釣也。若夫楊墨，仁煦義孑，破網裂罾，欶霜嘖雪，此乢儒之釣也。至如高爵以縻之，厚禄以甘之，四海鱠鮇，漑之釜鬵，則霸王之釣也。然且析荆篠，弄浮子，搓繭絲，盛入耳，引盈車之鰻於千仞之淵，吾固知其偎也。"迺收釣筒，默不復言。

玉於是進而稱曰："壯哉釣乎，請畢其辭。堯舜禹湯，道竿德綸，禮義爲犗，其釣也神。桀紂幽厲，法綱刑羅，射魚指天，嚴其矰磻，爲萬世笑，其釣拙邪。當我生之多故，奚暇問釣國之何如？"於是二子悚然揖玉而退，漁父攜酒與玉同醉。


## 積雨賦 以"積雨空林煙火遲"爲韻

### （三月分齋課超等第一名）

陳培庚

殢一院兮花陰，積半庭兮蘚迹。風刁刁兮連朝，雲沈沈兮易夕。户經月以長扃，徑三條而未辟。已春恨之悽悽，況客愁之蘊積。夫其曖曖冥冥，响响煦煦，天地滲灕，山川斥鹵。霆霓翕霍以發聲，豐隆複陸而屯聚。暈則爲風，虹則爲雨。塞乍陽而乍陰，恨羲娥之無主。坐虛堂之廓廡，雷簷滴之丁東。礎根蒸以灑潤，履沮洳於唐中。太乙然而户闇，山鬼瞰而庭空。悼繩牀之沾濡卷幔，又惕夫飄風。觀新陰之蓊薆，翳眾樹之橚森。棠梨吹而寂寂，蛣尾訊其沈沈。熠芷蘭之郁烈，謇逸響於鳴禽。重黔宇宇以靄靄，霏煙胃夫長林。淹千里之暝色，感獨客之忉心，塞倚枕而不寐，懷百慮以專專。庭闈去以日遠，故人阻其風煙。惟羌冠與袨服，時承醼而接筵。言枘鑿而寡合,情睽隔夫山川。將搴裳以逕去,限浮潦而不前。堆兀兀兮文書,照遲遲兮燈火。衣積暈而涼肌,冠打牀而欲墮。激驕鳴於空階,肜臄沸於屋左。恨曉鐘之易聞,況竹雞之夥夥。已矣乎! 苦霧屑窣,雲陰四垂。新綠翳樹,繁紅墮枝。楚山鬱沓以晻曖,楚水淼其無涯。念春光之不可久駐兮,恐歲月之淹遲,聊染翰以表素兮,天將爲我回乎陽熙。


## 積雨賦 以"積雨空林煙火遲"爲韻

### (三月分齋課超等第八名)

石致中

於時霧暗芳郊,煙迷紫陌,兩部蛙青,一拳鷺白。雲漠漠以低垂,雨霏霏而漸益。度空翠兮千重,透春痕兮一脈。山色有無之内,依稀圖繪荆門;泉聲冷咽之餘,彷彿寺游香積。爾其澤溥新畬,膏流沃土,窈窈冥冥,絲絲縷縷,不即不徐,半含半吐。微瀾淺漲,低翻麥浪之郊;薄暈徐添,暗度桃花之隖。課農功於南畝,關心同石廩占年;題好句於東菑,得意在輞川積雨。其始也,雲頭湧黑,日腳翻紅,乍寒乍燠,倏西倏東。羌淒淒兮有湝,漸霡霂兮深籠。柳綿拖來,薄潤初翻,暮靄蕉心,捲去餘霞,尚帶殘虹。縱教灑向林巒,涇痕低蓋;未必光分石壁,夕照全空。既而陰晴莫定,黯黮遥深,下尺爲澤,膚寸成霖,溪痕漸長,草色初沈。披來一徑清風,褰衣寒透;聽到小樓春夜,燈影涼侵。生眾綠兮叢叢新筍,斜穿石遶;洗殘紅兮片片落花,時補雲林。於是傾盆盈缶,匝地漫天,山橫青而含潤,水暈綠而盈田。人欲晴兮天未許,日將出兮雲仍連。梳苔髮以凝斑脂曾作膩,濺荷衣而送碧珠不勝穿。夏木陰陰天氣,新開

畫本;飛橋隱隱人家,似隔野煙。則見樹杪泉深,柴扉翠鎖。苔滿
徑而欲流,練橫空而將墮。松風解帶以差宜,山月彈琴而未果。一
犁初足,應赤腳以徂征;千耦其耘,率蒼頭而不惰。處處煮葵燒筍
爲餉,春耕家家炊黍蒸藜,都烹活火。客有晚年好静,勝事自知,對
山莊而凝眺,就別墅以裁詩。託倚杖臨風之興,寫竹喧蓮動之詞。
白鳥翻飛,田頭小住;黄鸝乍囀,屐齒頻移。綠樹村邊,楊柳共酒旗
一色;青山郭外,炊煙與雲意俱遲。


## 積雨賦 以"積雨空林煙火遲"爲韻

### (三月分齋課超等第十一名)

楊昌萃

黯黯前村,濛濛古驛。野水浮青,炊煙颺白。孤笠颭而風斜,
暮鐘揺而煙隔。泥融桃菜之津,霧漵賣花之陌。幾處樓臺隱約,樹
影紅欹;連朝煙雨迷離,山痕翠積。憶夫旭日隱天,油雲遮户,屋角
鳩啼,沙頭鸛舞,霏濃靄以千層,吹輕絲而數縷。濺來梅子之山,溼
到桃花之陽。一道斜陰,萬絲密雨。則見翠疇之北,繡隴之東,犁
扶水畔,人語煙中。樹裏之簑衣浙瀝,溪間之雲影冥濛。不盡霏
微,垂秧青而匝地;無邊蓊鬱,帶麥翠以粘空。若夫曲欄漬霧,小院
浮陰,苔衣翠重,竹粉香深,爐篆疎而欲歇,游絲泜而易沈。最憐蝶
翅難飛,盡依庭草。試聽鶯聲忽澀,不鬧園林。別有離亭風悄,客
路雲連,蒼茫大地,淡沲長天。樹拂鞭絲,點鮫珠而盡溼;波揺旌
影,照螺黛以彌妍。漠漠兮遥山遥水,昏昏兮如霧如煙。更有旅館
愁生,閒庭静鎖,撲簾翠霏,入户紅墮。煙猶潤而草肥,滴未乾而柳
嚲。何處濃陰不斷,如畫江城;有人昨夜曾聽,頻挑燈火。迨乎收

雨腳，列山眉，送歸雲於遠岫，瀰薄靄於疏籬，迢迢碧漲，處處綠滋，黃鸝囀候，白鷺飛時。物態如生，野外之和風嫋嫋；天容欲活，村邊之霽日遲遲。

# 劉向校書賦 以"啟發篇章校理祕文"爲韻

## （四月分齋課超等第二名）

邱兆華

昔漢成帝雅好經書，考文崇禮。其時四海乂安，鄲于就邸。學士蹈德而詠仁，編氓力田而孝弟。然而諸經雖釐定夫名稱，詞林莫深擘夫根柢。傢倇乎保氏六書，燐亂乎先秦八體。孔安國之所獻，遭巫蠱而未行。左邱明之所脩，藏祕府而莫啟。繄微學之就湮，恐後儒之交牴。思延致夫大雅宏達之儔，闢緘縢而開肯綮。爰以河平三年，顧儒臣劉向而詔曰："朕惟時代邈悠，文字肒闕，祖龍作而漆簡亡，斯篆興而頡籀沒。將欲薈群言以折衷，守家法而罔越，辯章學術於既往，宣明大道於未歇。則必甄埴微芒，雕鐫杪忽。萃三蒼爲俎豆，具六籍爲肴核。汝向綴學方聞，名門世閥。多閱覽乎舊載，幸躬與乎典謁。尚其馨先聖之奧苞，佐以諸儒之所發。"

臣向拜手稽首而進曰："臣聞聲畫之學，肇啟三皇之年，易結繩爲書契。觀蹠远而宛然，象形依類，孳乳相緣。百官治而萬民察，形名達而幽隱宜。迄後聖之有作，益伐竹而成篇。陵夷及於周末，嗟一炬其可憐。赫皇漢之肇興，回文運乎中天。秦灰拾其墜簡，孔壁捃其遺編。丁尾焉烏之妄作，魯魚帝虎之因沿。羌破壞乎大體，良有待於斠詮。今陛下欲嘉惠來學，躅武前賢。則金石刻畫之業，固臣家世之所傳也。其敢憚夫蒐羅之博，考索之專。厥有天祿祕

閣，典籍所藏，凌磝碥道而超西墉，互長樂而彌明光，嵬哉巍業，起乎
中央。署瀛洲之清禁，煥奎藻之琳琅。青篆丹書，赤文綠字，則三
墳五典、八索九邱之所睢睢而煌煌也；珊枝玉樹，璚宇瑤京，則惇誨
故老、名儒師傳之所濟濟而翔翔也。偉經術之朗燿，倬雲漢而爲
章。娜嬛無以擬，石室不能方。登斯閣者，孰不金聲而玉潤，雍容
而揄揚哉！於是臣向居焉，開文囿以遨翔，闖藝林而騰踔。擁廣座
之百城，列周廬之七校。經子析其疑文，詩賦宜其遺教。鰲甲乙之
部則例必精嚴，辨古今之文則詞毋枉橈。旁列參臚，詳鉤精校。蝌
斗摹其奇形，蟲書析其異兒。文章之流別必清，學術之異同可較。
辨隻字以精覈，納群言而籠罩。斑斑焉，烺烺焉，洵足以發曠古之
蒙，爲儒林所則傚者也。彼夫斷簡觚篇，卮言稗史。侈私家之箸
述，夸奇麗之鴻恉。名山有絶學之號，海内擅經師之美。未迴翔夫
高明，徒迀陋之自喜。孰與夫九閽之上，五都之市，百氏抉其籬藩，
諸家探其佹詭。凡夫巧歷所不能窺，隸首所不能紀，二酉所不能
藏，六丁所不能視。縱耳目於游娛，快利病於摭掎。爲足極宇宙之
大觀，據古今之通理乎？太乙降精，鬼神遣使，黎輝赫艷以煌煌，雲
閣森嚴而清秘。與與容容，陶陶遂遂。幽曜燭天閭之遥，明光察鳶
魚之窆。滯無隱而弗宣，疵無微而不刺。蓋校之言正，而疏繆者芟
除。亦校之言讎，而背違者剪棄。用有相資，則明重複互注之法。
類不可闕，則取詳略互載之義。蓋自沮誦以來，故書雅記，莫不歸
其別裁，從其類次矣。頌曰：赫赫炎漢，實右文兮。武宣繼軌，嫩皇
墳兮。卓哉孝成，續先芬兮。悉我髦士，廣異聞兮。厥惟子政，殫
艱勤兮。章琲句析，絲無棼兮。罔括眾典，靡夕昕兮。五行作傳，
志格君兮。七略繼成，世有勳兮。漢學證聖，一紛紜兮。緬彼先
哲，樂我員兮。"

## 雲夢賦 以"楚有七澤嘗見其一"爲韻

## （五月分齋課超等第二名）

陳曾望

　　有澤汪洋綿亘於荆鄂間者,古雲夢也。其中苞隰跨川,控城抱嶼,有宅有田,亦湖亦渚,出納風雷,呼吸寒暑,實天地之奥區,以籓籬乎全楚。地廣兮八九百里而遥,名盛兮三千餘年之久。注《春秋》者以爲二區,詮《石經》者以爲一藪。或以爲七澤是其别名,或以爲一江挾而中走。蓋稽孫氏之説,謂直從湘水而來。而據邵氏之言,謂實兼洞庭而有。其東則有峰,一抱一環,蘄州之衆山屹崒也;其西則有水,一縱一横,枝江之上游争出也。其北則樓閣不知幾千家,京山城之人煙密也;其南則波瀾不知幾萬頃,青草湖之春漲溢也。其穀則黍稷稻粱,其産則絲麻枲蜜。其木則杞梓梗楠,其果則杏桃梨栗。其風俗則孝弟忠信禮義節廉,其文字則詩賦歌詞論書騷七。憶洪水之初平,維禹功之可迹。芟草莽而歸耕,逐龍蛇而避宅。開千秋名勝之區,入歷代版圖之籍。自昔土浮於水,無非作乂之功。至今人免其魚,敢忘隨刊之澤。

　　登高而望,鬱鬱蒼蒼。民則有歲,君則有慶。羽毛蕃庶,草木輝光。盤桓游釣之所,飛揚射獵之場。山水之雄,可以控蠻粤;苞茅之入,可以備蒸嘗。昔全楚之一隅,今安陸之數縣。歎陵谷之不移,感滄桑之幾變。雞犬兮高士之村,松柏兮名賢之院。天下幾奇人,此中多碩彦。屈宋去已遥,郊祁才並擅。羌獨立而有懷,望美人兮不見。豈不聞雲夢之往事乎？邵女棄子,草離離兮;楚王避敵,水漸漸矣。漢高帝之僞遊,亦足悲矣;蜀相如之作賦,不可追矣。岳陽樓之風景,異昔時矣。南州郡之形勢,非舊基矣。撫今思古,感慨係之。後有來者，儻念於斯。更茫茫而四顧，亦小小者特其。然而智士擇鄰，仁里卜吉，彭蠡不及其幽深，雷夏不如其曠佚。聞之則名類於虛，考之則籍徵於實。名山閟其精華，大澤蘊其芬苾。而人傑地靈，所以皆爲天下之第一也。

# 雲夢賦 以"楚有七澤嘗見其一"爲韻

## （五月分齋課超等第七名）

陳之茂

登高邱以騁望兮，駭洪流之如許。吾不能爲雲夢之吞兮，乃卑棲而黿鼉同渚。仙之人杳杳而不來兮，春與秋倏忽其代序。徒見此廣澤之案衍壇曼兮，沿大江而灌平楚。問巨浸其何名兮，挾風霆而浪走。載之於《禹貢》之書兮，稱之爲荊州之藪。楚七澤既以湮兮，望煙波而若無若有。獨南雲北夢之相連兮，言乎大則方百里者九。昔長卿之多才兮，淩雲騁其賦筆；託故事於齊楚兮，攄壯懷於騷七。夫何此洪流潏溶兮，有類乎才氣奔軼。以蜀客而效楚言兮，見之於子虛所稱述。其中有峯岑之千雲兮，崇山起於大澤。土則赭堊含丹兮，石亦琳瑉孕碧。聚蕙蘭茝若之芬芳兮，沉桂椒木蘭之充積。烏鵒雛而獸貙犴兮，亦何往而不飛鳴自適。命壯士以颰馳霆擊兮，誇善射之楚王。從獵有纖阿並陽子兮，侍臣勝平原與孟嘗。此詞人之賦之璀麗兮，寓言終涉於荒唐。而即是以觀水兮，亦可知其沉瀁而汪洋。去漢初今又幾千年兮，望古人吾不及見。囘憶夫昭王之入雲中兮，方瞻落於吳人之戰。問水濱其不知兮，人民非而滄桑變。宮既蕪臺亦無存兮，徒對此蘋縈之一片。郢都別而未忍兮，感去國之湘纍。涉江其必道此兮，解瓊佩而遺誰。登高城以遠眺兮,孟襄陽苦於別離。對洞庭而憶雲夢兮,亦曷勝客思之淒。其重曰:茫茫大野,滿不溢兮。迢迢此水,二而一兮。蒸爲巨澤,始何日兮。江河既下,其流愈疾兮。使海而可横,吾固將劑鯨於鮫室兮。

## 雲夢賦 以"楚有七澤嘗見其一"爲韻,并序

### (五月分齋課超等第十名)

舒福清

雲夢一區,經傳諸書有單稱者有合稱者。《左》"定四年,楚子涉睢濟江,入於雲中"。此單稱"雲"者也。"宣四年,邧夫人棄子文於夢中"。"昭三年,楚子以鄭伯田江南之夢。"此單稱"夢"者也。《周禮》"荆州藪澤曰雲夢",《爾雅》"十藪楚曰雲夢",《戰國策》"楚王遊於雲夢,結駟千乘",此合稱"雲夢"者也。其單稱者,特省文耳。其實"雲"可賅"夢","夢"亦可賅"雲"。若謂"夢"在江南,"雲"在江北,分爲二澤,未免過泥。但其地不盡爲澤,大勢卑下,鐘水獨多,而亦有高平之處,故《職方》目之曰藪澤。夏秋潦聚爲澤,霜降水涸爲藪。《書》所以謂"雲土,夢作乂"是也。司馬相如《子虚賦》:"雲夢方九百里,楚有七澤嘗見其一,未睹其餘,此特其小小者。"蓋長卿浮夸之習,臆度之詞耳。必云更有大於雲夢者六,楚國地方千里,則兩澤且不能容,何況有七。蓋七澤者,乃雲夢之別名。如雲連徒洲之類,非必更有其六也。僕本楚人,謹稽之圖籍,歷其方隅,特取其實蹟而賦之。

覽曠野於荆州,泝洪流於鄂渚,其寥瀾則豁兮有容,其浩森則沛然莫禦。摠括漢淮,兼包泗汝,瀝滴滲淫,縈洄沙嶼。洵足媲洞庭

岳陽之記於范仲淹，雲連徒洲之論於王孫。圍固橫亘乎兩湖，實震爍乎三楚。其東則底蘄陽，燕子崖崇，龍眼磯陡，楊葉洲橫，竹根潭瀏；其西則底旌陽，鶴澤波騰，烏灘雷吼，陁靡江陵，毗連石首。至如角陵以南，鼉湖常存，雁橋不朽，潛沱緣其隈，沮漳濱其右。又若巴邱以北，青草披敷，赤沙深厚。誠兩閒之奧區，包萬類之富有。爾其涸而爲藪也，樹則杞梓梗柟櫨梨楙栗，草則芷若衡蘭菖蒲屈軼。其上有鷄鶒孔鸞鶬鶊翠鷸，其下有狡兔麋羊貙犴麇麖。於是建旌旂，騁駄驕，揮劍鋒，張縠率，中必疊雙，擒先縱七，雨血風毛，灑地蔽日。然後收禽會眾，可以少伏。是蓋田獵之所必爭，巡狩之所不失也。未幾，而倏變爲大澤焉。峩岷雪融，瀟湘雨積。萬穴俱流，百川潛益，沖瀜沆瀁，淡漫淘清。澈淶潋灧，泱潒潮汐。波如連山，午闔午闢。乃若翔陽騁扶桑之輪，大明攬金樞之策。霾曀煙銷，狂飆霧釋。涉人於是檥榜，舟子於是泛宅。介見瓊蚌而石蚨，鱗躍銀刀而玉尺。詠采菱而扣舷，忽宵歸而忘夕。洵堪結契於煙波，奚慕作宰於彭澤。

於是稽《漢志》考《職方》，訪故老尋遠鄉。有雲夢宮者，溯藪編於荊邑，按西陵於黃岡。樹中天之華屋，豐冠山之朱堂，列棼橑以布翼，荷棟桴而高驤。循檻檻以登望，步甬道而徬徨，撫殘碑於蒼蘚，摹斷碣於斜陽。問何人分結構，留姓字之馨香。懷夏王之明德，宜千載而烝嘗。且更有雲夢城焉，聞在京山、安陸之二縣。泛輕艇以前行，登高塽而睇眄。睹女牆之傾頹，感時代之遷變。荊棘塞於古馗，黍禾徧於幽院。狐鼠嗥而晨趨，魑魅嘯而昏見。但見瀰迆平原，迢遞荒甸而迴。憶昔年李維楨善政之循聲，令狐揆長吟之名彥，亦第令人罣然而遐思，已杳然而不可復見矣。

迄今仍以名縣，則德郡之職司也。總之雲夢，跨州亘隰，別派別支，包含勢廣，凸凹形岐。其中有膏腴之壤，衣食之資，龍鱗原隰，北陌東菑，決渠雨降，荷鍤雲馳，五穀垂穎，黍稷秀離。下有通溝大漕，沛澤汙池，蟹舍鷗村，前唱後隨。擬之晉桃源而非侈，較之秦陸海而無差。縱劫灰之不免更換，而陵谷終不爲之遷移。沿稱名於《禹貢》，彌撫《夏書》而誦其爰。爲之歌曰："雲夢之藪，百蕃秀實。幽人宅之，擬於衡泌。故宮兮蕭條，寒城兮靜謐。時登臨兮四望，覺古情之橫逸。毓秀鐘靈兮人才輩出，懷珠獻媚兮品類不一。極漢東之大觀兮，聊染翰而濡筆。"

## 經神賦 以"明識經旨能若神矣"爲韻

（七月分齋課超等第四名）

李心地

炎漢之季，以經學顯者，厥惟北海鄭康成爲。爾其網羅眾典，冠冕群英。遠窺姚姒，近覷姬嬴。衍以帝緒，扇以皇明。訓詞溫雅，吐納深閎。天人之奧既洩，而緯之緘畢呈也。故尊之者如泰山北斗，親之者如玉振金聲，翼翼赫赫，嶵嶵崢崢，奉靈爽而鏡太清，懿彼神之爲德也。氣麗于虛，道貞以默，鑒空乃平，景正斯直。運渾樸以司衡，宅杳冥而作則。理懸燭而揲著，法督繩而引墨。化以無臭無聲，妙以不知不識。閟陰陽之伏愆，蘊五行之生剋。乾坤豁其端倪，日月幻其盈虧。然且覼縷其形，曨昽其色，散之若離，聚之如即。維司農兮證聖，乃致力於群經。通乎故訓，契乎道心。洽聞殫見，潤古雕今。當作當爲定其字，讀如讀若擬其音。或錯綜以比例，或參互而推燿，或省文闕文而實求其是，或長言短言而獨見其深。訂墜遺於萇勝，精校勘於向歆。賈服睇眙於前席，匡董震慴於儒林。於《易》則第五元先，授以京氏，爻象既滋，象辭是擬。於《書》則歐陽張生，今文櫛比，廿有八篇，因經屬指。於《詩》

則篆成毛意，別自朱紫，旁及魯韓，能喻侍婢。又有曲臺絕學，河間妙旨，馬盧所宗，先鄭繼軌。更有《論語》、《孝經》、《公羊》、《左史》、《七政》、《九章》、三統歷紀，莫不勾稽異同，研覈臧否，以續孔型，以綿漢祀。其嚴家法也，若河原海委，波瀾不興也。其析疑義也，若雲開月朗，纖翳俱澂也。其章分句斷，則報德背陽，常羊蹞通之維乎郊塍也。其辭達理舉，則靈威熛怒，招拒光紀之運乎準繩也。屬招搖使喻意，伏鉤陳以讓能，踰麗鴻於冥窈，厥宇峻而不可以升。是其握言樞，綰道籥，眾説郛，萬物橐，龍授河，龜畁洛，籍籍云云，渾渾噩噩。溯名天運之篇，説法石渠之閣。鏗乎魯壁之音，震乎尼山之鐸。精氣降烟熅，幽誠排閶闔。醲粹洪鬯，翹懃卓躒。

於是祖構之士，俙然而作。芳漿奠椒，華衣振若。仰之如神明，祀事儼其有恪。始入大學而受業，繼遊關西而咨詢。汝南摳衣以避席，北海屣履而扶輪。黃巾率黨而下拜，將軍優杖以前陳。其同輩則范陳李賈之侶，其弟子則郗王崔任之倫。咸靁歎頹息，茹形惢神。若叩天閽，若撼地垠。粲乎隱隱，詠德蹈仁。越千百載，俎豆莘莘。爰爲頌曰：厲阜嶕崎，濰水泚兮。翠翠鄭公，貞儀軌兮。枕葄經籍，訂魚豕兮。華院切錯，金石理兮。旁魄而論都，追元始兮。緬彼任城，矜奇而弔詭兮。墨守膏肓，錮疾起兮。高密之鄉兮，神其止。通德之門兮，伊神之里。扶風之曩言兮，吾道東矣。神亦何往而不在兮，倘剡剡而鑒乎此。

# 斗間紫氣賦 以“寶物之精上徹於天”爲韻

## （八月分齋課超等第五名）

王廷儒

輝極蒼芎，光沖黃道。鋒斂龜文，鍔藏龍藻。大地之瑞霧初騰，長空之浮雲盡掃。皎如秋水，涵天漢兮明明；耀彼春星，映帝車兮浩浩。製本傳於歐冶，巧造通神，求宜戒厥。虞公不貪爲寶，原夫紫炁絪縕，紫煙飄拂，紫閣高華，紫垣穆泗。斗墟之度次回旋，斗柄之光輝倏欻。祇説三台，緯合兆應。承平還疑，四輔鈎連。祥開黼黻，引星辰而直上，亦惟仰視於天。隨魁杓以推遷，疇云遠取諸物。

有張茂先者，瞻言北斗，向彼南箕，興歌糺縵，頓啟遲疑。地通靈而可接天，垂象分無私。豈其氣聚金陵，馳王驟帝；或者氣回華蓋，毓秀鐘奇。應以八方惟風，胡可識也。照茲四曜，要雷煥以問之。於是登樓觀象，倚檻言情，長河瀉影，銀漢無聲。按圖經而占驗，因方位以推衡。關心奎壁，垣中文昌煥彩；回首車騎，宮内武庫羅兵。七彩九華，孰識白虹之異；五山六合，方知赤菫之精。因瞿然曰：“此劍氣也。遠接雲霄，沈埋塵壤。在豫章間，作豐城想。看此紫霞煥影，苔色無侵；料茲紫電橫空，土花久長。旁連閣道，居然橫屬無前；遥射泰階，儼若扶搖而上。美捐齊金，利竭楚鐵，刺鐘不錚，執玉能切。掘獄屋以丁男，探石函於丙穴。摩挲利器，牡牝難分。持贈故人，雌雄忽別。擲諸掌上，何殊太乙宵明；懸此腰間，猶是長庚夜徹。向使尋求，弗獲賞識。或疏塵封巨闕，草偃辟閭。固見耶溪鍊質，安必佩服要譽。儻遷地爲良，勝霜華而耀目。即倚天作勢，徒練帶以凌虛。玩斗宿以驗寒鋩，人誰解此；瞻斗辰莫分寶器，我則異於。而茲則成於月蝕，應彼星躔。取之良非易易，佩此

猶切拳拳。羌秋風以橫霜雪，復曉日而破塵煙。祇期土拭華陰，覓
赤霄於下邑。何意波瀠裏水，躍白刃於深泉。想當年踞虎探來，遙
識氣蒸太極。迄此日化龍飛去，空嗟斗轉長天。"

# 斗間紫氣賦 以"寶物之精上徹於天"爲韻

## （八月分齋課超等第七名）

楊介康

立乎白門，以望蒼昊。其間則焱焱炎炎，熒熒皓皓。現光怪兮
璘瑜，粲精英兮麗藻，策雷精以殷轔，閃電火而汛掃。發乎泰階，清
其乾道。蒼龍赫爍以爭飛，玉虎爛斑而環抱。天市爛其繽紛，保章
窮其捴討。傳聞上界之精，知是何年之寶。昔者張茂先遣雷煥求
焉，迺識爲豐城之神物。爾其古井煙霾，陰匡翠鬱，虹采宵飛，鶋膏
曉拂。燿素練而熒煌，閟蒼苔而蟠屈，極鑪韛之精良，紛光芒兮奇
崛。鳴鞘則太乙熿煬，出匣則六丁呵噈。遂使隱見無恒，變于翕欻。

夫其爲氣也，窅冥恍惚，變化離奇。憭冽當邊風之夕，洸洋涵
秋水之姿。三尺芒寒之日，七星影亂之時。照金鐙兮的皪，映燐火
兮陸離。相摩相盪，或偶或奇。斑斑駁駁，郁郁巋巋。仰凌粵宛，
褱互天維。維北有斗，駕而上之。若乃青穹晝静，玉宇宵晴，瑤光
吐曜，玉衡垂精，招摇前界，大角後横。魁杓囘旋以交彗，璇璣聯絡
以斜縈。天樞下運，帝車上行。環域周于天宇，魁柄建于上清。雄
左雌右，北虛南盈，莫不騰符采，發光晶，彌中彪外，溢闕充楹，十光
五色，虹宛電生。靡有隱而不燭，靡有幺而不明，以視其氣，則爲紫
也，朱顙其文，縀駁其狀。爛兮若晴霞之出絳霄，翩兮若迴瀾之翻
新漲。粲兮若組綬之列于庭，煥兮若綺羅之㪉于帳。非霧非煙，時

收時放。測管以窺，戴盆以望。翕赫紛緼，昭蘇條暢，胡采不騫，胡觀不壯。幽燏燭於天閶，烈精炳於炎上。

每當古樹宵鳴，涼飈夕烈，璧月澄瑩，銀河皎潔，矛盾紛張，珠杓窮列。启萬物之資糧，司七星之喉舌。合璧聯珠，纍纍不絶。別有華蓋挺芝，羽林仗節。天駟控輪，騎官循轍。鼓奮豐隆，鞭麾列缺。玉繩乍抑而乍揚，素威時明而時滅。類皆扇珠，緯之洪輝，發璇囊之寶訣，駭芒角之嶙峋，紛煙雲兮鬱結。玉匣一鳴，金風四徹。妖狐見而潛逃，山鬼聞而幽咽。徒觀夫木公鞲炭，風伯催輿。參斿井鉞，畢罕軫車。縣于碧落，麗于太虛。一闔一闢，時歛時舒。亦足以考分野，驗星墟，燿南弧之瑞，詧北極之居。豈知百鍊在冶，五金是儲。龍靈騰變，虎氣噏嘘。光焰熠爍，鱗爪紛挐。干將守幌，歐冶臨除。白虹亘後，紫電蜚初。棱生怪石，膽慴夔魖。摩抄在掌，揮灑自如。伏沙中而隱隱，來天半以於於。一則太阿之睨我，一則龍泉之訓余。蓋群以爲斗間之閃灼，而不知爲劍氣之紆餘。噫嘻乎！時非今而非古，事何後以何前。赤堇含暉而誰主，青萍長價以何年。試與驤雲路，步星躔，攜霜鍔，仗龍淵。斷事以決，鍊性以堅。養質以勁，運神以圓。磨礱則節著，拂拭則光鮮。誰狂歌以斫地，誰搔首以問天。嗟昆吾之在手，長拊劍以茫然。苟繞指而不折，庶韜光以自全。

## 斗間紫氣賦以“寶物之精上徹於天”爲韻

（八月分齋課超等第九名）

朱希文

噫！神物之沈埋，猶英雄之退老。關塞侯封，邊庭寇掃。起舞光陰，悲歌懷抱。螭首蟠餘，鵜膏拭早。電飛紫虛，星輝蒼昊。磨寒光於晝夜，斬蛟既得干將。收王氣於山川，獲雉竟同陳寶。憶昔孫吳之割據也，猿鶴荒唐，烽塵吹拂。國已鯨吞，人如蟻屈。剩此劍，武庫難藏，豐城新掘。人非十萬而橫磨，氣阻千秋而瀹鬱。燐火塵斑，鐵花土甃，煉碧血丹心之恨。星有寒光，想短衣匹馬之時。身無長物，夫不見其沖於斗間乎？貫珠爍爍，隕石纍纍，北辰羅列，北極參差。入文昌之列宿，露世關之英姿。動魄驚心，風胡子久經淪落；韜光養晦，農丈人也共棲遲。花秀紅萼，莖生紫芝。雖躍冶之金精，恩讎報矣。而書祥於雲物，興廢係之。甚哉！氣之紫也，霓影驚曉，霞光盪晴，蘚色先暗，松紋不明。紫微照而星朗，紫臺望而雲橫。縹緲如函關，牛騎仙過；蒼皇如榆塞，龍鬭兵爭。黃土埋冤，沈此湛盧。劍魄青藜照夜，燭同太乙星精。倘使金鐵銷磨，風塵棲愴。用負平生，鑄無良匠。未藏寶匣之珍，同屬鉛刀之樣。何羨乎龍藻之文，何取乎虎邱之葬？戎馬驚秋，風雲殊狀。縱使青萍慷慨，彈鋏客中，安能紫禁飛騰，挽戈天上！爾乃黑鏽征塵，赤凝恨血。月光暈霜，花影團雪。貫白虹於三尺，露冷霜寒。守紫府於六丁，雷轟電掣。霹地烟沈，補天石裂。既逢薛燭，七星射魁斗之雲低；未斬樓蘭，萬丈吐芙蓉之光徹。龍蛇泥困，蝌蚪苔書。冷光拂拭，舊事躊躇。葬是何年，沖司命星辰之候。憐餘知己，想洪爐鼓鑄之初。秋水重洗，蓮花乍舒。錦囊佩早，練帶鋪餘。不教獄底封塵，壯士感同骯髒。曾記墳前挂樹，故人情重相於。迨後人摧鷿羽，水躍龍泉。虎魄宵吼，驪珠晝眠。弔延平則雲濤雪浪，訪彭蠡則滄海桑田。紫苔恨長，紫杜愁牽。欲從鯨鱷平波，動青鋒之雷雨。莫使欃槍分野，接紫塞之烽烟。不可挹酒漿，讀楚詞，低徊故國。問誰託肝膽，倚吳鉤，黯澹長天。

# 斗間紫氣賦 以“寶物之精上徹於天”爲韻

## （八月分齋課特等第二名）

張序賓

遥望長天，劍光一道。閃閃星熒，熊熊電掃。瞻西揭之斗高，識東來之氣老。上衝斗牛之墟，下有龍淵之寶。此紫氣也，殆如玉韞於山鏡，輝於藻平。在晉太康，茂先博物，仰測穹蒼，上探奇崛。見夫天空雲清，夜靜風拂。氤氤氳氳，煜煜鬱鬱。其異氣之沖霄直達者，豈白練之斜挓而青鋒之欲制。

茂先乃就雷煥而問之曰：“長庚之宿，太乙之司，有紫氣焉，貫澈天墀，寒光虹繞，異彩雲馳，乍明乍滅，若合若離。異金陵之浮王氣，同函谷之望奇姿。吾子學通象緯，盍爲我言之。”

對曰：“此神物之氣而寶劍之精也。觀其雄雄振彩，爍爍流英。殺氣森映，光輝晶瑩。鬼目睒睒，風伯震驚。薛燭眩視，歐冶失明。委照既歸於有晉，藏鋒遠在於豐城。其爲狀也，熠爚千尋，霅騰萬丈。自亡吳之初平，遂委棄於泉壤。奮激雷霆，沉埋草莽。振天衢之光芒，怒江左之搖蕩。鬱精氣兮不磨，乃千霄而直上。於是掘獄探奇，開函破穴。寶搜埋石之銅，地有沉沙之鐵。果也太阿騰躍，龍泉發洩。斑未瘱苔，腥猶沾血。斫斷蛟黿，奔回霜雪。百鍊煥其光寒，七星昭其瑩徹。無如精光方幸其不滅，靈物終難以久居。洪流得所，秋水相於。始照耀於薇垣之署，終變化於延平之菹。昔之光搖天漢、氣貫帝車者，何不爲蛇之斬道而爲龍之飛虛。”

嗚呼！盈虧悟理，治忽驗天。若吳亡而氣猶見，其應晉之南遷。識者已指銅駝於荆棘，悲河洛之腥羶矣。乃不能徙南風於長門，流賈謐於羽淵。則九鼎難保，東周之覆，豈二劍能救！西晉之顛，彼煥輩不足責，予將酹酒以弔吾茂先也。

## 斗間紫氣賦 以"寶物之精上徹於天"爲韻

### （八月分齋課特等第三名）

余培麟

有劍一雙，翔華振藻。龍泉太阿以爲名，干將莫邪之所造。安排短匣，何殊星宿包羅；埋沒多年，不向風塵潦倒。氣象煥崢嶸之色，瑞靄人文；斗牛聚金鐵之光，祥徵天寶。則見明月盈盈，清風拂拂，霞綺朱分，雲裳紅熨。聽到更深漏永，萬籟蕭條。看來璧合珠聯，眾星蟠屈。源探霄漢，誤槎客以徘徊。彩絢天衢，擬函關而髣髴。此紫氣之見於斗間也。而猶未測爲何物。

於是茂先進孔章而問曰："僕以疇昔之夜，抛卷停厄，挑鐙不寐，啟戶相窺。北望京華，依斗墟而繾綣。東來紫氣，入斗宿以參差。豈無象緯圖書，未之學也。自有吉祥消息，子盍言之。"

煥逌辟席而對曰："是爲寶劍，當在豐城。奪廬山之秀，滙章水之清。豁胸襟者氣之爽，逼眉宇者氣之英。鍊風霜而氣固，歷歲月而氣成。氣自能伸，直上愛漫漫長夜。氣尤不散，當中貫耿耿元精。其爲紫氣也，非同紫陌塵輕，非比紫山煙朗，非關紫閣流暉，非藉紫宮分爽。紫雖間色，屬之氣而壯采欲飛。氣本豪華，著以紫而寒芒益莽。豈是梁間紫燕，翩向霄摩。卻如天際紫鸞，身隨雲上。而紫氣之見於斗間者，斗在北方。六星羅列，抑或指南。夏秋時節，北之水氣黑而深，南之火氣赤而烈。水火相薄而氣凝，赤黑相和而紫泄。鬱積既久，流露自有餘輝，呼吸可通發越，故能高徹。

迨至榮膺組綬，職掌簿書，身纔入室，手便攜鋤。掘泥塗兮區區，啟玉笈以徐徐。秋水兩條，試收拾而寶光四溢。西山片土，經拂拭而塵垢咸除。不圖天地之靈，鐘奇若此。聊當瓊瑰之贈，結契相於。"

吁嗟乎真才不没，凡物皆然。矧伊下士，配彼高賢。拖紫紆青，斗室之縈思不屑。讀書養氣，斗山之仰望無邊。又況奎宿流精，蘇東坡文如滄海。長庚下謫，李太白詩是神仙。安見筆華墨寶，其氣欱不上徹於天也哉！

## 斗間紫氣賦 以"寶物之精上徹於天"爲韻

### （八月分齋課特等第八名）

徐第瀛

瑞氣熊熊，祥光浩浩。紫極之精，蒼穹之寶。馳耀霞明，舒華月好。羌脈注兮綺交，詎左環兮右抱。仰暨東西南朔，繚繞四遊。平分青赤黑黃，回環九道。昔張華之觀象於天也，見斗柄之森嚴，倏斗垣之縈拂。欱不後而不前，影若舒而若鬱。旁連玉紐，掩映晶瑩。斜列瑤樞，運行昂屹。爰召雷焕而問所由，謂斗氣果關誰物。是氣也，非煙非霧，如滑如脂。燭天衢而炯炯，達銀漢而垂垂。象欲探源，難操刀而割也。事宜竟委，借前箸以籌之。莫非頌獻青宮，輪重日美；儼若臚傳黃榜，色五雲移。其紫也天綱握宰，太極騰精。異霓旌之送晚，異霞彩之烘晴。耿耿當中，熒煌乎三百六十有五之度。高高在上，綿亙於九萬一千餘里之程。靜亦能凝，恍甘露卿雲而奏瑞；動而有耀，竟珠輝玉照以偕明。是屬何祥，靈昭泆溮。次舍環通，煙煴外朗。豈月殿之結構方新，豈碧府之洞開有象。豈治符文運，燦爛三光；豈瑞應鴻儒，炳麟十丈。胡爲雜璀璨而垂章，搏扶摇而直上。蒼蒼其色，騰奎璧之光華。作作生芒，耀中宵之職掌。

煥曰："公雖未知，我則能別。無妙蘊之不宣，有何疑之難徹。坐書城而探索，眉不煩攢；據講席以前陳，源能立說。此天上之星輪丕煥，爭看神勇飛揚；乃地中之霜鍔寒封，恐久風塵埋滅。是故神工鼓鑄，精爽紛如。不欲潛踪兮草莽，因訴磊落兮太虛。輝三尺之斑爛，似疏似密。閃七星之的爍，不疾不徐。遠通皇乎九宵明月，近斜映乎一逕林於。元蘊氤氳，此日騰為虎氣。神功呵護，他年化作龍嘘。"

迄今考其遺事，核彼陳編。緬豐城而不勝遥想，過延平而獨致纏縣。思裂冶之雙飛，明還夜夜。慨光芒之萬丈，精耀年年。此所以論佳話而情欣白日，談快事而氣壯青天。


# 斗間紫氣賦 以"寶物之精上徹於天"為韻

## （八月分齋課特等第十五名）

彭承鑲

吐奇彩於寒宵，耀精光於穹昊。有物瑩然，鋒鋥天造。其象則晻靄雲奔，其焰則縱橫電掃。氣郁郁兮氤氳，神熊熊兮沆浩。杳冥無際，飛煜衝牛斗之垣。歘欲有靈，沈熒蘊龍淵之寶。劍重吳王，得來拭拂。歐冶成之，闔盧密勿。赫然鐘天地精英，嚼爾佩君王華黻。藏焉非紫貝之臨，用也異青萍之刜。千載之淬鋒耀日，誰識獨表至珍。三軍之猛將如雲，奚能匹茲奇物。方吳王之理干將、莫耶也，抄英鋒之夐夐，排屬氣以纍纍。精靈奄欻，光怪陸離。形渾虎踞，勢肖龍彲。無睛而瞵眴裂眥，非吻而嘘翕忽齝。偕風雲而踔礫,挾雷電而驅馳。淩天際之蒼煙,何其冷然善也。涵日中之青暈,豈待搏而躍之。當漫漫之烏夜,聽颯颯之鼉更。祝彼陽文陰縵,非同金穎鐵英。雌雄紛汩,牝牡嶸峥。炎炎焱焱,鬱鬱晶晶。氣淋漓而開閶闔,氣磅礴而掃欃槍。秋水沈沈,彪炳接長庚之燄;春星霍霍,敲蒸參太乙之精。紫露溥溥,紫雲泱泱。驚紫電之長蛇,漾紫霓之肸蠁。矗紫閣兮輪囷,壯紫房兮軒敞。遥連華蓋,紫極絪緼;旁燭泰階,紫氛瀣沆。忽訝宣精溢目,憀冽鳴王匣以高蟠;不料倖色衛身,熒煌向帝車而直上。金陵之王氣特鐘,寶劍之神靈不滅。上騰箕斗之間,下臨荆揚之穴。金精爍鶉尾之墟,土蝕恢鴻溝之烈。虹閃霜飛,煙銷雲裂。尹喜眴瞜,風胡睒瞲。疑似赤烏應瑞,透魁杓而輝縈。莫非皎兔屯空,貫漢津而寒徹。斗何麗矣,劍乃斑如。澒濛井絡,晻哼罔車。驗奫淪之象緯,毓晃朗於太虚。仍雄芒以繚繞,羨龍藻之翹舒。璀璨臨北樞爚爚,玲瓏對西揭胥胥。紫霄騰赤壁之靈,射星辰而何怪。紫炬躍紅鑪之色,藏雷焕而相於。客有胷羅辰宿,志挾雲煙,低徊今古,憑眺山川,星猶如故,劍已渺焉。感轆轤之紫炁,睇斐亹之紫璇。烱晃沖乎寶庫,鍔芒灼乎星纏。容與白榆之際,逡巡碧落之邊。他年武衛耀兵,酣凝凝而斫地。此曰:"文昌絢彩辰,耿耿而倚天。"

## 宋玉《悲秋賦》以"風流儒雅亦吾師"爲韻

（九月分齋課超等第六名）

石　超

客有棲遲鄂渚,落宕楚中。弔遊蹤於浮梗,感書劍於飄蓬。羈愁不樂,抑鬱傷衷。迺登黄鶴之遺趾,西望楚塞眺渚宫。但見山川蕭瑟，煙霧冥濛。飆欻兮涼飆遠至，起於巫峽，達於漢東。水收寒潦，樹改青葱。愴悽兮薄寒中人，肌膚失豐。是何其偏增騷人之傷感，而無復大王之雄風。

漁父告曰：「此秋之為氣，昔者宋玉之所悲也。」吁嗟乎，楚王失任，椒蘭是收。蕡葹為薰，荃蕙為蕕，騏驥弗馭，駑駘在驂。鳳凰高騫，雞鶩為儔。使其才臣憔悴江頭，時當零露，天地皆愁。白露下降，寒氣颼飂。艸木離披，痛此梧楸。日云昭昭，夜怨悠悠。轉令弟子閔惜增憂，又能無悵榮萼之凋謝，而感歲序之遷流。悲矣哉蕙萼不再敷，蘭質已難扶。芰荷怨於中澤，芙蓉萎於荒塗。茝夷與揭車並謝，杜蘅與芳芷齊枯。既百畮之摧折，夏九畹之荒蕪。哀湘江之日涸兮，歎澧浦之就汙。覽萬物之瘀傷銷鑠其猶若茲兮，又何況乎人生瞬息與須臾。攬木蘭而搴秋菊兮，冀保晚節於桑榆。忼慨結轖而涕潺湲兮，又誰念楚國之大儒。竊欷感皇天分四時之不平，與萬物以寬假。彼朱夏與青陽，或紅嫣而紫姹，何少皡之司權，委眾芳於原野。風有響而皆悲，露無聲而如瀉。澼陽猶惜夫江蘺，芳洲空採夫杜若。攬茹蕙兮霑余襟，望崦嵫兮悲余馬。就重萼兮詞亦空敶，求虙妃兮心猶難寫。固宜畔牢愁而成騷，誰是感和平而奏雅。

夫秋之為聲也，戛鎉而鳴金；楚之有詞也，驚心而動魂。矧絕世之逸才，作傷時之愁客。賦高唐而抽思，對楚王而明迹。嗤好色則聽者意移，為大言則聞者舌咋。辨析葷廉而諷託微微，夢來神女而情含脈脈。終未足以寫岳陽萬千之氣象，吐雲夢八九之胷膈。兼之魂招三閭而不來，辭續九歌而莫懌。值時景之蕭條，益感平生之窮戹。意憭慄而愈傷，情沈寥而益迫。用是讀《懷沙》而觀其玩其，擬《離騷》而步亦趨亦。其志哀故其聲多咽，其氣颯故其辭不紓。其痛切師門也，如泣如訴；其眷懷君國也，長歎長吁。其悽惻而增欷也，如急管繁絃之並奏；其愴怳而懷恨也，如哀猿病鶴之相呼。驚山中之鵜鵙，舞澤國之鴟鵬。燕何翩翩而長往，雁何嗈嗈而遊娛。鵾雞何啁哳而于木，蟋蟀何遷趾而在途。夜何長而不旦，星何滴滴而如珠。欲斷憂兮憂終如結，專思君兮君不知。

吾胡爲乎，楚宮寂寞，江國迷離。轉瞬樓臺不見，千年雲雨猶疑。遊客弔白蘋之渚，舟人指宿莽之湄。何雄圖之消歇，惟文藻之留遺。異代同蕭條之感，楚人多悲壯之辭。豈惟長沙愴懷而作賦，豈惟杜老憑弔而吟詩。秋不改兮萬古，悲不異兮昔時。地猶是兮，九嶷繽紛而沅湘曲抱。景依然兮，洞庭始波而木葉殞枝。又豈無人兮，引商刻羽以追和。亦其所遇兮，去鄉離家以懷思。悵望兮百代風流之祖，景行兮千秋詞賦之師。

## 宋玉《悲秋賦》以“風流儒雅亦吾師”爲韻

### （九月分齋課超等第七名）

陳曾望

靈均一去，此恨無窮。飛白雲兮幾片，落一葉兮梧桐。秋花才子筆，秋色故王宮。望伊人而不見，託遺想於悲風。惟見漫漫漠漠，奇奇幽幽。莓蕪深院，楊柳高樓。慨古今之代謝，念身世之浮漚。人非木石，心豈巢由。而況宋玉之纏綿悱惻俯仰夷猶者，非景物尋常之感，而性情忠愛之流也。昔之周旋禁近，陪從直廬。春臺靄靄，夏屋渠渠。把香草之芳澤，搴美人之繡襦。醉薰風於上苑，迎旭日於天衢。朝有愛國之士，野有通德之儒。而今則故國斜陽，流風斯下，初服誰憐，舊交益寡。君之去也不歸，心之憂矣奚寫。水僝寂寞之鄉，山鬼淒涼之社。國已無，人誰與知者。滿目河山，抗懷騷雅。慨夫漢水方城，霸圖舊迹。曾幾何時，忽焉今夕。五帝如春兮春已非,三王如夏兮夏再易。豈但歎富貴如雲浮,感光陰於駒隙。《九歌》酸楚,難招瘦骨之瑩;百感蒼茫,何處《懷沙》之魄。徒見日落湘潭,煙封夢澤。衰草戰場,荒苔故宅。竟天命之何如,豈人爲而抑亦。惟宋玉以芬芳之質,生憂患之區。心靈之香,較溫於蘭雪。神明之媚,豈朕於康娛。而斯時也,木葉自脫,庭階半蕪。蟲偎欄而影熱,雁驚寒而陣孤。無言之花色淡,欲曉之燈燼枯。對此風景,憶彼江湖。堂堂歲月,落落丈夫。鬢眉老矣,當思故吾。秋之來兮來何時,秋黯黯兮長別離;秋之去兮去何遲,秋耿耿兮長相思。秋去秋來兮秋不知,我之悲兮悲如斯。天遠郵須問,魂招儻不疑。可憐一掬《離騷》淚,詞賦鄉關百世師。

## 宋玉《悲秋賦》以"風流儒雅亦吾師"爲韻

### (九月分齋課超等第十名)

彭邦楨

涼颸至,薄霧濛。葭岸白,蓼洲紅。楚人宋玉,悲來從中。於是攬景物,懷謇忠。感歲華兮遒盡,增憯悽於驚蓬。覷四壁之寥寂,發思舊之幽衷。祇覺愁塞天地,怨冷梧楓。寒蟬落雁,淒雨秋風。欷歔感歎,曷其有窮。且夫秋之爲氣也,莽榛蕪以蕭瑟,羌愴怳而清道。山凝滯兮無色,水寂寥兮不流。燕蹁躚其將去,雁嗝唳而南遊。或登高而流覽,或兀坐而寫憂。莫不積思蓄怨,目極心愁。況玉本恨人,端居寡儔。感時撫事,忽焉素秋。迺陟景岡,覽平蕪,彳亍蘭臺之上,留連高唐之區。嗟神女之已渺,歎招魂之徒愚。感摧殘於芳蕙,聽颸颸於庭梧,蟋蟀哀吟於曠野,猴猿遠應乎邱隅。又不禁四顧寥廓,百感與俱。歎坎壈之靡常,憐世故於一儒。訝鬢華其將白，胡四運奄忽於斯須。況乃湘沅之濱，雲夢之野。澤畔行吟，憂懷自寫。溯秋水兮涓涓，涕潺湲而如灑。玩游儵兮潀潀，結閒情於鷗社。抒離憂之繾綣，兼《國風》與《小雅》。增瞀亂於中藏，曷知音之獨寡。蓋臨川而感流，歎如斯於逝者，至於素女揚輝，銅盤澄碧。天高氣清，寒月盪夕。萬彙蕭索而已衰，簾櫳暉暉而訝窄。忽見遠浦雁橫，遙天雲集。悵秋日兮淒淒，鬱秋思兮脈脈。又想見其裂膽摧心，於焉不懌。悲一葉之先鳴，悼九重之永隔。傷世俗兮徍攘，豈呪訾而吾亦。若夫菱風蕭颯，豆雨霑濡。音鏦錚以悲狀，撫智臆而嘻吁。莫不聲寒木葉，漏冷銅壺。何窮困之獨此時，實遭際之多虞。又豈堪夫秋霖淫溢，振落摧枯。形銷鑠以內疚。增悼傷夫故吾。蓋自經屈原之永訣，望汨羅以徂悲，歎美人兮不見。蹇淹留兮何之，慨天時之有循環，焉窮蹙獨遭於吾師。於是秋有盡兮悲無極，步江潭兮亦何為。聊逍遙以卒歲。忽忽覩歲華之離披，直使梧楸寫怨，蛩雁含悲。千秋萬歲，有感如斯。


## 有物混成賦 以"有物混成先天地生"為韻

### （十月分齋課超等第七名）

陳　略

何物沌沌兮，厥號天下之母。是雄是雌，亦牝亦牡。五色不足盲其目，五味不足爽其口。三寶重其橐籥，萬物為之芻狗。恢恢其原，生生者厚。蕩其汎兮可以左右，沖其淵兮可以長久。迎之不見其首，隨之不見其後。信乎執古之無而以御今之有，動而愈出，虛而不屈，易知易能，有行有不。敦兮其若樸，曠兮其若谷。忽兮恍其中有象，恍兮忽其中有物。高以下為基，貴以賤為本。眾昭昭我昏昏,眾察察我悶悶。惵惵乎容乃公,公乃王,王乃天。縣縣乎大曰逝,逝曰遠,遠曰返。解之不可無繩約,開之不可無關楗。或損之而益,或益之而捐。强爲之名曰大,不可致詰故混。知不知,名不名,有身無身,寵辱不驚。執長短之相形,執高下之相傾。靜之而徐清,動之而徐生,保此不欲盈。夫惟不盈故能弊不新成。其不脫其善抱,其不拔其善建。金玉滿乃不守,甲兵具而不戰。不可得而親,不可得而疎,不可得而貴,不可得而賤。惡乎彰不自是,惡乎明不自見。天下樂推而不厭,而猶曰不敢爲天下先。眾妙之門,玄之又玄。是教之父,爲帝之先。保持天下之至柔,馳騁天下之至堅。猶兮其貴言。功成事遂,百姓皆謂我自然。孰知夫一生二,二生三。孰知夫人法地,地法天。絕聖棄智,絕巧棄利。爲無爲,事無事,無傷吾手,無攘吾臂,無失德而仁,無失仁而義。聽之不足聞,用之不可既。其深其根,其固其蒂。亘乎古今,包乎天地。寂兮寥兮,窈兮冥兮。其功不伐,德不矜兮。挫其銳,解其紛,和其光,同其塵。抱一式而不遷,利萬物而不爭。後其身而身先,外其身而身存。吾不知其名,字之曰道。是謂天地根,萬物恃之以生。

## 惟楚有材賦 以"江漢炳靈世載其英"爲韻

### (十一月分齋課超等第四名)

楊介康

登乎大別,以眺南邦。縣延七澤,襟帶九江。鬱杝榦與礛砥,糅蘪蕪及蘭茝。方物輻輳,衆咻紛嚨。荆山兀兀,潀水淙淙。地孰屹其魁壘,雄風森其駿厖。則有方聞碩學,寡二少雙。權奇者摩壘,俶詭者建幢。細響則洪鐘以震,龍文則健筆能扛。殊荒爲之膽慴，下國爲之气降。溯夫陸終內襄，重黎外贊。火正紀其官司，義叔權其步算。巽離之次孔昭，翼軫之芒有爛。洎乎翠嫣遐巡，蒼梧遄窆。非種有盤瓠之生，逆命起三苗之叛。斷髮文身之豪，交阯雕題之悍。南荒于以開，炎徼于以判。瀟湘滲其津梁，洞庭資其衛扞。厥後荊楚則殷武特詳，衡易則夏書爲斷。逮鬻熊之作師，迺風始于江漢。迄于周家分藩，芊氏拓境。熊繹起于丹陽，考烈遷于鄢郢。弧矢以启山林，籃篳以開榛梗。遂使姬祚傾頹，楚氛馳騁，控馭申舒，盧牟汝潁。鶉尾燿于南躔，燭龍章于炎景。扼三楚之咽吭，跨諸姬之首領，奇侅聞而蔚興，英跱起而彪炳。是以聲子有楚材之言，子木有執賢之請也。其君則若敖、蚡冒，世著儀型。文作僕區之法，莊垂申儆之銘。修厥典禮，明其政刑。威令伸於廣駕，信義揚于王庭。會鄧伐隨見於傳，入陳圍宋載于經。英君哲辟，罔可殫形。莫不流暉荒服，振曜南溟。建沱潛之標幟，樹漢沔之藩屏。刱霸王之洪業，徼昊天之上靈。其臣則射父能作訓辭，倚相能習煌諦。孫叔則擇典以施，子文則毀家以濟。王孫著寶善之箴，蒍賈通治兵之制。類皆嗣響千齡，垂聲億世，踸踔挺生，魁奇并繼。備柱國之藩籬，資方城之障蔽。絕域印其輝光，近郊師其伎藝。徒觀其蘅蕙成圍，孔鸞結隊。瑊玏玫瑰，琳珉璿瑂。荊韞璞以堪珍，淮貢珠而斯愛。宙合昈皇，江山藻繢。亦足富檮杌之摻羅，耀方輿之紀載。晐材士之要凡，括楚中之梗概。豈知碩彦瓌琦，英髦忼慨。先型是規，舊德其戴。烈于昔時，光于曩代。凡霍山之所扶輿，漢水之所滫溉。靡弗攟乃菁英，傾茲沆瀣。方金錫以作型，擬圭璋兮爲佩。惟楚也奄有千乘，惟材也鬱于九疑。和光藹若，淑質翩其。偉名邦之俊邁，炙上國之光儀。邱索典墳摻其籍，陽春白雪貢其詞。壯嶽雨衡雲之采，表湘蘭沅芷之姿。竹箭不足爲其美，楩柟不足爲其奇。謝雲夢之赤玉，陋荊州之大龜。奚必建干將之雄戟，曳明月之珠旗。吁嗟乎沮漳毓秀，衡霍降精。楚何材而不楙，材何楚而不生。胡爲山川猶是，人物迭更。武夫肴乎良玉，郢笛雜於英莖。試與窮九派，汎八瀛。振南風之勁響，奏土音之先聲。高雲連徒洲之價，卻巴人下里之名。於菟斯法，艾獵是程。張吾旗幟，廓尒蠻荆。誰其爲此，南國之英。